Los colaboradores de este libro han hecho un gran aporte a la iglesia evangélica al responder a la necesidad urgente de afirmar el diseño bíblico para la mujer frente a los ataques de quienes, bajo la apariencia de defensores, lo distorsionan. Al mismo tiempo, se han mantenido fieles a su propósito de ofrecer una explicación que sea clara, exegética y expositiva, fundamentada en las Escrituras. El resultado es una defensa sólida y convincente de la postura complementaria, útil tanto para pastores y estudiosos como para creyentes en general. Recomiendo este libro con entusiasmo como un recurso actual y necesario para el discipulado de mujeres cristianas, en relación con su gloriosa y esencial función dentro del cuerpo de Cristo.

—Alex D. Montoya, D.D.

En una época profundamente marcada por la confusión cultural —en especial en lo concerniente a los roles del hombre y la mujer—, la iglesia está llamada a afirmarse en la claridad eterna de la verdad bíblica. Eso es, precisamente, lo que esta obra busca ofrecer. Con un compromiso firme e inquebrantable con la autoridad y la suficiencia de las Escrituras, cada autor aborda este tema crucial con fidelidad exegética, convicción teológica y sensibilidad pastoral. Se trata de una lectura indispensable para todo pastor o líder que anhele honrar al Señor de la iglesia sirviendo conforme a su diseño. A la vez, es una herramienta invaluable para todo creyente que desee comprender los roles complementarios que Dios ha establecido para el hombre y la mujer en el contexto de la iglesia local. Solo al obedecer los mandamientos del Señor en su Palabra podremos honrarle verdaderamente, tanto en la vida como en el ministerio.

—Nathan Busenitz, Ph.D.

Este libro ofrece una defensa bíblica y bien fundamentada de la verdad de que hombres y mujeres tienen el mismo valor delante de Dios, pero desempeñan roles distintos en el matrimonio y en la iglesia. Esta es la posición complementaria que he sostenido y enseñado durante más de cuatro décadas. Me alegra ver esta postura expuesta con tanto rigor en una obra reflexiva, cuidadosa y fiel a las Escrituras. Recomiendo *El rol de la mujer en la iglesia* de todo corazón y oro para que tenga una amplia influencia en nuestro mundo moderno, que necesita urgentemente una enseñanza firme, clara y valiente sobre la verdadera feminidad bíblica.

—Wayne A. Grudem, Ph.D.

La complementariedad es hermosa. *El rol de la mujer en la iglesia* refleja esta verdad al abordar con fidelidad los textos bíblicos clave sobre la feminidad bíblica. La postura que se presenta es firme y gozosa, sin sacrificar ni la verdad ni la gracia. En una época en la que la iglesia se ve tentada a abrazar el feminismo, este libro traza un camino más elevado. Doy gracias a Dios por esta obra, por su editor dotado y por los fieles colaboradores que la hicieron posible.

—Owen Strachan, Ph.D.

El libro que tienes en tus manos aborda con claridad, profundidad teológica y fidelidad bíblica uno de los temas más candentes y controversiales de la iglesia contemporánea: la identidad y el rol de la mujer en la sociedad y en la iglesia. En una época en la que el diseño de Dios para el hombre y la mujer —lo que conocemos como el complementarismo bíblico— es atacado desde múltiples frentes, tanto dentro como fuera de la iglesia, los autores de esta obra se levantan con valentía y la Escritura en mano para defender lo que Dios ha revelado en su Palabra.

Este no es un asunto secundario. Se trata de un tema crucial para la preservación de la fe en las próximas generaciones. Cuando se comienza a relativizar la autoridad suprema de la Escritura —que es, en esencia, negar la autoridad de Dios mismo— para ajustarla a las demandas culturales, se inicia un camino que, con demasiada frecuencia, desemboca en el liberalismo teológico. Mi oración es que el Señor use esta obra poderosamente en el mundo de habla hispana para afirmar a su pueblo en la verdad y para equipar a una nueva generación de creyentes con convicciones bíblicas firmes, para la gloria de Dios y el bien de su iglesia.

—Sugel Michelén, D.Min.

Desde sus inicios, la iglesia de Cristo ha tenido que enfrentar doctrinas erradas propagadas por falsos maestros, prácticas distorsionadas sostenidas por discípulos mal instruidos, y fuertes influencias provenientes de la cultura circundante. El rol de la mujer en el plan de Dios es una de esas doctrinas fundamentales que, a lo largo de los siglos, ha sido malinterpretada y tergiversada. En algunos contextos, la mujer ha sido exaltada de forma indebida, usurpando el liderazgo espiritual del hombre; en otros, su dignidad como portadora de la imagen de Dios ha sido lamentablemente menospreciada.

Por eso quiero animarte a leer este libro con un corazón humilde y una mente abierta a la verdad revelada en las Escrituras. Su contenido te ayudará a descubrir, clarificar o afirmar el hermoso propósito que Dios le otorgó a la mujer al crearla como ayuda idónea para el hombre, con el fin de reflejar Su gloria en la tierra bajo Su señorío. Este recurso te conducirá a desarrollar una perspectiva bíblica sólida acerca del rol de la mujer en la creación, en el hogar, en la sociedad y, de manera especial, en la familia de Dios.

—Miguel Núñez, D.Min.

EL ROL DE LA MUJER EN LA IGLESIA

EL ROL DE LA MUJER EN LA IGLESIA

UNA DEFENSA BÍBLICA DEL DISEÑO DIVINO FRENTE A LA CONFUSIÓN CONTEMPORÁNEA

EDITOR GENERAL

LUCAS ALEMÁN

PRÓLOGO DE

ABNER CHOU

La misión de *Editorial Portavoz* consiste en desarrollar y distribuir productos de calidad —con integridad y excelencia—, desde una perspectiva bíblica y confiable, que animen a las personas a conocer y servir a Jesucristo.

Diseño de cubierta: Pablo Montenegro
Diseño editorial: Sherri Hoffman

Las cursivas en el texto bíblico son énfasis de los autores.

EDITORIAL PORTAVOZ
2450 Oak Industrial Drive NE
Grand Rapids, Michigan 49505 USA
www.portavoz.com

ISBN 978-0-8254-5018-1
ISBN 978-0-8254-7354-8 (Kindle)
ISBN 978-0-8254-7355-5 (epub)

1 2 3 4 5 edición / año 34 33 32 31 30 29 28 27 26 25

Impreso en los Estados Unidos de América
Printed in the United States of America

CONTENIDO

Lista de tablas . . . 10

Colaboradores . . . 11

Abreviaturas . . . 13

Prefacio . . . 17

Prólogo . . . 19
Abner Chou, Th.D.

1. La revolución silenciosa . . . 23
2. La mujer en el principio . . . 31
Lucas Alemán, Ph.D.
3. Cristo en su contexto . . . 71
William Varner, Ed.D.
4. La mujer en Cristo . . . 101
Roberto Sánchez, D.Min.
5. La prohibición de Pablo . . . 127
Luis Contreras, D.Min.
6. La mujer en el presente . . . 169
Bryan Murphy, Th.D.
7. La resistencia necesaria . . . 201

Bibliografía . . . 203

Índice de referencias bíblicas . . . 229

Índice temático . . . 235

LISTA DE TABLAS

Tabla 2.1: Dios como ayuda en el Antiguo Testamento 49

Tabla 2.2: Enunciados de juicio y misericordia en Génesis 3:14-19 62

Tabla 2.3: Paralelismo entre Génesis 3:16 y Génesis 4:7 65

Tabla 4.1: Bosquejo general de Gálatas. 106

Tabla 4.2: Estructura interna de Gálatas 3:26-29 113

Tabla 4.3: Uso de Cristo en Gálatas 3:26-29 119

Tabla 5.1: Distinciones funcionales entre el hombre y la mujer 163

Tabla 5.2: Inversión de roles en el Edén 164

COLABORADORES

Lucas Alemán (Ph.D., The Master's Seminary) es director de educación en español y profesor de Antiguo Testamento en The Master's Seminary. Además, se desempeña como director ejecutivo de la Sociedad Teológica Cristiana y lidera los ministerios en español de The Master's Fellowship. Sirve como anciano en la Iglesia Bíblica Berea en North Hollywood, California, y es editor general y coautor de *La hermenéutica de Cristo.*

Luis Contreras (D.Min., The Master's Seminary) es profesor en el Seminario Bíblico Palabra de Gracia y pastor y maestro de la Iglesia Cristiana de la Gracia en México. Formó parte del equipo que tradujo la *Biblia de Estudio MacArthur* al español, colaborando también como corrector del proyecto. Durante más de veinticinco años ha trabajado en la traducción al español para el ministerio Gracia a Vosotros. Recientemente publicó: *Manual de predicación expositiva*.

Bryan Murphy (Th.D., The Master's Seminary) es profesor de Nuevo Testamento en The Master's Seminary. Además de sus responsabilidades docentes, sirve como pastor y maestro en Roosevelt Community Church en Lancaster, California.

Roberto Sánchez (D.Min., Southern Baptist Theological Seminary) es decano de estudiantes de educación en español y profesor de ministerio pastoral en The Master's Seminary. También sirve como pastor y maestro en la Iglesia Bíblica Berea en North Hollywood, California, y es coautor de *La hermenéutica de Cristo.*

William Varner (Ed.D., Temple University) es profesor de idiomas bíblicos en The Master's University. Fue director del programa IBEX durante veintidós años y ha realizado más de cincuenta viajes a Israel. Ha publicado veinte libros y más de cien artículos en revistas académicas y ministeriales. En 2022 fue homenajeado con un *Festschrift* titulado *Written for Our Instruction,* escrito por antiguos alumnos y colegas.

ABREVIATURAS

AGGNT	Robertson, A. T. *A Grammar of the Greek New Testament in the Light of Historical Research*. Nueva York, NY: Richard R. Smith, 1923.
BCOTP	Baker Commentary on the Old Testament: Pentateuch
BCOTWP	Baker Commentary on the Old Testament: Wisdom and Psalms
BDAG	Bauer, Walter. *A Greek-English Lexicon of the New Testament and Other Early Christian Literature*. Editado por Frederick William Danker. Traducido por William Arndt y F. Wilbur Gingrich. 3.ª edición. Chicago, IL: University of Chicago Press, 2000.
BECNT	Baker Exegetical Commentary on the New Testament
BHS	Biblia Hebraica Stuttgartensia
BN	*Biblische Notizen*
BNTC	Black's New Testament Commentary
BSac	*Bibliotheca Sacra*
BT	*The Bible Translator*
BTB	*Biblical Theology Bulletin*
CATA	Comentario Antiguo Testamento Andamio
CC	Continental Commentary
CCT	Controversies in Contextual Theology
CETGNT	Comentario exegético al texto griego del Nuevo Testamento
CEPNT	Comentario exegético-práctico del Nuevo Testamento
CMacNT	Comentario MacArthur del Nuevo Testamento

CNT	Comentario al Nuevo Testamento
CP	Putnam, Frederick C. *Clave Putnam: La Biblia hebrea*. Traducido por David Baer. Ridley Park, PA: Stylus Publishing, 1996.
CTC	Colección Teológica Contemporánea
CTM	*Concordia Theological Monthly*
CTMet	Metzger, Bruce M. *Un comentario textual al Nuevo Testamento griego*. Traducido por Moisés Silva y Alfredo Tepox. Stuttgart, Alemania: Sociedad Bíblica Alemana, 2006.
CW	*Catholic World*
DM	Dana, H. E. y Julius R. Mantey. *A Manual Grammar of the Greek New Testament*. Nueva York, NY: Macmillan, 1967.
EBC	The Expositor's Bible Commentary
EvQ	*Evangelical Quarterly*
FFS	Foundations for the Family Series
FPWM	Fresh Perspectives on Women in Ministry
GBHS	Arnold, Bill T. y John H. Choi. *A Guide to Biblical Hebrew Syntax*. Cambridge: Cambridge University Press, 2018.
GGSNT	Wallace, Daniel B. y Daniel S. Steffen, eds. *Gramática griega: Sintaxis del Nuevo Testamento*. Biblioteca Teológica Vida 13. Miami, FL: Vida, 2015.
GTJ	*Grace Theological Journal*
HALOT	Koehler, Ludwig, Walter Baumgartner y Johann Jakob Stamm, eds. *The Hebrew and Aramaic Lexicon of the Old Testament*. Revisado por Walter Baumgartner y Johann Jakob Stamm. Traducido por M. E. J. Richardson. 5 volúmenes. Leiden, Holanda: Brill, 1994.
IBHS	Waltke, Bruce K. y Michael P. O'Connor. *An Introduction to Biblical Hebrew Syntax*. Winona Lake, IN: Eisenbrauns, 1990.

ICC	International Critical Commentary
IVPNTC	The IVP New Testament Commentary Series
JAAR	*Journal of the American Academy of Religion*
JBL	*Journal of Biblical Literature*
JETS	*Journal of the Evangelical Theological Society*
Joüon	Joüon, Paul y T. A. Muraoka. *Gramática del hebreo bíblico*. Traducido por Miguel Pérez Fernández. Instrumentos para el estudio de la Biblia 18. Estella, España: Verbo Divino, 2007.
JSNT	*Journal for the Study of the New Testament*
KEL	Kregel Exegetical Library
LNTS	Library of New Testament Studies
MSJ	*The Master's Seminary Journal*
NA28	Novum Testamentum Graece
NAC	The New American Commentary
NBLA	Nueva Biblia de las Américas
NCBC	New Cambridge Bible Commentary
NewDocs	*New Documents*
NIBCNT	New International Biblical Commentary on the New Testament
NICOT	New International Commentary on the Old Testament
NICNT	New International Commentary on the New Testament
NIGTC	New International Greek Testament Commentary
NIVAC	The NIV Application Commentary
NovT	*Novum Testamentum*
NTS	*New Testament Studies*
NVI	Nueva Versión Internacional
OTL	The Old Testament Library

PNTC	Pillar New Testament Commentary
PTW	Preaching the Word
RVR–60	Reina–Valera, revisión de 1960
SNTSMS	Society for New Testament Studies Monograph Series
SOTBT	Studies in Old Testament Biblical Theology
STC	Sociedad Teológica Cristiana
TBC	Torch Bible Commentaries
TDNT	Kittel, Gerhard y Gerhard Friedrich, eds. *Theological Dictionary of the New Testament.* Traducido por Geoffrey W. Bromiley. 10 volúmenes. Grand Rapids: Eerdmans, 1964.
Them	*Themelios*
TJ	*Trinity Journal*
TynBul	*Tyndale Bulletin*
TNTC	Tyndale New Testament Commentary
TOTC	Tyndale Old Testament Commentary
WBC	Word Biblical Commentary
WLQ	*Wisconsin Lutheran Quarterly*
WTJ	*Westminster Theological Journal*

PREFACIO

Desde su fundación en 2019, la Sociedad Teológica Cristiana ha procurado levantar una voz teológica clara, firme y bíblica en medio del pueblo hispano. Su propósito ha sido —y continúa siendo— fomentar la producción y facilitar la difusión de recursos académicos de alta calidad que respondan a los desafíos doctrinales de nuestra generación, ya sea mediante escritos originales de teólogos hispanohablantes o traducciones cuidadosamente seleccionadas. Este libro representa el segundo volumen de la STC y aborda un tema de vital importancia para la iglesia actual: el rol de la mujer.

La relevancia de esta obra radica en el contexto cultural en el que fue concebida. Vivimos en días donde el feminismo —en sus diversas expresiones— ha calado profundamente en la conciencia colectiva. No solo ha reconfigurado estructuras sociales, sino que también ha infiltrado muchas esferas de la iglesia evangélica. Frente a este panorama, la necesidad de una respuesta bíblica, amorosa y firme es urgente. El debilitamiento doctrinal dentro de la iglesia ha abierto las puertas a interpretaciones erróneas, aplicaciones desviadas y una creciente confusión respecto a lo que Dios ha establecido desde el principio.

Este libro no pretende ser una reacción emocional ni mucho menos un intento improvisado por contrarrestar tendencias modernas. Por el contrario, es una explicación seria, exegética y

expositiva de los textos clave que revelan el diseño divino para la mujer en el contexto de la iglesia local. A lo largo de sus capítulos —escritos por teólogos comprometidos con la autoridad y suficiencia de las Escrituras— se presenta una visión complementaria que afirma la igual dignidad entre hombres y mujeres, al tiempo que reconoce con gozo las distintas funciones que Dios ha asignado a cada uno.

Detrás de cada línea hay años de estudio, oración, conversación y cuidado pastoral. Y detrás de cada autor, hay iglesias reales, personas reales, mujeres reales, con preguntas reales. Por eso, este libro no es un tratado teórico alejado de la realidad, sino un esfuerzo intencional por edificar a la iglesia con la verdad que es la Palabra de Dios (Jn. 17:17).

A nivel personal, no puedo dejar de expresar mi más profunda gratitud a Clara Alemán, mi amada esposa, y a nuestros tres hijos: Elías, Enoc y Emet. Ellos soportaron —con abundante paciencia— muchas de mis ausencias durante los largos días y noches de edición. Mientras yo corregía el manuscrito, Clara cuidaba de nuestro hogar y sembraba fielmente el evangelio en el corazón de nuestros hijos. Este libro lleva también sus huellas: silenciosas, pero imborrables.

Mi oración es que el Señor use esta obra para fortalecer convicciones bíblicas, renovar el entendimiento teológico y promover una obediencia gozosa a su Palabra. Que cada iglesia hispana, sin importar su tamaño o ubicación, encuentre en estas páginas una guía fiel que glorifique a Dios al abrazar el diseño que Él mismo estableció.

Lucas Alemán, Ph.D.
Director ejecutivo
Sociedad Teológica Cristiana
sociedadtc.org

PRÓLOGO

Abner Chou, Th.D.

Una de las controversias más significativas que enfrenta hoy la iglesia es la cuestión del rol de la mujer. El auge del feminismo ha desafiado abiertamente los principios bíblicos sobre la feminidad, presentando como obsoletas las normas históricas sobre la mujer en la familia, la sociedad y la iglesia. En lugar de valorar la noble tarea de criar hijos, edificar el hogar y honrar el liderazgo del esposo, se promueve la idea de que la verdadera realización femenina se encuentra en la independencia profesional y la igualdad funcional con el hombre. Esta ideología no se ha limitado al ámbito secular; se ha infiltrado también en la iglesia. Sugerir que solo los hombres deben pastorear la congregación es considerado por muchos como una expresión de machismo y opresión, más que una enseñanza divina. Así, en nombre de la igualdad, se rechaza abiertamente el diseño de Dios.

El argumento igualitario se presenta con una lógica atractiva: si una mujer tiene la capacidad de enseñar o liderar, ¿por qué negarle el ministerio pastoral? Aunque Pablo prohíbe explícitamente esta práctica en el Nuevo Testamento (1 Co. 14:33b-35; 1 Ti. 2:11-15), muchos sostienen que sus instrucciones respondían a problemáticas culturales de su época, sin intención normativa para la iglesia. Durante el último siglo, cada vez más congregaciones han adoptado esta postura, promoviendo a mujeres como

pastoras bajo la bandera del progreso y la inclusión. Sin embargo, la pregunta de fondo sigue siendo crucial: ¿Importa realmente quién lidera la iglesia, siempre y cuando sea alguien capacitado y con buen testimonio? ¿O es esta una cuestión doctrinal de vital importancia para la gloria de Dios y el testimonio del evangelio?

La respuesta bíblica es clara: el rol de la mujer en la iglesia no es un asunto secundario, ni una simple preferencia cultural. Es una cuestión de orden divino. Desde el principio, Dios ha establecido un diseño armonioso para su creación, un diseño que refleja su sabiduría, belleza y propósito. Génesis 1 muestra cómo el Señor organizó la tierra con precisión, separando la luz de las tinieblas y las aguas de la tierra seca, así como estableciendo los límites de cada parte de la creación. Cada cosa fue creada con su lugar y función específicos, y Dios declaró que todo era «bueno en gran manera» (Gn. 1:31). Este orden no es arbitrario ni opresivo, es la manifestación de la bondad y sabiduría del Creador. Alterarlo no trae progreso, sino caos y degradación.

Dentro de este orden perfecto, Dios creó al hombre y a la mujer con igual dignidad, ambos portadores de su imagen (Gn. 1:26-27). Sin embargo, en su sabiduría, estableció diferencias funcionales: el hombre recibió la responsabilidad primaria de liderazgo (Gn. 2:16-17), mientras que la mujer fue creada como ayuda idónea del hombre (Gn. 2:18). Esta distinción no denota superioridad ni inferioridad, sino una complementariedad que refleja la belleza del diseño divino. Lejos de ser una imposición cultural, este patrón es parte de la creación misma. Su bondad se evidenció en la perfecta armonía entre Adán y Eva antes de la caída, cuando Adán reconoció con gozo que Eva era hueso de sus huesos y carne de su carne (Gn. 2:23), ejerciendo su liderazgo con amor y respeto.

La ruptura de este diseño ocurrió en Génesis 3. La serpiente, en su astucia (Gn. 3:1), invirtió el orden creado al dirigirse a Eva

en lugar de a Adán, subvirtiendo así el liderazgo masculino. Eva asumió la iniciativa en desobediencia, mientras que Adán abdicó su responsabilidad, siguiendo a su esposa en el pecado (Gn. 3:2-6). Este relato muestra con claridad que la alteración de los roles no produce libertad, sino caída y juicio (Gn. 3:7, 16-19). Lejos de ser un detalle irrelevante, la distorsión de las funciones de hombre y mujer fue instrumental en la entrada del pecado en el mundo, con consecuencias devastadoras para toda la humanidad (Ro. 5:12).

El feminismo contemporáneo repite ese mismo patrón de subversión. Bajo la apariencia de progreso, esta ideología cuestiona los fundamentos mismos del orden creado, buscando redefinir la esencia de ser hombre y mujer. No solo desafía las funciones establecidas por Dios, sino que ha transformado la estructura familiar, dañado a los más vulnerables y generado una profunda confusión en la identidad sexual. En su afán por borrar las diferencias, ha llevado a muchas mujeres a rechazar su propio diseño, e incluso a mutilarse físicamente en un intento de asumir una identidad contraria a la voluntad de Dios. Proverbios 16:25 lo resume con sobriedad: «Hay camino que al hombre le parece derecho, pero su fin es camino de muerte». Esta advertencia resuena con especial vigencia hoy.

Frente a esta confusión, el evangelio resplandece como la única esperanza verdadera. Cristo vino a satisfacer la justa ira de Dios contra el pecado y a justificar a los pecadores mediante su perfecta justicia (2 Co. 5:21). A quienes eran los más indignos y miserables, Dios les otorga una nueva posición ante Él (1 Co. 6:11). Mediante la regeneración, transforma sus corazones (Ez. 36:26; Tit. 3:5) y les da su Espíritu Santo para que habite en ellos para siempre (Jn. 14:16-17). Esta obra de redención no solo restaura la relación con Dios, sino que anticipa la resurrección y la vida eterna en un mundo plenamente renovado, donde reinará la justicia (Ro. 8:11; 2 P. 3:13).

Como primicia de esa nueva creación (Stg. 1:18), la iglesia está llamada a reflejar el orden establecido por Dios desde el principio. En ella, hombres y mujeres viven y sirven conforme al diseño del Creador, no por imposición cultural, sino como expresión de obediencia gozosa y sabiduría divina. Las instrucciones sobre el rol de la mujer en la familia (Ef. 5:22-24) y en la iglesia (1 Ti. 2:11-15) no son normas pasajeras, sino mandatos anclados en la creación. Lejos de ser opresivas, estas enseñanzas anticipan la plenitud del reino venidero y testifican que Dios restaurará su creación. De esta manera, la vida ordenada de la iglesia evidencia el poder redentor y santificador del evangelio, y es faro de esperanza en medio de la descomposición social.

Por esta razón, el rol de la mujer debe ser defendido con convicción y proclamado con gozo. La iglesia, como columna y baluarte de la verdad (1 Ti. 3:15), tiene la responsabilidad de preservar y reflejar este diseño en un mundo que ha perdido su rumbo. Este libro es una herramienta valiosa para equipar a la iglesia en esta tarea. Su exposición fiel de las Escrituras ofrece claridad en medio de la confusión y esperanza en medio del caos. Más que un debate cultural, el rol de la mujer es una cuestión de fidelidad a la Palabra y de reflejar la gloria del Creador. Defender este diseño es defender la verdad, proteger la pureza de la iglesia y exaltar el evangelio de Jesucristo. Que este volumen sirva para afirmar esas convicciones en el pueblo de Dios y edifique a su iglesia hasta el día en que Cristo vuelva.

1

LA REVOLUCIÓN SILENCIOSA

A lo largo de la historia, las revoluciones que más han perdurado no han sido necesariamente las más violentas ni las más ruidosas, sino aquellas que lograron alterar la conciencia colectiva de manera persistente y progresiva. A menudo, los cambios más profundos no llegaron por medio de guerras o conquistas, sino a través de ideas. Tal fue el caso de la Ilustración en el siglo XVIII. Sin necesidad de disparar una sola bala, los pensadores racionalistas trastocaron la estructura moral de Europa al desafiar la revelación divina y exaltar la autonomía del ser humano. En nombre de la razón, la autoridad de la Escritura fue desplazada, y la fe que había modelado a naciones enteras fue reducida a una experiencia privada sin influencia pública. Las consecuencias de esta revolución intelectual fueron devastadoras, pues al eliminar el fundamento trascendente de la verdad, Europa quedó expuesta a ideologías que redefinirían el orden moral, familiar y social por generaciones.

De manera similar, la llamada Revolución Sexual del siglo XX no avanzó mediante la violencia armada, sino por medio de

una estrategia cultural constante y penetrante. A través de libros, canciones, películas, reformas educativas y un activismo cada vez más influyente, se impuso una nueva visión de la libertad, del cuerpo y de la identidad. Sus consignas —libertad, igualdad, autoexpresión— parecían atractivas, pero su fruto ha sido amargo: la redefinición del matrimonio, el debilitamiento de la familia, el colapso de la moralidad objetiva y la glorificación de la autonomía personal. Esta revolución propuso que la identidad humana ya no debía recibirse como un don de Dios, sino construirse desde los deseos subjetivos del individuo. El resultado ha sido la proliferación del relativismo moral, la confusión de los roles sexuales, la exaltación del deseo por encima de la verdad, y una cosmovisión en la que el Creador es descartado para dar lugar al yo como autoridad suprema.

La revolución dentro del campamento

Así como la Ilustración y la Revolución Sexual transformaron sociedades enteras mediante la infiltración de ideas contrarias a la verdad revelada por Dios, una transformación similar ha comenzado a manifestarse en el ámbito de la iglesia. Esta nueva revolución no se presenta como una negación directa de la Biblia, sino como una reinterpretación sutil de sus enseñanzas históricas. No rechaza abiertamente las Escrituras, pero sí cuestiona los principios que durante siglos han sido aceptados por el pueblo de Dios. No se impone con pancartas ni protestas, sino con argumentos que suenan compasivos y razonables. Se presenta como una forma más sensible, más inclusiva, más relevante. Pero bajo esa superficie benigna, se esconde el mismo veneno de siempre: una profunda sospecha hacia el carácter de Dios y una abierta resistencia a su diseño. ¿Es realmente bueno lo que Dios ha establecido para la mujer? ¿No será que los textos bíblicos reflejan una cultura patriarcal ya superada? Estas preguntas, aunque sutiles,

están teniendo un efecto corrosivo sobre la convicción doctrinal de muchas congregaciones.

No debe pensarse que este es un fenómeno aislado ni mucho menos innovador. Como en el Edén, la estrategia del enemigo sigue siendo la misma: sembrar duda sobre la bondad de Dios y sobre la veracidad de su Palabra. Satanás no comenzó su ataque negando la existencia de Dios, sino cuestionando su mandato: «¿Conque Dios os ha dicho?» (Gn. 3:1). La sospecha sembrada en el corazón de Eva condujo a la desobediencia, y la desobediencia trajo la ruina a toda la humanidad. Aquella primera inversión de roles —cuando la mujer lideró y el hombre calló— fue el inicio de una tragedia espiritual que aún persiste. Hoy, la revolución silenciosa sigue el mismo patrón. No ataca la Biblia frontalmente, sino que la reinterpreta bajo nuevas categorías. No niega la fe, pero la redefine. No niega a Dios, pero desmantela su diseño. Y así, con una estrategia antigua pero eficaz, busca socavar la gloria del Creador al trastornar el orden que Él mismo estableció en el principio.

Como sucede con muchas otras corrientes ideológicas, el feminismo ha infiltrado la iglesia. Bajo el estandarte de la equidad y la justicia, muchas de sus ideas han sido aceptadas sin un análisis teológico serio. En nombre de los derechos de la mujer, la Palabra de Dios ha sido progresivamente desautorizada, calificada por algunos como sexista, arcaica o culturalmente condicionada. Las instrucciones claras sobre el matrimonio, la familia y el liderazgo espiritual son vistas por muchos como restricciones obsoletas que deben ser superadas para alcanzar una supuesta plenitud. Lo más alarmante es que estos cuestionamientos no provienen únicamente de voces externas o abiertamente liberales, sino de pastores, teólogos y líderes que profesan fidelidad a las Escrituras. En otras palabras, el ataque no se realiza desde fuera del campamento, sino desde dentro, con un lenguaje bíblico que encubre una hermenéutica ajena al diseño divino.

Una de las expresiones más influyentes de esta revolución dentro de la iglesia es la postura conocida como igualitarismo. Aunque se presenta como una visión más equitativa y justa del rol de la mujer, su marco conceptual hereda muchas de las premisas fundamentales del feminismo secular. Su propuesta central es que hombres y mujeres pueden desempeñar indistintamente cualquier función en la iglesia, incluyendo las de liderazgo y enseñanza sobre toda la congregación. Según esta perspectiva, las diferencias de rol son interpretadas como construcciones culturales propias del mundo antiguo, y no como expresiones permanentes del diseño divino. Para sostener esta visión, los textos bíblicos son leídos a través de una hermenéutica que privilegia la experiencia contemporánea por encima de la intención original del autor inspirado. Se afirma la autoridad de la Escritura, pero se redefine su mensaje. El lenguaje bíblico es utilizado como vehículo para introducir conclusiones que son, en el fondo, ajenas al patrón revelado por Dios desde la creación.

El resultado es una generación de creyentes confundidos, congregaciones desorientadas y una iglesia que, en muchos casos, termina pareciéndose más al mundo que a su Señor. Las convicciones que una iglesia abraza respecto al rol de la mujer no son temas periféricos ni secundarios. Moldean su liturgia, su estructura de liderazgo, su fidelidad a la Escritura y, sobre todo, su testimonio ante el mundo. Una iglesia que adopta el igualitarismo no solo altera su funcionamiento interno, sino que también debilita su compromiso con la Palabra como norma suprema. Por eso, lo que está en juego no es una mera diferencia de opinión entre cristianos sinceros, sino una cuestión de obediencia al diseño de Dios. La revolución silenciosa ha logrado avanzar porque muchas iglesias no han discernido su naturaleza real: no se trata de una actualización teológica legítima, sino de una reinterpretación sutil que responde más al espíritu de

la época que al Espíritu de Dios. Es, en última instancia, una forma sofisticada de incredulidad.

El resplandor del diseño divino

En este contexto de confusión y desvío doctrinal, muchas congregaciones se han rendido al espíritu de la época, sin discernir que lo que está en juego no es un asunto menor, sino la fidelidad al diseño del Creador. Por ello, se hace urgente redescubrir la belleza del modelo divino: no para imponer una tradición humana, sino para abrazar con gozo la verdad revelada desde el principio. En el Edén, Dios creó al hombre y a la mujer con igual dignidad, ambos a su imagen, pero con funciones distintas. Estas diferencias no implican superioridad o inferioridad, sino una complementariedad hermosa que refleja la unidad y diversidad del propio carácter de Dios. Negar esta distinción es no solo desobedecer al Señor, sino privarse de uno de los reflejos más nítidos de su sabiduría en la creación.

La mujer no fue una ocurrencia tardía ni un apéndice de la creación. Fue creada por Dios como parte del plan original. Su existencia, su dignidad, su llamado y su rol están profundamente entrelazados con el propósito divino para la humanidad. Desde Génesis hasta Apocalipsis, las Escrituras presentan a la mujer como pieza esencial en el avance del plan redentor de Dios. Su ministerio no es menor por no ser público; su valor no se mide por visibilidad, sino por fidelidad. La mujer que teme a Dios y vive conforme a su diseño es de estima incalculable ante los ojos del Señor. Su llamado no es competir con el hombre, sino complementarlo para la gloria de Dios y la edificación del cuerpo de Cristo.

Este libro nace precisamente con ese propósito: recuperar el testimonio claro y glorioso de la Biblia respecto al diseño de Dios para la mujer. En medio de una niebla doctrinal cada vez más densa, se hace necesario hablar con claridad, con convicción y con compasión: claridad, para comprender lo que Dios ha revelado

desde el principio; convicción, para sostener esa verdad con firmeza ante las presiones externas e internas de la iglesia; y compasión, para acompañar a las mujeres que han sido heridas por enseñanzas distorsionadas o prácticas abusivas que no reflejan el corazón de Dios. La postura que aquí se presenta se alinea con el enfoque complementario: la convicción bíblica de que hombres y mujeres son iguales en valor y dignidad, pero distintos en función, especialmente dentro del matrimonio y de la iglesia local.

Esta visión no responde a un modelo cultural, sino a un orden divino revelado en la creación, confirmado por Cristo, practicado por los apóstoles e implantado en la vida de la iglesia. No es una preferencia teológica entre otras tantas. Es una convicción arraigada en la Escritura que, cuando se vive con gozo y reverencia, produce una comunidad saludable, ordenada y fructífera. En contraste con el caos relacional del mundo moderno, la belleza del diseño de Dios resplandece como un faro. Esta es la verdad que necesita ser enseñada con fidelidad y vivida con valentía. Porque solo cuando la iglesia se alinea con el patrón del Creador, puede ser realmente luz en medio de la oscuridad.

Un recorrido por el libro

Para abordar este tema con la seriedad que se merece, el presente volumen ha sido estructurado cuidadosamente en varios capítulos, redactados por pastores y académicos comprometidos con la autoridad y suficiencia de las Escrituras. En el capítulo que sigue a continuación, quien esto escribe, establece el fundamento teológico del diseño divino a partir del relato de la creación en Génesis 1–3. Desde una exégesis detallada, se argumenta que la distinción de roles no fue resultado de la caída, sino parte del propósito original de Dios. Se examina la creación de la mujer como ayuda idónea, su igualdad en dignidad y su distinción funcional respecto al varón. Este capítulo confronta interpretaciones

feministas del texto y demuestra que la verdadera restauración implica volver al diseño original, no redefinirlo.

El capítulo escrito por William Varner ofrece una panorámica de la actitud de Cristo hacia las mujeres en el contexto del judaísmo del primer siglo. Se demuestra que Jesús dignificó a la mujer sin alterar el patrón de liderazgo masculino. Si bien mostró compasión, enseñó a las mujeres e incluyó a muchas en su círculo cercano, nunca las designó como apóstoles ni les encomendó funciones de gobierno espiritual sobre la iglesia. Este análisis es crucial porque algunos apelan al ejemplo de Jesús para justificar la postura igualitaria. Sin embargo, una mirada honesta al ministerio del Señor revela armonía con el Antiguo Testamento y continuidad con la enseñanza apostólica. Cristo fue radical en su amor, no en su ruptura del diseño divino. La verdadera dignidad de la mujer, por tanto, no se encuentra en asumir roles que Dios no asignó, sino en recibir y vivir a plenitud el llamado que Él ha establecido.

En el siguiente capítulo, Roberto Sánchez responde a una de las interpretaciones más comunes del igualitarismo: la lectura de Gálatas 3:28 como una supuesta abolición de toda distinción funcional entre hombres y mujeres. Este pasaje declara que «ya no hay judío ni griego; no hay esclavo ni libre; no hay varón ni mujer; porque todos vosotros sois uno en Cristo Jesús». Sin embargo, el autor demuestra de manera convincente que el contexto de este versículo es soteriológico, no ministerial. Gálatas 3:28 afirma la igualdad espiritual de todos los creyentes ante Dios, pero no niega los roles distintos que Él ha establecido. Al contrario, otras epístolas del mismo apóstol Pablo muestran cómo esa igualdad en Cristo se expresa en funciones diferenciadas que reflejan orden, sabiduría y propósito divinos.

En el capítulo escrito por Luis Contreras se analizan dos de los pasajes más desafiantes y controversiales sobre el tema: 1 Corintios 14:33b-35 y 1 Timoteo 2:11-15. Aquí se ofrece un estudio

exegético, gramatical e histórico que demuestra que estas instrucciones no fueron condicionadas culturalmente, sino ancladas en la creación por Dios mismo. Pablo no apela a la situación de Corinto ni a las costumbres efesias para justificar sus enseñanzas, sino al principio eterno del diseño del Creador. Se refutan los intentos de reducir estos textos a mandatos temporales, y se muestra que su vigencia continúa mientras dure la iglesia. Estas prohibiciones no buscan silenciar a la mujer por desprecio, sino establecer un culto reverente y un liderazgo alineado con la voluntad del Señor.

El anteúltimo capítulo, escrito por Bryan Murphy, traslada estas verdades teológicas al terreno práctico. Se explora cómo la mujer puede ejercer un ministerio fructífero en la iglesia local sin transgredir el diseño de Dios. Lejos de limitar su participación, el enfoque complementario ofrece un marco en el que el discipulado, la enseñanza a otras mujeres, la hospitalidad, la intercesión, el servicio y el testimonio adquieren verdadero valor. También se responde a los desafíos actuales que enfrentan las mujeres cristianas, incluyendo la presión cultural del feminismo y la distorsión de modelos bíblicos dentro de congregaciones mal enseñadas. Este capítulo es una invitación a vivir con gozo el llamado de Dios y a edificar la iglesia con sabiduría.

Por último, se resume las enseñanzas de todo el libro, subrayando la urgencia del momento. En una época de confusión y mucha presión social, el tema del rol de la mujer no puede ser considerado secundario. No se trata de preferencias estilísticas o modelos eclesiásticos intercambiables. Es una cuestión de fidelidad a la Palabra revelada. Por eso, se lanza una exhortación firme: no negociar el diseño de Dios. No hay que suavizar lo que Él ha establecido. No se debe reinterpretar lo que Él ha dicho con claridad. La sumisión gozosa a su plan no es esclavitud, sino libertad. Y la obediencia a su diseño no es un retroceso cultural, sino una proclamación contracultural que honra a Cristo en medio de una generación torcida.

2

LA MUJER EN EL PRINCIPIO

Lucas Alemán, Ph.D.

El Departamento del Tesoro de los Estados Unidos, encargado de emitir la moneda y los sellos postales, gestionar las finanzas federales y supervisar bancos nacionales e instituciones de ahorro, instruye a sus agentes en la detección de billetes falsos mediante un enfoque basado en el conocimiento profundo de los billetes *auténticos*. Estos agentes reciben billetes genuinos, los examinan, los tocan y aprenden a reconocer sus características únicas. Nadie del Departamento confía solo en el hecho de que el dólar estadounidense sea una de las monedas más avanzadas del mundo. Por ejemplo, los nuevos billetes de 100 dólares cuentan con una serie de medidas de seguridad avanzadas, como una marca de agua vertical, una franja de seguridad a la izquierda de la figura de Benjamín Franklin, letras diminutas en diversos lugares, tinta que cambia de color, impresión en relieve y una banda de seguridad en 3D. Estas innovaciones son cruciales para combatir la falsificación del dinero. Sin embargo, a pesar de es-

tas tecnologías, muchos de los contadores electrónicos de dinero y detectores de billetes falsos no pueden identificar hologramas ni impresiones en huecograbado. Por esta razón, los sentidos humanos siguen siendo los mejores aliados para detectar falsificaciones, al menos por ahora.

El principio fundamental detrás de este entrenamiento es sencillo: solo existe una versión auténtica de los billetes. Todos los demás son falsos. De forma similar, solo existe una verdad. Cuanto más se la conoce, más fácil es reconocer lo falso. No hay otro método más efectivo para combatir la falsedad que el conocimiento de lo verdadero. Como afirma Jesús en Juan 8:32: «Y conoceréis la verdad, y *la verdad os hará libres*». En la misma línea, Pablo le dice a Timoteo: «Pero *persiste tú en lo que has aprendido y te persuadiste,* sabiendo de quién has aprendido; y que desde la niñez has sabido *las Sagradas Escrituras,* las cuales te pueden hacer sabio para la salvación por la fe que es en Cristo Jesús. Toda la Escritura es inspirada por Dios, y útil para enseñar, para redargüir, para corregir, para instruir en justicia, a fin de que el hombre de Dios sea perfecto, enteramente preparado para toda buena obra» (2 Ti. 3:14-17). La mejor manera de detectar lo falso es creciendo en el conocimiento de «la palabra de *verdad*» (2 Ti. 2:15). Existen muchos aspectos que se pueden abordar respecto al feminismo, pero la verdadera libertad solo se alcanza a través del estudio de la verdad. Para ello, es necesario regresar al origen de la humanidad y entender en qué consiste la feminidad.

LA DIGNIDAD DE LA MUJER

El relato de la creación del mundo en el libro de Génesis presenta un diseño perfecto y ordenado por parte de Dios. En el primer capítulo, la tierra, que inicialmente estaba «desordenada y vacía» (Gn. 1:1-2), es transformada a lo largo de seis días hasta quedar completamente ordenada y llena de vida. Cada detalle de

la creación refleja el poder y la sabiduría de Dios. Como señala el erudito bíblico, Evis L. Carballosa: «Dios [creó] hierba verde, plantas con su semilla y árboles que den fruto. Luego Dios creó y colocó en su sitio las lumbreras y las estrellas, y adornó el inmenso espacio con innumerables estrellas. Además, creó los peces del mar, las aves del cielo y los monstruos marinos. El Creador no omitió ni un solo detalle. Lo que estaba desordenado y vacío fue ordenado y lleno».[1] A estas alturas del relato, todo está listo para la llegada de lo que comúnmente se conoce entre los comentaristas como la «corona» de la creación de Dios: la humanidad.[2] Moisés subraya la importancia de esta obra creativa con una solemne declaración en el texto, enfatizando que la raza humana tiene un lugar único en el mundo.

> Entonces dijo Dios: *Hagamos* al hombre a nuestra imagen, conforme a nuestra semejanza; y señoree en los peces del mar, en las aves de los cielos, en las bestias, en toda la tierra, y en todo animal que se arrastra sobre la tierra. Y creó Dios al hombre a su imagen, a imagen de Dios lo creó; varón y hembra los creó. Y los bendijo Dios, y les dijo: Fructificad y multiplicaos; llenad la tierra, y sojuzgadla, y señoread en los peces del mar, en las aves de los cielos, y en todas las bestias que se mueven sobre la tierra (Gn. 1:26-28).

Este acto creativo es claramente distinto a los demás. En contraste con todos los actos anteriores, donde la creación ocurre por un mandato directo de parte de Dios sin alusión alguna a su

---

1. Evis L. Carballosa, *Génesis: La revelación del plan eterno de Dios* (Grand Rapids: Portavoz, 2017), p. 50.

2. Derek Kidner, *Genesis: An Introduction and Commentary,* TOTC 1 (Downers Grove, IL: InterVarsity Press, 1967), p. 55; Herbert C. Leupold, *Exposition of Genesis* (Chillicothe, OH: DeWard, 2010), p. 57; Kenneth A. Mathews, *Genesis 1–11:26,* NAC 1A (Nashville: Broadman & Holman Publishers, 1996), p. 160; Allen P. Ross, *Creation & Blessing: A Guide to the Study and Exposition of Genesis* (Grand Rapids: Baker Books, 1996), p. 112.

proceso de pensamiento, aquí Moisés utiliza el plural «hagamos» para referirse a la creación de la humanidad (Gn. 1:26). El significado de esta frase ha sido objeto de debate por muchos años.[3] Sin embargo, más allá de cuál es su significado específico, no hay duda de que su uso marca un énfasis especial en el origen de la raza humana. El plural «hagamos» pone de manifiesto un paso importante en el relato de la creación. Hay una diferencia notable entre decir: «Sea el hombre conforme a nuestra semejanza» y la solemne declaración: «Hagamos al hombre a nuestra imagen».[4] Umberto Cassuto, en su momento un prestigioso maestro de *Hebrew University of Jerusalem*, hace la siguiente observación en su comentario de Génesis: «Solo en el caso del hombre, debido a su importancia especial, la Escritura alude al pensamiento

3. Históricamente, la tendencia de los comentaristas conservadores ha sido entender la forma plural נַעֲשֶׂה («hagamos») como una referencia a la pluralidad de personas en la triunidad. Leon J. Wood, quien fue profesor de Antiguo Testamento en *Grand Rapids Baptist Seminary*, ha escrito: «Debe observarse, además, respecto de la obra creadora de Dios al formar al hombre, que una referencia a la trinidad de Dios está implícita en el lenguaje usado». Leon J. Wood, *Genesis: A Study Guide* (Grand Rapids: Zondervan, 1976), p. 26. El gran reformador de Ginebra, Juan Calvino, escribió lo siguiente: «Los cristianos, por tanto, correctamente afirman sobre la base de este texto, que existe una pluralidad de personas en la divinidad. Dios no convoca a ningún consejero extraño. Por consiguiente, inferimos que Él encuentra dentro de sí mismo algo diferente; como es que, en verdad, su sabiduría eterna y poder residen en Él mismo». John Calvin, *Genesis* (Edimburgo, Escocia: The Banner of Truth, 2000), pp. 92-93. Por su parte, Allen P. Ross, quien supo ser profesor de Antiguo Testamento y Hebreo en *Dallas Theological Seminary*, dice esto: «La expresión "hagamos al hombre" [...] podría explicarse ya sea como un plural de majestad o como un plural potencial, expresando la riqueza de los potenciales en el ser divino. Este verbo armoniza con el plural "Dios" usado en el versículo 1 y siguientes, el cual, aunque plural en forma, toma un verbo singular. Esos plurales no se refieren explícitamente a la trinidad de la deidad, pero sí dejan lugar para el desarrollo de la doctrina mediante el proceso de la revelación progresiva». Ross, *Creation & Blessing*, p. 112. La interpretación más adecuada es que «hagamos» se refiere a la pluralidad de personas en la triunidad. Para una explicación detallada de esta interpretación, así como de otras seis posturas diferentes, véase Bryan Murphy, «The Trinity in Creation», *MSJ* 24 (2013), pp. 167-177.

4. Arnold G. Fruchtenbaum, *The Book of Genesis: Exposition from a Messianic Jewish Perspective*, Ariel's Bible Commentary (San Antonio, TX: Ariel, 2023), p. 53.

divino antes del acto de la creación».[5] Este énfasis marca una clara distinción con todos los actos creativos previos, como se hace más evidente a continuación:

> Y dijo Dios: *Sea la luz; y fue la luz*. Y vio Dios que la luz era buena; y separó Dios la luz de las tinieblas (Gn. 1:3-4).
>
> Luego dijo Dios: *Haya expansión en medio de las aguas, y separe las aguas de las aguas*. E hizo Dios la expansión, y separó las aguas que estaban debajo de la expansión, de las aguas que estaban sobre la expansión. *Y fue así* (Gn. 1:6-7).
>
> Dijo también Dios: *Júntense las aguas que están debajo de los cielos en un lugar, y descúbrase lo seco. Y fue así.* [...] Después dijo Dios: *Produzca la tierra hierba verde, hierba que dé semilla; árbol de fruto que dé fruto según su género, que su semilla esté en él, sobre la tierra. Y fue así* (Gn. 1:9, 11).
>
> Dijo luego Dios: *Haya lumbreras en la expansión de los cielos para separar el día de la noche; y sirvan de señales para las estaciones, para días y años, y sean por lumbreras en la expansión de los cielos para alumbrar sobre la tierra. Y fue así* (Gn. 1:14-15).
>
> Dijo Dios: *Produzcan las aguas seres vivientes, y aves que vuelen sobre la tierra, en la abierta expansión de los cielos*. Y creó Dios los grandes monstruos marinos, y todo ser viviente que se mueve, que las aguas produjeron según su género, y toda ave alada según su especie. Y vio Dios que era bueno (Gn. 1:20-21).

---

5. Umberto Cassuto, *A Commentary on the Book of Genesis*, vol. 1 (Jerusalén: Magnes Press, 1978), p. 55.

> Luego dijo Dios: *Produzca la tierra seres vivientes según su género, bestias y serpientes y animales de la tierra según su especie. Y fue así* (Gn. 1:24).

Está claro en el contexto que nada en la creación pudo resistirse al mandato de Dios. Como expresa el Salmo 33:9: Dios «dijo, y fue hecho; él mandó, y existió». Todo lo que Dios ordenó, se cumplió inmediatamente. Hubo obediencia instantánea a la Palabra de Dios. El autor de Hebreos dice: «Por la fe entendemos haber sido constituido el universo *por la palabra de Dios*, de modo que lo que se ve fue hecho de lo que no se veía» (He. 11:3). Sin embargo, la creación de la raza humana es distinta. Hay una alusión al proceso de pensamiento divino que precede al acto creativo en sí mismo. No se produce mediante un mandato directo de parte de Dios como en todos los demás actos creativos, sino por un acto mucho más *personal*.[6] El reconocido profesor de Antiguo Testamento, John H. Sailhamer, escribió: «Si nos preguntamos por qué el autor ha singularizado de este modo la creación del hombre, una respuesta obvia es que pretendía presentarlo como una criatura especial, diferente del resto de las obras de Dios».[7] Esta distinción se confirma en el relato paralelo de Génesis 2, que describe con mayor lujo de detalle cómo Dios formó a la primera pareja humana:

> Entonces Jehová Dios *formó al hombre del polvo de la tierra, y sopló en su nariz aliento de vida, y fue el hombre un ser viviente.* [...] Entonces Jehová Dios hizo caer sueño profundo sobre Adán, y mientras este dormía,

---

6. Bill T. Arnold, *Genesis*, NCBC (Cambridge: Cambridge University Press, 2009), p. 44; John Goldingay, *Genesis*, BCOTP (Grand Rapids: Baker Books, 2020), p. 35; Nahum M. Sarna, *Genesis*, The JPS Torah Commentary (Filadelfia, PA: The Jewish Publication Society, 1989), p. 11; Bruce K. Waltke, *Genesis: A Commentary* (Grand Rapids: Zondervan, 2001), p. 64.

7. John H. Sailhamer, *Genesis*, EBC 2 (Grand Rapids: Zondervan, 1990), p. 37.

> *tomó una de sus costillas, y cerró la carne en su lugar.* Y de la costilla que Jehová Dios tomó del hombre, *hizo una mujer,* y la trajo al hombre (Gn. 2:7, 21-22).

El verbo «formó» en hebreo describe la obra de un artesano.[8] Así como un alfarero da forma a una vasija de barro (Is. 29:16; Jer. 18:1-17), Dios modeló al hombre «del polvo de la tierra» (Gn. 2:7).[9] Este acto creativo destaca la atención personal de Dios en el origen de la humanidad.[10] El verbo que sigue refuerza esta idea. Cuando Dios «sopló» en la nariz del hombre aliento de vida, cambió su forma y lo convirtió en un ser viviente (Gn. 2:7). Hay un claro sentido de inmediatez en el texto. El hombre es presentado como una creación única y especial de Dios.[11] De la misma manera, Dios estuvo íntimamente involucrado en la creación de la mujer.[12] Él mismo «tomó» una de las costillas del hombre e «hizo» una mujer a partir de ella (Gn. 2:21-22). A diferencia de la creación de los animales ese mismo día, donde Dios dijo: «Produzca la tierra seres vivientes según su género» (Gn. 1:24), en el caso de la mujer, no hubo un mandato, sino una intervención personal. Dios literalmente «construyó» a la mujer utilizando material del

---

8. «יצר», *HALOT,* p. 428.

9. Ross comenta acertadamente: «El acto creador de Jehová Dios es expresado aquí mediante el término "formó". Dicho término significa que este acto de creación fue por diseño, una idea demostrada por el uso de un sustantivo afín más adelante en el libro: "Todo *designio* de los pensamientos del corazón de ellos era de continuo solamente el mal" (Gn. 6:5). La idea de intento o diseño al formar al hombre puede ilustrarse también mediante el uso de la forma del participio de ese verbo, que significa "alfarero" (Jer. 18:2-4)». Ross, *Creation & Blessing,* p. 122.

10. David Atkinson, *El mensaje de Génesis 1–11: Los albores de la creación,* CATA (Barcelona, España: Andamio, 2010), p. 74; Waltke, *Genesis,* p. 85.

11. Kidner, *Genesis,* p. 65; Leupold, *Exposition of Genesis,* pp. 74-75.

12. Andreas J. Köstenberger y Margaret E. Köstenberger, *God's Design for Man and Woman: A Biblical-Theological Survey* (Wheaton, IL: Crossway, 2014), p. 27.

hombre.[13] Su participación personal en la creación de la primera pareja humana es inequívoca.[14]

Todo esto apunta al hecho de que la humanidad es única en el mundo. Ningún otro acto creativo de Dios muestra un nivel de participación divina tan profundo como este. El uso del plural «hagamos» (Gn. 1:26) señala un momento clave en el relato de la creación, subrayando la singularidad de la raza humana y su relación especial con Dios.[15] Esto queda aún más confirmado por la triple repetición de la palabra «imagen» (Gn. 1:26-27), que enfatiza la distinción de la humanidad sobre el resto de la creación. Esta palabra también ha sido muy discutida por los comentaristas a lo largo de los años.[16] Algunos sugieren que la «imagen» de Dios consiste en la capacidad intelectual de la raza humana, otros la vinculan con la capacidad de tomar decisiones morales y ejercer el libre albedrío. Hay quienes piensan que se refiere a la pureza moral original de la humanidad, o incluso a la relación como «varón

---

13. «בנה», *HALOT*, p. 139.

14. John C. Collins, *Genesis 1–4: A Linguistic, Literary, and Theological Commentary* (Phillipsburg, NJ: P&R Publishing, 2006), pp. 105, 107; Leupold, *Exposition of Genesis*, p. 86; Mathews, *Genesis 1–11:26*, p. 218.

15. Carballosa, *Génesis*, p. 51; Goldingay, *Genesis*, p. 36; Victor P. Hamilton, *The Book of Genesis: Chapters 1–17*, NICOT (Grand Rapids: Eerdmans, 1990), p. 134; Kidner, *Genesis*, p. 55.

16. Para un resumen de los distintos puntos de vista, véase David J. A. Clines, «The Image of God in Man», *TynBul* 19 (1968), pp. 54-61. El teólogo Millard J. Erickson resume todo este debate en tres perspectivas muy útiles. Primero, la perspectiva *sustantiva* afirma que la imagen de Dios es inherentemente estructural para la raza humana. Es parte de la composición de toda persona y no solo algo que uno hace. Para algunos esto se refiere al cuerpo físico, mientras que otros aseveran que la imagen es una cualidad humana tal como la razón. En segundo lugar está la perspectiva *relacional* que sostiene que los humanos están hechos a imagen o que muestran la imagen cuando establecen una relación particular con alguien. Este punto de vista fue popular entre los teólogos existenciales. La tercera perspectiva es la *funcional*, la cual declara que la imagen de Dios consiste en algo que uno hace. La función que se menciona con más frecuencia es el ejercicio de la potestad sobre la creación. Millard J. Erickson, *Teología sistemática*, trad. por Beatriz Fernández (Barcelona, España: Clie, 2008), pp. 516-525.

y hembra» (Gn. 1:27), o al dominio sobre la tierra (Gn. 1:28).[17] Sin embargo, en el contexto inmediato de Génesis 1, la «imagen» de Dios tiene que ver específicamente con todos los aspectos de la naturaleza humana que son ajenos a los animales.[18]

> Luego dijo Dios: Produzca la tierra seres vivientes según su género, bestias y serpientes y animales de la tierra según su especie. Y fue así. E hizo Dios animales de la tierra según su género, y ganado según su género, y todo animal que se arrastra sobre la tierra según su especie. Y vio Dios que era bueno. Entonces dijo Dios: Hagamos al hombre *a nuestra imagen, conforme a nuestra semejanza*; y señoree en los peces del mar, en las aves de los cielos, en las bestias, en toda la tierra, y en todo animal que se arrastra sobre la tierra. Y creó Dios al hombre *a su imagen, a imagen de Dios* lo creó; varón y hembra los creó (Gn. 1:24-27).

El punto central de este pasaje es que la raza humana, a diferencia de los animales, es semejante a Dios. Esto concuerda con el significado más básico de las palabras «imagen» y «semejanza» en Génesis 1:26.[19] Ambos términos se refieren a algo que es similar,

---

17. Wayne A. Grudem, *Teología sistemática: Una introducción a la doctrina bíblica* (Miami, FL: Vida, 2007), p. 463.

18. Carballosa, *Génesis*, p. 52; John J. Davis, *Paradise to Prison: Studies in Genesis* (Salem, WI: Sheffield, 1998), p. 81; Henry M. Morris, *The Genesis Record: A Scientific and Devotional Commentary on the Book of Beginnings* (Grand Rapids: Baker Books, 2009), p. 74; Sailhamer, *Genesis*, p. 37; Sarna, *Genesis*, p. 12.

19. El profesor John J. Davis concluye lo siguiente sobre la estrecha relación semántica entre estas dos palabras: «Los términos hebreos "imagen" y "semejanza" deben considerarse mejor como esencialmente sinónimos. Marcar una diferencia entre ellos ha sido rechazado tanto sobre la base exegética como teológica. El uso de estos términos en el Antiguo Testamento y en la Septuaginta proporciona más que una adecuada evidencia de que son sinónimos». Davis, *Paradise to Prison*, p. 81. Los eruditos C. F. Keil y Franz Delitzsch hacen una observación similar a esta: «No hay base para [hacer una] distinción. [...] Las dos palabras [...] son una mera combinación [de ideas] para añadir intensidad al pensamiento». C. F. Keil y Franz Delitzsch, *Comentario al texto hebreo del*

pero no necesariamente idéntico, a lo que representa.[20] Por ejemplo, en el Antiguo Testamento, la palabra «imagen» se usa para hablar de estatuas (1 S. 6:5, 11) o pinturas en la pared (Ez. 23:14). Por otro lado, la palabra «semejanza» se usa con más frecuencia en contextos donde se enfatiza la idea de similitud, más que de representación exacta (Ez. 1:10).[21] Gran parte de la controversia sobre el concepto de la «imagen de Dios» parece surgir de intentar darle un significado demasiado estrecho. Sin embargo, cuando la Biblia dice que Dios creó a la humanidad a su imagen y semejanza, simplemente está afirmando que la raza humana es como Dios y que, en muchas maneras, lo representa. En otras palabras, Dios puso una especie de separación entre la raza humana y el resto de la creación, ya que de todo lo creado, solo la humanidad fue creada a imagen y semejanza de Dios.[22]

Esta afirmación tiene profundas implicaciones. Según James R. Beck y Bruce Demarest: «Las implicaciones de los seres humanos creados a imagen de Dios son inmensas [...] Las ramificaciones abarcan asuntos de la dignidad y del valor humano, la ética personal y social, las relaciones entre los sexos, la solidaridad de la familia humana [...] y la justicia racial».[23] En lo que concierne al rol de la mujer, más específicamente, Génesis 1:26-28 enseña que la mujer es como Dios y representa a Dios. La mujer no es un

---

Antiguo Testamento: Pentateuco e históricos, vol. 1, trad. por Ivo Tamm (Barcelona, España: Clie, 2008), p. 39.

20. Grudem, *Teología sistemática*, p. 463.

21. Collins, *Genesis 1–4*, p. 65; Hamilton, *The Book of Genesis*, pp. 134-136; Ross, *Creation & Blessing*, p. 112; Waltke, *Genesis*, pp. 65-66.

22. Herbert C. Leupold lo expresa de manera elocuente cuando dice: «No podemos dejar de observar que [este pasaje] presenta la imagen de un ser que se encuentra en un nivel muy elevado, una criatura de nobleza singular y dotada de poderes y atributos fenomenales, no un tipo de ser que por sus imperfecciones brutas se ve al mismo nivel que el mundo animal, sino un ser que se eleva por encima de todas las demás criaturas, su rey y su corona». Leupold, *Exposition of Genesis*, p. 61.

23. James R. Beck y Bruce Demarest, *The Human Person in Theology and Psychology: A Biblical Anthropology for the Twenty-First Century* (Grand Rapids: Kregel, 2005), p. 131.

ser humano inferior al hombre; por el contrario, tiene la misma dignidad, la cual se desprende exclusivamente de la presencia de la imagen de Dios en su creación. La imagen de Dios en la mujer es un reflejo de la gracia divina. Al igual que el hombre, tiene el privilegio de ser semejante a Dios. Por tanto, afirmar que la Biblia limita la imagen de Dios solo al hombre es una mentira que no se ajusta a la intención original de Dios.[24] Ambos sexos fueron

24. A pesar de que esta interpretación ha sido ampliamente rechazada por la erudición bíblica y prácticamente nadie la defiende, algunas feministas han citado a Agustín de Hipona para sugerir lo contrario. En una sección de su obra *Sobre la Trinidad*, Agustín dice que la mujer «no es imagen de Dios. Por lo que al varón se refiere, es imagen de Dios tan plena y perfectamente como cuando con la mujer es una sola cosa». Agustín de Hipona, *Sobre la Trinidad*, VII, §7.10. Si se lee este texto fuera de su contexto, podría interpretarse que la mujer, según Agustín, solo refleja la imagen de Dios cuando está unida a su marido, pero no de manera individual. Como señala la reconocida feminista Rosemary Radford Ruether: «Agustín define al hombre como, por sí mismo, la imagen plena de Dios. La mujer, por sí misma, no es esa imagen, sino únicamente cuando se une al hombre, que es la cabeza». Rosemary Radford Ruether, *Religion and Sexism: Images of Woman in the Jewish and Christian Traditions* (Nueva York, NY: Simon and Schuster, 1974), p. 156. En base a esta observación, Patricia Gundry, una autoproclamada «feminista bíblica», exclama: «Si las mujeres son plenamente humanas, entonces Agustín estaba equivocado, pero tú puedes tener razón. [...] Y tú puedes corregir [este error], no solo en papel, o en conferencias y libros, sino en la vida de las personas. Por favor, hazlo». Patricia Gundry, «Why We're Here», en *Women, Authority, and the Bible*, ed. por Alvera Mickelsen, pp. 10-21 (Downers Grove, IL: InterVarsity Press, 1986), p. 21. Sin embargo, Agustín nunca niega a la mujer la dignidad de la imagen de Dios en un sentido real. Para entender su posición, es clave comprender la lógica de su enfoque interpretativo. En esta sección de su obra, Agustín está explicando 1 Corintios 11:7, que dice: «Porque el varón no debe cubrirse la cabeza, pues él es imagen y gloria de Dios; pero la mujer es gloria del varón». Según Agustín, Pablo aquí está utilizando un sentido *alegórico*, un método de interpretación que alude a una realidad más profunda. En este caso, la acción de cubrirse la cabeza representa algo que ocurre a nivel espiritual. En otras palabras, ¿por qué el hombre puede simbolizar plenamente la imagen de Dios, mientras que la mujer no puede? La respuesta que da Agustín es que la imagen de Dios se refiere a la actividad superior de la mente. Dado que este nivel de actividad es incompatible con toda dependencia, él argumenta que la mujer no puede simbolizarlo, ya que está llamada a vivir en sumisión al hombre. El error que cometen las feministas es confundir lo simbólico con lo real. Agustín mismo aclara que su interpretación es simbólica unos párrafos más adelante en la sección 7.1: «El apóstol Pablo habla en un sentido figurado y místico al mandar cubrir a la mujer su cabeza, precepto vacío de sentido si no estuviera henchido de misterio». Por tanto, la sugerencia de las feministas no tiene validez. Ignora por completo la lógica del enfoque interpretativo de Agustín, quien nunca niega que la mujer sea personalmente y realmente imagen de Dios. De hecho, este ni siquiera es el

creados para reflejar la imagen y la semejanza de Dios de maneras complejas y misteriosas.[25]

La mayoría de las feministas evangélicas estarían totalmente de acuerdo con esta interpretación del texto. La discusión en realidad se intensifica a partir de los siguientes dos capítulos del libro de Génesis (como se demostrará a continuación). Sin embargo, antes de avanzar a la siguiente sección, es necesario hacer

---

punto de su argumento. En la sección 7.12, Agustín afirma: «Esta discusión [...] no tiene otro fin que la de explicar cómo se ha de entender el pasaje del apóstol [Pablo en 1 Corintios 11:7]». Cuando Agustín se propone interpretar el libro de Génesis en su contexto, claramente defiende la imagen de Dios en la mujer en un sentido real. En su comentario de Génesis, señala: «En la situación original del ser humano, también la mujer poseía su propia mente, ciertamente racional, porque era también un ser humano. También ella fue creada a imagen de Dios y la prueba es esa mente racional. En atención a la unión entre el hombre y la mujer, dice la Escritura: "Dios creó al hombre [o la humanidad] a imagen de Dios"». Agustín de Hipona, *Del Génesis a la letra*, III, §22.34. No hay duda entonces de la postura de Agustín sobre la dignidad de la mujer. En ninguna de sus obras limita la imagen de Dios solo al hombre. La mujer también fue creada a la imagen de Dios. Para una explicación detallada de la posición de Agustín, véase Tarsicio J. van Bavel, «Augustine's View of Women», *Augustiniana* 39 (1989), pp. 5-53.

25. Curiosamente, el afamado teólogo N. T. Wright niega «que la creación del hombre y la mujer en dos sexos sea una parte vital de lo que significa que los seres humanos hayan sido creados a imagen de Dios». De hecho, advierte que afirmar algo así puede hacer a uno «caer en una especie de gnosticismo» porque las plantas y los animales también se reproducen y no solo la raza humana. N.T. Wright, «Women's Service in the Church: The Biblical Basis», Symposium on Men, Women and the Church, Durham, United Kingdom, 4 de septiembre de 2004. Sin embargo, es difícil pasar por alto el vínculo establecido en el texto entre la creación de la humanidad a imagen y semejanza de Dios y la clara distinción de la raza humana en dos sexos opuestos complementarios. «Y creó Dios al hombre *a su imagen, a imagen de Dios* lo creó; *varón y hembra* los creó» (Gn. 1:27). Este razonamiento es peligroso porque eventualmente puede conducir a la desvinculación de la personalidad y el sexo. Para un ejemplo de esta postura, véase Kristina LaCelle-Peterson, *Liberating Tradition: Women's Identity and Vocation in Christian Perspective* (Grand Rapids: Baker Books, 2008), pp. 117-128, quien argumenta que hay que abandonar la noción de que Dios creó a la humanidad fundamentalmente en dos sexos con roles diferentes. LaCelle-Peterson cita a Lewis Smedes para apoyar su argumento: «La feminidad es un adjetivo de la personalidad. Asignar a las personas roles que no han elegido aceptar sobre la base del sexo, es convertir a la sexualidad en algo básico y a la personalidad en algo secundario». Lewis Smedes, *Sex for Christians: The Limits and Liberties of Sexual Living* (Grand Rapids: Eerdmans, 1994), p. 24. No obstante, la Biblia declara que la sexualidad es parte integral de la personalidad de cada ser humano (Gn. 1:27-28; 2:24; Mt. 19:4-5). Desvincular la personalidad del sexo es distorsionar la imagen de Dios.

un breve comentario sobre el entendimiento fallido que la interpretación feminista tiene del concepto de la imagen de Dios. La profesora Aída Besançon Spencer señala que «el hombre y la mujer *se necesitan entre sí* para reflejar la imagen de Dios».[26] Esto quiere decir que la semejanza de Dios solo se hace visible en la humanidad cuando hay unidad relacional entre ambos sexos. Ni el hombre ni la mujer pueden reflejar la imagen de Dios por separado. Como explica Spencer en otra parte de su libro *Beyond the Curse* (en español, *Más allá de la maldición*): «No hay ninguna posibilidad, según [Génesis 1:26-28], de que el hombre pueda reflejar por sí mismo la naturaleza de Dios. Tampoco es posible que la mujer refleje por sí misma la naturaleza de Dios. Hombre y mujer son necesarios para reflejar la naturaleza de Dios».[27]

Esta interpretación del pasaje se basa en la perspectiva *relacional* de la imagen de Dios, la cual sostiene que los seres humanos son semejantes a Dios cuando establecen una relación particular con alguien. Sin embargo, como se mencionó anteriormente, Moisés aquí está más interesado en hacer una separación entre la raza humana y el resto de la creación que en definir exhaustivamente este concepto. No hay que ir muy lejos en el libro de Génesis para comprobarlo. La genealogía de Génesis 5 afirma que Adán «engendró un hijo a su *semejanza,* conforme a su *imagen,* y llamó su nombre Set» (Gn. 5:3). Estos son los dos mismos términos que aparecen en Génesis 1:26. Evidentemente, Set no era idéntico a Adán, pero sí era como él en muchas formas, tal como un hijo es con su padre. «¿Eran sus ojos castaños?», pregunta el reconocido teólogo Wayne A. Grudem, «¿O su pelo ensortijado? ¿Sería quizá su aspecto fornido y atlético, o su disposición seria, o su fuerte temperamento?».[28] Tales especulaciones son realmente de poca

---

26. Aída Besançon Spencer, *Beyond the Curse: Women Called to Ministry* (Nashville: Nelson, 1985), p. 39 (énfasis añadido).
27. *Ibid.*, p. 21.
28. Grudem, *Teología sistemática*, p. 464.

ayuda. El texto simplemente señala que Set era similar a Adán. No especifica de qué maneras era como su padre.[29] Del mismo modo, la humanidad refleja la imagen de Dios de varias maneras, no solo de forma relacional.[30]

Además, Génesis 5 enseña que la imagen de Dios está presente en cada ser humano a nivel *individual*. Así como Adán fue creado a imagen y semejanza de Dios (incluso antes de que Dios hiciera a Eva), él engendró a un hijo «a *su* semejanza, conforme a *su* imagen» (Gn. 5:3).[31] El texto no puede ser más claro: la imagen de Dios fue pasada a Set.[32] La insistencia de Spencer por ver la imagen de Dios como algo colectivo que no puede ocurrir nunca en el hombre o la mujer de manera separada es injustificable. Todos los seres humanos poseen la imagen de Dios, independientemente de si están en una relación con otro ser humano. Por esta razón, la propuesta que hace Spencer a favor del liderazgo de la mujer en la iglesia carece de todo fundamento. Ella argumenta que «tanto las mujeres como los hombres son necesarios en posiciones de autoridad en la iglesia para ayudar a la gente a

---

29. Goldingay, *Genesis*, p. 118; Ross, *Creation & Blessing*, p. 174.

30. Wayne A. Grudem concluye de la siguiente manera: «El texto solo afirma que el hombre es *como* Dios, y el resto de las Escrituras nos aportan más detalles para explicarlo [...] Cuanto más conocemos a Dios y al hombre tantas más similitudes reconoceremos, y tanto mejor entenderemos lo que las Escrituras quieren decir cuando afirman que el hombre está hecho a la imagen de Dios. Esa expresión se refiere a toda forma en la que el hombre es como Dios». Grudem, *Teología sistemática*, p. 464.

31. Otro pasaje que indica claramente que cada ser humano es portador de la imagen de Dios es Génesis 9:6. El texto dice: «El que derramare sangre de hombre, por el hombre su sangre será derramada; porque a imagen de Dios es hecho el hombre». Aquí el término אָדָם («hombre») se refiere a cualquier persona. El que asesina a *un* ser humano (sea hombre o mujer) destruye la imagen de Dios. No se necesita derramar la sangre de dos personas en una relación de sexo opuesto para recibir el castigo máximo de la muerte. La pena capital está reservada para cualquier hombre o mujer que asesina a un ser humano porque la imagen de Dios está presente en todas las personas a nivel individual (cp. Stg. 3:9). Davis, *Paradise to Prison*, p. 81; Waltke, *Genesis*, p. 66.

32. Cassuto, *A Commentary on the Book of Genesis*, p. 275; Fruchtenbaum, *The Book of Genesis*, p. 126; Keil y Delitzsch, *Comentario al texto hebreo del Antiguo Testamento*, p. 70.

comprender mejor la naturaleza de Dios. La imagen de Dios necesita hombres y mujeres para reflejar a Dios más plenamente».[33] Sin embargo, no hay ningún pasaje en la Biblia que respalde esta conclusión. La imagen de Dios es para toda la humanidad y cada uno es portador de ella individualmente —hombres y mujeres por igual—. No obstante, esto de ninguna manera implica que la mujer deba ocupar una posición de liderazgo en la iglesia.

La diferencia de la mujer

No cabe la menor duda de que el primer capítulo del libro de Génesis enseña la singularidad de la raza humana (Gn. 1:26). En contraste con el resto de la creación, solo el hombre y la mujer fueron creados a imagen y semejanza de Dios (Gn. 1:27). Como resultado de esta gracia divina, ambos sexos poseen la misma dignidad (Gn. 1:28). En este sentido, el comentario del profesor y pastor Kevin DeYoung es muy acertado: «La masculinidad no es un orden superior de ser que esté por encima de la feminidad. Tanto hombres como mujeres fueron hechos para representar a Dios en el mundo».[34] Sin embargo, esto no significa necesariamente que ambos sexos tengan las mismas funciones. El hecho de que todos los seres humanos sean igualmente importantes para Dios no implica que haya uniformidad indiferenciada.[35] Aunque

33. Spencer, *Beyond the Curse*, p. 29.

34. Kevin DeYoung, *Hombres y mujeres en la iglesia: Una introducción bíblica y práctica* (Grand Rapids: Portavoz, 2021), pp. 27-28.

35. Raymond C. Ortlund ofrece la siguiente explicación: «Dios nunca tuvo la intención de borrar las distinciones sexuales en aras de establecer igualdad *en un sentido absoluto*. De hecho, hay muchas áreas de la vida en las que Dios no tiene intención de nivelar las distinciones entre nosotros. Consideremos lo obvio: Dios no valora la igualdad intelectual o estética entre las personas. No valora la igualdad en las finanzas, los talentos y las oportunidades. Es Dios quien ordena deliberadamente desigualdades en muchos aspectos de nuestras vidas. Cuando salí del vientre de mi madre, solo tenía un cierto potencial de desarrollo físico, intelectual y estético. Algunos nacen con menos que yo, otros con más. Dado que Dios es, en última instancia, quien da forma a nuestras vidas, tengo que concluir que a Dios no le interesa la igualdad ilimitada entre nosotros. Y, como Dios también es sabio, concluyo además que la igualdad ilimitada debe

la vida de la mujer tiene el mismo valor que la vida del hombre (y viceversa), Dios ha establecido roles diferentes para cada uno, tanto en el matrimonio como en la iglesia.[36] Esto se hace evidente en la continuación del relato de la creación:

> Y dijo Jehová Dios: *No es bueno que el hombre esté solo; le haré ayuda idónea para él.* Jehová Dios formó, pues, de la tierra toda bestia del campo, y toda ave de los cielos, y las trajo a Adán para que viese cómo las había de llamar; y todo lo que Adán llamó a los animales vivientes, ese es su nombre. Y puso Adán nombre a toda bestia y ave de los cielos y a todo ganado del campo; *mas para Adán no se halló ayuda idónea para él.* Entonces Jehová Dios hizo caer sueño profundo sobre Adán, y mientras este dormía, tomó una de sus costillas, y cerró la carne en su lugar. Y de la costilla que Jehová Dios tomó del hombre, hizo una mujer, y la trajo al hombre. Dijo entonces Adán: Esto es ahora hueso de mis huesos y carne de mi carne; esta será llamada Varona, porque del varón fue tomada. Por tanto, dejará el hombre a su padre y a su madre, y se unirá a su mujer, y serán una sola carne. Y estaban ambos desnudos, Adán y su mujer, y no se avergonzaban (Gn. 2:18-25).

Cuando la obra de los seis días de la creación de Dios se completó, no había nada fuera de orden; ni pena, ni sufrimiento, ni enfermedad, ni desajustes y, sobre todo, no había muerte.[37] La

---

ser un falso ideal». Raymond C. Ortlund Jr., «Male-Female Equality and Male Headship», en *Recovering Biblical Manhood & Womanhood: A Response to Evangelical Feminism*, ed. por John Piper y Wayne A. Grudem, pp. 95-112 (Wheaton, IL: Crossway, 2006), pp. 99-100.

36. Para una explicación detallada del rol de la mujer en la iglesia más específicamente, véase los capítulos escritos por Roberto Sánchez (capítulo 4: «La mujer en Cristo») y Luis Contreras (capítulo 5: «La prohibición de Pablo»).

37. Morris, *The Genesis Record*, p. 105.

condición del mundo era de perfecta armonía porque todo estaba hecho a la manera de Dios. Por esta razón, cada acto creativo en el relato, con la excepción del segundo día, contiene la expresión: «Y vio Dios que era *bueno*» (Gn. 1:4, 10, 12, 18, 21, 25).[38] Sin embargo, al llegar a Génesis 2:18, aparece una sorprendente declaración en el texto.[39] El hombre está solo y esto no es «bueno» ante los ojos de Dios (Gn. 2:18).[40] A pesar de que Adán estaba rodeado de innumerables animales en aquel momento (Gn. 1:24-25), ninguno de ellos tenía las condiciones para cumplir el mandato de Dios (Gn. 1:28) porque, tal como se indicó anteriormente, solo la raza humana había sido hecha a imagen y semejanza de Dios (Gn. 1:26-27).[41] En las palabras del comentarista Allen P. Ross: «Puesto que la idea de "bueno" describe lo que es apropiado y adecuado al propósito de la creación, el hecho de que el hombre estuviera solo no era bueno porque no podía hacer todo lo que Dios había planeado para la humanidad».[42]

---

38. El hecho de que Moisés omita la expresión וַיַּרְא אֱלֹהִים כִּי־טוֹב («y vio Dios que era bueno») en el segundo día de la creación (Gn. 1:6-8) de ninguna manera implica que este acto creativo sea menos bueno que el resto (Gn. 1:31). Umberto Cassuto acertadamente advierte sobre el peligro de esperar «la reiteración palabra por palabra de una fórmula invariable en cada ocasión [del pasaje]». Las fórmulas recurrentes en la literatura hebrea «se caracterizan por cambios verbales». Cassuto, *A Commentary on the Book of Genesis*, p. 34. Una posible explicación de esta omisión es que la separación de las aguas no se completa hasta el día siguiente (Gn. 1:9-10). En otras palabras, la creación de la expansión es una etapa preliminar a la aparición de la tierra seca en el tercer día. De modo que Moisés se reserva el uso de la expresión hasta que sea más apropiado hacerlo. La omisión también elimina del relato, por así decirlo, las aguas sobre la expansión (Gn. 1:7), coincidiendo con el énfasis geocéntrico presentado en el principio (Gn. 1:2). Hamilton, *The Book of Genesis*, p. 124; Mathews, *Genesis 1:1–11:26*, p. 151; Gordon J. Wenham, *Genesis 1–15*, WBC 1 (Dallas, TX: Word Books, 1987), p. 19; Claus Westermann, *Genesis 1–11*, CC (Mineápolis, MN: Augsburg Publishing House, 1984), p. 123.

39. Carballosa, *Génesis*, p. 74; Cassuto, *A Commentary on the Book of Genesis*, pp. 126-127; Ross, *Creation & Blessing*, p. 125; Sarna, *Genesis*, p. 21; Waltke, *Genesis*, p. 88.

40. Fruchtenbaum, *The Book of Genesis*, p. 78; Hamilton, *The Book of Genesis*, p. 175; Mathews, *Genesis 1–11:26*, p. 213; Morris, *The Genesis Record*, p. 95.

41. DeYoung, *Hombres y mujeres en la iglesia*, p. 30.

42. Ross, *Creation & Blessing*, p. 126.

Al principio, Adán empezó a ejercer dominio sobre todos los animales (Gn. 2:19-20), lo cual reflejaba uno de los muchos aspectos de su semejanza con Dios (Gn. 1:26-27).[43] Sin embargo, el relato vuelve a enfatizar el hecho de que «no se halló ayuda *idónea* para él» (Gn. 2:20). Por sí solo, el hombre simplemente no podía cumplir el mandato de fructificar, multiplicarse y llenar la tierra (Gn. 1:28). Por tanto, Dios decide realizar un acto de gracia soberana para traer a la existencia a otro ser humano que le ayudaría a cumplir todo el mandato, y no tan solo una parte. Los detalles de este acto creativo se describen en los versículos del 21 al 22. No obstante, aquí es necesario hacer una pausa y preguntar qué es lo que significa «ayuda idónea» (Gn. 2:18, 20), ya que las feministas evangélicas interpretan esta expresión de una manera que no hace justicia a lo que dice el pasaje realmente. En su intento por querer «liberar» a la mujer de su posición subordinada, ignoran la lectura más simple y directa del texto.

En el original, la expresión «ayuda idónea» está compuesta de dos palabras. La primera («ayuda») conlleva la idea de alguien que apoya y anima,[44] y no tiene en absoluto un sentido degradante.[45] De hecho, en el Antiguo Testamento, la mayoría de las veces esta palabra se usa para hablar de la ayuda que viene de parte de Dios. En términos más concretos, de los 18 pasajes en los que aparece esta palabra, 13 se refieren directamente a Dios. Es particularmente común en el libro de los Salmos, donde el salmista suele expresar aflicción y necesidad ante una circunstancia específica. Claramente, esta palabra tiene un sentido funcional, no denigrante. La ayuda ofrece al que la necesita aquello que le hace falta. En el contexto de Génesis 2, la mujer fue creada para hacer lo que el hombre no podía hacer por sí

43. Waltke, *Genesis*, p. 89.

44. «עֵזֶר», *HALOT*, p. 811.

45. Carballosa, *Génesis*, p. 75; Mathews, *Genesis 1–11:26*, p. 214; Ross, *Creation & Blessing*, p. 126.

solo.[46] Así como Dios se presenta en el Antiguo Testamento como la ayuda de su pueblo, el rol de la mujer consiste fundamentalmente en ayudar al hombre. No hay ningún rastro de inferioridad en la mujer. Por el contrario, esta palabra subraya la naturaleza incompleta del hombre para hacer lo que Dios le había mandado.[47]

Tabla 2.1: Dios como ayuda en el Antiguo Testamento

Referencia	RVR–60
Éxodo 18:4	Y el otro se llamaba Eliezer, porque dijo: El Dios de mi padre me *ayudó* [o fue mi *ayuda*], y me libró de la espada de Faraón.
Deuteronomio 33:7	Y esta bendición profirió para Judá. Dijo así: Oye, oh Jehová, la voz de Judá, y llévalo a su pueblo; sus manos le basten, y tú seas su *ayuda* contra sus enemigos.
Deuteronomio 33:26	No hay como el Dios de Jesurún, quien cabalga sobre los cielos para tu *ayuda,* y sobre las nubes con su grandeza.
Deuteronomio 33:29	Bienaventurado tú, oh Israel. ¿Quién como tú, pueblo salvo por Jehová, escudo de tu *socorro* [o *ayuda*], y espada de tu triunfo? Así que tus enemigos serán humillados, y tú hollarás sobre sus alturas.
Salmo 20:1-2	Jehová te oiga en el día de conflicto; el nombre del Dios de Jacob te defienda. Te envíe *ayuda* desde el santuario, y desde Sion te sostenga.
Salmo 33:20	Nuestra alma espera a Jehová; nuestra *ayuda* y nuestro escudo es él.
Salmo 70:5	Yo estoy afligido y menesteroso; apresúrate a mí, oh Dios. *Ayuda* mía y mi libertador eres tú. Oh Jehová, no te detengas.

46. Leupold, *Exposition of Genesis,* p. 83.
47. Wenham, *Genesis 1–15,* p. 68.

Salmo 89:19	Entonces hablaste en visión a tu santo, y dijiste: He puesto el *socorro* [o *ayuda*] sobre uno que es poderoso; he exaltado a un escogido de mi pueblo.
Salmo 115:9-11	Oh Israel, confía en Jehová; él es tu *ayuda* y tu escudo. Casa de Aarón, confiad en Jehová; él es vuestra *ayuda* y vuestro escudo. Los que teméis a Jehová, confiad en Jehová; él es vuestra *ayuda* y vuestro escudo.
Salmo 121:2	Mi *socorro* [o *ayuda*] viene de Jehová, que hizo los cielos y la tierra.
Salmo 124:8	Nuestro *socorro* [o *ayuda*] está en el nombre de Jehová, que hizo el cielo y la tierra.
Salmo 146:5	Bienaventurado aquel cuyo *ayudador* [o *ayuda*] es el Dios de Jacob, cuya esperanza está en Jehová su Dios.
Oseas 13:9	Te perdiste, oh Israel, mas en mí está tu *ayuda*.

Este punto queda aún más claro con la siguiente palabra en la expresión «ayuda *idónea*», que describe a la mujer como la contrapartida o el complemento del hombre.[48] Aquí es donde la interpretación feminista propone otra lectura del texto que se aparta del sentido común de las palabras en hebreo. Según Spencer, por ejemplo, este pasaje enseña que la mujer en realidad está «delante» del hombre o, más específicamente, «por encima» de él.[49] Su argumento se enfoca principalmente en una *parte* de la palabra que, en el original, puede llegar a significar «líder» en su forma sustantivada. Ella lo explica de la siguiente manera: «La misma preposición cuando se convierte en sustantivo significa "un líder, gobernante, príncipe o rey"; es decir, un "supervisor". Literalmente se refiere "al que está al frente"».[50] El problema con esta interpretación es que no hay evidencia que respalde la idea de

48. «נֶגֶד», *HALOT,* p. 666.
49. Spencer, *Beyond the Curse,* p. 26.
50. *Ibid.*, p. 24.

que el término «líder» derive de esa parte de la palabra «idónea». La relación entre ambas palabras no es clara. Ambas parecen estar etimológicamente relacionadas, pero su significado es ambiguo.[51] Por tanto, la búsqueda de un significado oculto asociado con una parte de la palabra resulta ridículo. El significado de una palabra no siempre viene determinado por su etimología.[52]

Además, el erudito de Antiguo Testamento Raymond C. Ortlund señala que el término hebreo no puede significar «superior a» porque este significado no encaja en otros contextos.[53] Por ejemplo, el Salmo 119:168 dice: «He guardado tus mandamientos y tus testimonios, porque todos mis caminos están *delante de* ti». De acuerdo con la postura de Spencer, la última parte de este versículo debería leerse algo así como: «Todos mis caminos son *superiores a* ti o están *por encima* de ti». Sin embargo, no solo es incorrecto que el salmista se dirija a Dios de esta manera,[54] sino que también es incongruente con el resto del capítulo. El Salmo 119 habla de la excelencia y autoridad de la instrucción de Dios. Por consiguiente, es incoherente sugerir otra lectura que no apoye el tema dominante del capítulo y mucho menos que no tome en consideración el sentido más básico de las palabras. Este término simplemente transmite la idea de proximidad. En realidad, lo

---

51. El profesor James Barr, erudito del idioma hebreo, hace el siguiente comentario sobre dos palabras que, al igual que כְּנֶגְדּוֹ («idónea») y נָגִיד («líder»), parecen compartir la misma etimología pero que significan dos cosas totalmente diferentes como לֶחֶם («pan») y מִלְחָמָה («guerra»). Barr señala: «Es dudoso que la influencia de su raíz común sea importante semánticamente en el hebreo clásico en el uso normal de las palabras. Y sería totalmente caprichoso conectar ambos como mutuamente sugestivos o evocativos, como si las batallas se hicieran normalmente por el pan o el pan fuera una provisión necesaria en las batallas. Las palabras que contienen secuencias similares de sonidos pueden por supuesto ser deliberadamente yuxtapuestas por asonancia, pero este es un caso especial y separadamente reconocible». James Barr, *The Semantics of Biblical Language* (Oxford: Oxford University Press, 1961), p. 102.

52. D. A. Carson, *Falacias exegéticas: Interpretación eficaz hoy* (Barcelona, España: Clie, 1996), pp. 34-39.

53. Ortlund, «Male-Female Equality and Male Headship», pp. 103-104.

54. Derek Kidner, *Psalms 73–150: An Introduction and Commentary*, TOTC 16 (Downers Grove, IL: InterVarsity Press, 1975), p. 465.

que aquí el salmista está diciendo es que Dios conoce todos sus caminos. No hay nada que le sea oculto a Dios.[55]

Como el argumento etimológico resulta poco convincente, Spencer intenta reforzar su interpretación feminista haciendo hincapié en el hecho de que la primera palabra «ayuda» no «implica en absoluto una subordinación inherente».[56] Según su lógica, si el término «implica intrínsecamente subordinación, entonces, ¡Dios estaría subordinado a los humanos!»,[57] ya que la mayoría de las veces esta palabra se usa para hablar de Dios en el Antiguo Testamento. Sin embargo, este tipo de razonamiento *a priori* rechaza cualquier posibilidad de que Dios ocupe una posición de subordinación. Lamentablemente, esta postura no se ajusta al testimonio de la Biblia. La encarnación de Cristo es el ejemplo más claro y contundente de que Dios puede ocupar una posición subordinada con el fin de ofrecer su ayuda a la humanidad (Jn. 1:14). Como Pablo lo expresa en 2 Corintios 8:9: «Porque ya conocéis la gracia de nuestro Señor Jesucristo, que por amor a vosotros *se hizo pobre*, siendo rico, para que vosotros *con su pobreza* fueseis enriquecidos». A pesar de que Cristo era igual a Dios en todo, Él se rebajó voluntariamente de su posición eterna de gloria, adoptando la naturaleza humana en su encarnación (Fil. 2:6-8).

Es un error afirmar que la palabra «ayuda» en ningún momento indica una posición subordinada.[58] De hecho, el profesor emérito David J. A. Clines concluye que, a lo largo de todo el Antiguo Testamento, la subordinación está implícita en la propia naturaleza del que ayuda.[59] El problema fundamental de la interpretación femi-

55. Leslie C. Allen, *Psalms 101–150*, WBC 21 (Nashville: Thomas Nelson, 2002), p. 192; Daniel J. Estes, *Psalms 73–150*, NAC 13 (Nashville: Broadman & Holman Publishers, 2019), p. 438; Allen P. Ross, *Psalms 90–150*, KEL (Grand Rapids: Kregel, 2016), p. 589.

56. Spencer, *Beyond the Curse*, p. 26.

57. *Ibid.*, p. 27.

58. *Ibid.*

59. David J. A. Clines, «What Does Eve Do to Help? And Other Irredeemably Androcentric Orientations in Genesis 1–3», reunión anual de la Society of Biblical

nista es que, incorrectamente, iguala subordinación con inferioridad.[60] Pero esto no es correcto, ni debe serlo. Por ejemplo, el hecho de que un niño esté bajo el cuidado de sus padres no significa que sea menos que ellos humanamente hablando. De igual manera, un empleado no es un ser humano inferior solo por ocupar una posición subordinada ante su jefe en el trabajo. Lo mismo ocurre con la mujer en el marco del matrimonio: no es menos que el hombre. Su vida tiene el mismo valor que la vida del hombre. Sin embargo, su rol en la relación con su marido es subordinado. Existe una clara diferencia en la función que Dios estableció para la mujer desde el principio. Ser una ayuda no es la forma hebrea de ser iguales.

La mujer, en el contexto inmediato de Génesis 2, fue creada para ayudar al hombre a cumplir todo el mandato de Dios, que incluía, entre otras cosas, la reproducción (Gn. 1:28). Por supuesto, la mujer hace más que simplemente engendrar y criar hijos. En ese momento, Adán vivía en soledad, y Dios proveyó una criatura que lo acompañara de diversas maneras. Gordon J. Wenham expresa esta idea de manera clara: «La ayuda que se buscaba no era *solo* la asistencia en el trabajo diario o la procreación, aunque esos aspectos pueden estar incluidos, sino el apoyo mutuo que proporciona la comunión».[61] Sin embargo, el énfasis principal de la expresión «ayuda idónea» debe entenderse a la luz del mandato dado por Dios. No era bueno que el hombre estuviera solo porque, por sí solo, no habría podido fructificar, multiplicarse ni llenar la tierra (Gn. 1:28).[62] DeYoung ofrece la siguiente explicación: «Otro

Literature, Boston, Massachusetts, 7 de diciembre de 1987. Véase también, Collins, *Genesis 1–4*, p. 107.

60. La feminista Gundry refleja este sentimiento muy bien cuando dice: «Solo hay una cuestión central y decisiva en este tema tan conflictivo: *¿Son las mujeres plenamente humanas?* Todas las demás preguntas y cuestiones son secundarias a esta pregunta». Gundry, «Why We're Here», p. 20 (énfasis añadido).

61. Wenham, *Genesis 1–15*, p. 68 (énfasis añadido).

62. John H. Sailhamer señala que el próximo capítulo del libro de Génesis corrobora esta interpretación más limitada de la expresión «ayuda idónea». Sailhamer hace la siguiente observación: «El juicio de la mujer no solo se centra específicamente en su rol de engendrar y criar hijos (Gn. 3:16), sino que además

hombre habría podido ofrecerle compañía y camaradería a Adán. Dios habría podido dar a Adán un arado o un grupo de bueyes, o una fraternidad de amigos hombres, todo lo cual habría sido útil, incluso agradable. Pero ninguno habría sido una ayuda idónea para la tarea crucial de engendrar y criar hijos».[63]

Nada pone de manifiesto de manera más clara la maravillosa complementariedad e igualdad de los dos sexos que este pasaje.[64] La mujer fue creada «*del* hombre» (Gn. 2:22) y, como tal, posee la misma dignidad, ya que es portadora de la imagen de Dios al igual que el hombre (Gn. 1:26-27). Pero también, según el mismo relato, la mujer fue creada «*para*» el hombre (Gn. 2:18, 20), lo cual habla de una función obviamente diferente. Ambos sexos son necesarios para llenar la tierra y ejercer dominio sobre ella (Gn. 1:28). No hay la más mínima sugerencia en el texto de que el rol de la mujer sea denigrante como sugiere la interpretación feminista. Tampoco existe razón para «liberar» a la mujer de su posición subordinada, ya que el concepto de subordinación no implica inferioridad. La reacción de Adán al ver a Eva confirma esta conclusión: «Esto es ahora hueso de *mis* huesos y carne de *mi* carne» (Gn. 2:23). Adán reconoce que Dios había hecho a Eva utilizando el mismo material de su cuerpo y que, finalmente, había llegado la «ayuda idónea» que le faltaba para cumplir todo el mandato de Dios.[65]

Génesis 2, interpretado de manera normal, afirma que Dios ha creado roles distintos para ambos sexos de la humanidad, roles que son de suma bendición para el matrimonio cuando se utilizan de manera correcta. La idea de que el hombre y la mujer están en-

---

en la promesa de la זֶרַע ("simiente") [en Génesis 3:15] hay un aparente juego de palabras [en hebreo] con el rol de la mujer como עֵזֶר ("ayuda") del hombre». Sailhamer, *Genesis*, p. 46. Véase también, Mathews, *Genesis 1–11:26*, p. 214.

63. DeYoung, *Hombres y mujeres en la iglesia*, p. 30.

64. Kidner, *Genesis*, pp. 70-71.

65. Atkinson, *El mensaje de Génesis 1–11*, p. 93; Keil y Delitzsch, *Comentario al texto hebreo del Antiguo Testamento*, pp. 55-56; Mathews, *Genesis 1–11:26*, p. 218; Wenham, *Genesis 1–15*, p. 70.

frentados en una relación adversa y antagónica a causa de la falta de uniformidad indiferenciada es totalmente ajena al relato de la creación.[66] La Biblia no pone al hombre contra la mujer ni a la mujer contra el hombre, sino que presenta una unión sumamente íntima entre dos personas de sexos opuestos, claramente diferenciados y complementarios (Gn. 2:24).[67] De hecho, esta sección del relato

66. Esta es una de las conclusiones de Gilbert Bilezikian, quien fue profesor de estudios bíblicos en *Wheaton College* por más de 20 años. En su libro *Beyond Sex Roles* (en español, *Más allá de los roles sexuales*), Bilezikian afirma lo siguiente: «Siempre que se niega el principio de igualdad de derechos [entre el hombre y la mujer] y un sexo se subordina a otro, el resultado inevitable es la negación del derecho a la intimidad de la parte subordinada. Esto da paso a la violación y la explotación. Las atrocidades de la violación, la prostitución y la pornografía son los frutos pecaminosos de la dominación masculina. Desnudar a una mujer y sujetarla bajo el poder de un cuchillo, un puñado de dinero o el espectáculo de una cámara es la manifestación suprema del dominio del hombre sobre la mujer. Este dominio no formaba parte del ideal de la creación de Dios». Gilbert Bilezikian, *Beyond Sex Roles: What the Bible Says About a Woman's Place in Church and Family* (Grand Rapids: Baker Books, 2006), p. 28. El problema con esta conclusión es que parte de una premisa equivocada: la idea de que debe existir una uniformidad indiferenciada entre el hombre y la mujer. Bilezikian presenta su argumento en términos de «igualdad de derechos». En principio, esto parece ser muy noble. Sin embargo, es evidente que, de acuerdo a su criterio, la subordinación de la mujer es incompatible con la igualdad de los derechos humanos. En perfecta consonancia con la interpretación feminista, Bilezikian iguala equivocadamente el concepto de subordinación con inferioridad. Pero, como ya se explicó anteriormente, esta equivalencia no tiene base bíblica, por lo que su conclusión es ilegítima. La Biblia no enseña en ningún lugar que haya una igualdad *absoluta* entre el hombre y la mujer, aunque sí reconoce que ambos tienen el mismo valor ante Dios (Gn. 1:26-27). Sin embargo, el rol de la mujer es diferente y, en el matrimonio, tiene una función de subordinación en la relación con su marido (Gn. 2:18, 20). Este rol de ninguna manera desvaloriza la dignidad de la mujer, sino que produce honra en ella. Como se expresa en Proverbios 31:29: «Muchas mujeres hicieron el bien; *mas tú sobrepasas a todas*». Por tanto, afirmar que la subordinación inevitablemente resulta en la explotación es absurdo. Bilezikian no presenta evidencia para respaldar dicha afirmación. Además, el mal uso no anula el uso. Dicho de otro modo, el hecho de que hombres abusen de su rol de liderazgo en el matrimonio no significa que no se pueda usar correctamente. Es como sugerir que hay que desmantelar el departamento de policía para acabar con la brutalidad policial. La solución no es esa. La explotación de la mujer no es el resultado de la subordinación, sino del pecado del hombre. Irónicamente, Bilezikian reconoce esto cuando habla arriba de los «frutos pecaminosos». El dominio del hombre (mal ejercido) puede resultar en la explotación de la mujer, pero cuando se ejerce correctamente es la manifestación suprema de la piedad (Ef. 5:22-33; Col. 3:18-19; 1 P. 3:1-7).

67. Köstenberger, *God's Design for Man and Woman*, pp. 34-35; Mathews, *Genesis 1–11:26*, p. 220.

culmina con una descripción muy gráfica de la perfecta armonía que había entre Adán y Eva en su matrimonio. Moisés señala que «estaban ambos desnudos [...] y *no se avergonzaban*» (Gn. 2:25).[68] Evidentemente se sentían a gusto el uno con el otro,[69] sin temor de los roles que Dios mismo había establecido para ellos. Aquí la desnudez, aunque literal, sugiere que Adán y Eva eran verdaderamente felices en el principio, viviendo en conformidad al diseño de Dios.

LA DISTORSIÓN DE LA MUJER

Hasta este momento, toda la creación de Dios se encontraba completamente sujeta a la intención divina. Al final del sexto día, el texto señala que todo «era bueno *en gran manera*» (Gn. 1:31). Esta declaración de carácter superlativo subraya que no existía *ninguna* imperfección en la creación de Dios. Todo había sido hecho conforme a su voluntad (Gn. 2:1-3). Este diseño perfecto incluye, por supuesto, la complementariedad entre el hombre y la mujer (Gn. 2:18-25). Sin embargo, el diseño de Dios es trágicamente alterado por el pecado según el relato de Génesis. El mundo deja de ser «*bueno* en gran manera» (Gn. 1:31). Algo se tuerce en la perfecta creación de Dios.[70] Génesis 3 explica con mayor detalle qué ocurrió. Algunos comentaristas consideran este

68. El aspecto imperfectivo del verbo יִתְבֹּשָׁשׁוּ («avergonzaban») sugiere una acción *repetida*. *CP*, p. 30 (§2.2.2a); *GBHS*, p. 71 (§3.2.2b); *IBHS*, pp. 502-503; Joüon, pp. 339-340. Esto quiere decir que entre Adán y Eva existía una franqueza y una unidad que los caracterizaba desde el mismo principio de su creación. No fue una reacción que duró únicamente el momento de su encuentro, sino que describe una acción regularmente ejecutada. Ambos estaban desnudos en el huerto y no se avergonzaban en lo más mínimo. John Skinner, *A Critical and Exegetical Commentary on Genesis*, ICC (Londres: T&T Clark, 1910), p. 70.

69. Atkinson, *El mensaje de Génesis 1–11*, p. 103; Cassuto, *A Commentary on the Book of Genesis*, p. 137; Fruchtenbaum, *The Book of Genesis*, p. 84; Hamilton, *The Book of Genesis*, p. 181; Kidner, *Genesis*, p. 71; Leupold, *Exposition of Genesis*, p. 87; Morris, *The Genesis Record*, p. 104; Ross, *Creation & Blessing*, p. 127; Waltke, *Genesis*, p. 90.

70. Arnold, *Genesis*, p. 54; Atkinson, *El mensaje de Génesis 1–11*, p. 105; Davis, *Paradise to Prison*, p. 85; Morris, *The Genesis Record*, p. 105.

capítulo como «el más triste de toda la Biblia»,[71] y ciertamente no les falta razón. Después de todo, Génesis 3 no solo narra la entrada del pecado en la raza humana (Gn. 3:1-6), sino que también provee detalles estremecedores de cómo la miseria del pecado afectó a *toda* la humanidad desde aquel entonces (Gn. 3:7-19).

> Entonces fueron abiertos los ojos de ambos, y conocieron que estaban desnudos; entonces cosieron hojas de higuera, y se hicieron delantales. Y oyeron la voz de Jehová Dios que se paseaba en el huerto, al aire del día; y el hombre y su mujer se escondieron de la presencia de Jehová Dios entre los árboles del huerto. Mas Jehová Dios llamó al hombre, y le dijo: ¿Dónde estás tú? Y él respondió: Oí tu voz en el huerto, y tuve miedo, porque estaba desnudo; y me escondí. Y Dios le dijo: ¿Quién te enseñó que estabas desnudo? ¿Has comido del árbol del que yo te mandé no comieses? Y el hombre respondió: La mujer que me diste por compañera me dio del árbol, y yo comí. Entonces Jehová Dios dijo a la mujer: ¿Qué es lo que has hecho? Y dijo la mujer: La serpiente me engañó, y comí. Y Jehová Dios dijo a la serpiente: Por cuanto esto hiciste, maldita serás entre todas las bestias y entre todos los animales del campo; sobre tu pecho andarás, y polvo comerás todos los días de tu vida. Y pondré enemistad entre ti y la mujer, y entre tu simiente y la simiente suya; esta te herirá en la cabeza, y tú le herirás en el calcañar. A la mujer dijo: Multiplicaré en gran manera los dolores en tus preñeces; con dolor darás a luz los hijos; y tu deseo será para tu marido, y él se enseñoreará de ti. Y al hombre dijo: Por cuanto obedeciste a la voz de tu mujer, y comiste del árbol de que te mandé diciendo: No comerás de él; maldita será la tierra por tu causa; con dolor comerás

71. Carballosa, *Génesis*, p. 79; Leupold, *Exposition of Genesis*, p. 89.

> de ella todos los días de tu vida. Espinos y cardos te producirá, y comerás plantas del campo. Con el sudor de tu rostro comerás el pan hasta que vuelvas a la tierra, porque de ella fuiste tomado; pues polvo eres, y al polvo volverás (Gn. 3:7-19).

El juicio de Dios es pronunciado primeramente sobre «la serpiente» (Gn. 3:14-15), después sobre «la mujer» (Gn. 3:16) y, finalmente, sobre el «hombre» (Gn. 3:17-19). A raíz de su pecado (Gn. 3:6), la mujer es condenada a un estado de pesar aumentado (Gn. 3:16).[72] En este juicio, Dios multiplica los dolores asociados con la maternidad. En esto consiste la distorsión del diseño de Dios para la mujer. La maternidad, que originalmente debía ser un logro de los propósitos de Dios, colmado de gozo y satisfacción (Gn. 1:28; 2:24-25), se ve ahora marcada por un dolor intensificado. Cabe señalar que, antes de la caída, ya existían «dolores» en el embarazo y en el parto (Gn. 3:16).[73] El dolor no es una consecuencia del pecado. Es una respuesta normal del sistema nervioso, diseñada para alertar al cuerpo sobre posibles

---

72. La expresión הַרְבָּה אַרְבֶּה («multiplicaré en gran manera») es enfática en hebreo. El uso del infinitivo absoluto (הַרְבָּה) aumenta la fuerza del verbo principal (אַרְבֶּה), intensificando así la idea de la pena que experimentaría la mujer. *CP*, p. 36 (§2.2.7a); *GBHS*, p. 87 (§3.4.2b.1); *IBHS*, pp. 584-588; Joüon, pp. 391-392. Es interesante notar que la raíz de ambas formas verbales coincide con la que aparece en Génesis 1:28, donde Dios ordena al hombre y a la mujer a multiplicarse (וּרְבוּ) en la tierra. Este juego de palabras presenta un giro irónico en el relato. A pesar del pecado, Dios asegura la realización de su bendición sobre la raza humana mediante el pronunciamiento de su juicio (cp. Gn. 3:15). Collins, *Genesis 1–4*, p. 153; Köstenberger, *God's Design for Man and Woman*, p. 47; Mathews, *Genesis 1–11:26*, p. 249; Sarna, *Genesis*, p. 27.

73. Agustín de Hipona hace referencia a esto cuando dice: «No hay duda sobre el castigo de la mujer, ya que es evidente que, en medio de las calamidades de esta vida, ella soporta dolores y llantos multiplicados. Aunque el dar a luz con dolor es algo que se cumple ostensiblemente en esta mujer, debemos dirigir nuestra consideración a un hecho más oculto. Porque incluso en los animales, las hembras paren a sus crías con dolor, y esto es más bien una condición de mortalidad que una pena por el pecado. Por lo tanto, es posible que esta también sea la naturaleza de las mujeres humanas, que tienen cuerpos mortales». Agustín de Hipona, *Del Génesis contra los Maniqueos*, XIX, §29. Véase también, Davis, *Paradise to Prison*, p. 94.

necesidades o peligros. En este contexto, la pena de la mujer no radica en el dolor en sí, sino en su *intensificación*, tanto durante el embarazo como a lo largo de la maternidad.[74] Esto abarca incluso la crianza de los hijos. No es fácil dar a luz ni criar a hijos que, por naturaleza, son «hijos de ira» (Ef. 2:3). Ciertamente la pena del pecado es decepcionante para la mujer.

Sin embargo, a pesar de este juicio, el texto señala que el «deseo» de la mujer continuará siendo hacia su «marido» (Gn. 3:16). Esta es una demostración de la misericordia de Dios y no debe pasarse por alto. Aunque la frase «tu deseo será para tu marido» suele interpretarse de manera negativa, no hay nada en el contexto más inmediato que sugiera tal cosa. Al contrario, el versículo anterior introduce un rayo de esperanza para la raza humana en la forma del primer anuncio del evangelio de Dios (Gn. 3:15).[75] En medio de esta escena de juicio, Dios hace una importante promesa y resuelve, por su propia voluntad, cambiar por completo las consecuencias traumáticas del pecado en el mundo. Así, junto con la justicia de Dios, se revela también su misericordia. En las palabras del profesor de teología bíblica James M. Hamilton: «Dios declara libremente que la simiente de la mujer aplastará la cabeza de la simiente de la serpiente, y en esta salvación que viene a través del juicio [...] se presenta la primera imagen de la misericordia gratuita en la Biblia».[76]

---

74. Cassuto, *A Commentary on the Book of Genesis*, p. 165; Goldingay, *Genesis*, p. 80; Leupold, *Exposition of Genesis*, p. 108; Sailhamer, *Genesis*, p. 56.

75. Carballosa, *Génesis*, p. 94; Davis, *Paradise to Prison*, p. 93; Fruchtenbaum, *The Book of Genesis*, pp. 98-99; Kidner, *Genesis*, p. 75; Leupold, *Exposition of Genesis*, p. 103; Morris, *The Genesis Record*, p. 120; Waltke, *Genesis*, p. 93; Wood, *Genesis*, p. 35. Para una explicación detallada de Génesis 3:15, véanse Walter C. Kaiser, *The Messiah in the Old Testament*, SOTBT (Grand Rapids: Zondervan, 1995), pp. 37-42; Seth D. Postell, «Genesis 3:15: The Promised Seed», en *The Moody Handbook of Messianic Prophecy: Studies and Expositions of the Messiah in the Old Testament*, ed. por Michael Rydelnik y Edwin Blum (Chicago: Moody, 2019), pp. 239-250; William Varner, *Anticipating the Advent: Looking for Messiah in All the Right Places* (Dallas, TX: Fontes, 2020), pp. 13-21.

76. James M. Hamilton Jr., *La gloria de Dios en la salvación a través del juicio: Una teología bíblica*, vol. 1, trad. por Jefferson Sánchez (Cali, Colombia:

Todo esto señala que la sentencia de la mujer (así como la del hombre) está acompañada de un acto de gracia soberana de parte de Dios.

Para las feministas evangélicas, la misericordia es lo último que ven en este pasaje. Por ejemplo, Spencer argumenta que la pena para la mujer consiste en «anhelar perversamente a su marido y que él la domine. [A partir de ese momento], Eva desearía ser dominada por su marido y él se sometería a este deseo. Dios no le ordenó a Adán que domine o gobierne a su esposa. Más bien, la maldición es de Eva. El dominio es una consecuencia del deseo de Eva y su caída».[77] En su libro *Jesus Feminist* (en español, *Jesús feminista*), Sara Bessey expresa algo similar: «La maldición que cayó sobre Eva [...] nos muestra cómo el patriarcado, la subordinación y el dolor forman parte de la caída. Nunca fueron parte de la intención original de Dios; son una consecuencia del pecado».[78] En el marco de la interpretación feminista, no hay nada bueno en Génesis 3:16.[79] Ni siquiera se puede percibir la gracia de Dios en este contexto. Gilbert Bilezikian incluso llega a afirmar que la sentencia de la mujer es satánica. En las propias palabras de Bilezikian: «Debido a que es un resultado de la caída, el dominio de Adán sobre Eva es de origen satánico, al igual que la propia muerte».[80] Sin embargo, esta postura no toma en cuenta lo que realmente dice el texto.

Como se mencionó anteriormente, cuando Dios pronuncia su juicio en Génesis 3:14-19, también proporciona misericordia.[81] En este pasaje, se presentan tres penas diferentes, pero solo la

---

Monte Alto, 2021), p. 90.

77. Spencer, *Beyond the Curse*, p. 36.

78. Sarah Bessey, *Jesus Feminist: An Invitation to Revisit the Bible's View of Women* (Nueva York, NY: Howard Books, 2013), p. 91.

79. Philip B. Payne, *The Bible vs. Biblical Womanhood: How God's Word Consistently Affirms Gender Equality* (Grand Rapids: Zondervan, 2023), p. 9.

80. Bilezikian, *Beyond Sex Roles*, p. 43.

81. Leupold, *Exposition of Genesis*, p. 111; Mathews, *Genesis 1–11:26*, p. 226; Ross, *Creation & Blessing*, pp. 144-145.

serpiente es condenada de manera definitiva (Gn. 3:14).[82] Aunque la mujer y el hombre también son condenados, ambos reciben gracia por parte de Dios, tal como había sido anunciado de manera maravillosa en Génesis 3:15. «Y pondré enemistad entre ti y la mujer, y entre tu simiente y la simiente suya; *esta te herirá en la cabeza,* y tú le herirás en el calcañar». Dios aquí promete traer salvación a la humanidad a través de un descendiente de la mujer. Esto es, sin duda, misericordia y gracia absoluta. No solo el castigo de la muerte no se ejecutaría inmediatamente sobre los cuerpos físicos de los primeros padres de la humanidad (Gn. 2:17), sino que Adán y Eva también tendrían una descendencia, de la cual surgiría un conquistador que derrotaría a la serpiente de una vez por todas.[83] Además, a la mujer, Dios le muestra su misericordia al prometer que los dolores intensificados de su maternidad no destruirían el matrimonio sancionado por Él desde el principio (Gn. 3:16).[84] La venida del conquistador

---

82. Desde aquel momento, la serpiente se convirtió en el animal más maldito de la tierra, y su sentencia perdura para siempre. De hecho, según Isaías 65:25, el polvo seguirá siendo el alimento de este animal en los nuevos cielos y la nueva tierra: «El lobo y el cordero serán apacentados juntos, y el león comerá paja como el buey; y *el polvo será el alimento de la serpiente*». No habrá liberación para su vergonzosa condición. La condenación de la serpiente es perpetua, prefigurando el destino del verdadero tentador: Satanás, para quien no habrá liberación jamás (Ap. 20:10). Carballosa, *Génesis,* pp. 93-94; Davis, *Paradise to Prison,* p. 93; Fruchtenbaum, *The Book of Genesis,* pp. 96-97; Keil y Delitzsch, *Comentario al texto hebreo del Antiguo Testamento,* p. 59; Morris, *The Genesis Record,* p. 118; Sailhamer, *Genesis,* p. 55.

83. Mathews, *Genesis 1–11:26,* p. 248.

84. Martín Lutero comenta acertadamente: «El castigo de la mujer, si consideramos todo el asunto verdadera y correctamente, es en su santa realidad un castigo gozoso. Porque aunque las cargas justas impuestas son dolorosas para la carne, sin embargo, por medio de estas mismas cargas y castigos, su esperanza de una vida mejor y eterna se fortalece en realidad. Porque Eva, en la actual ocasión crítica, escucha en primer lugar que ella no fue rechazada por Dios por su pecado. Y además, por su castigo, ella no se ve privada de esa bendición de generación y fecundidad que le fue prometida y dada gratuitamente por Dios antes de su pecado. Ella ve que todavía conserva su sexo; ¡que sigue siendo una mujer! Ella ve que no está separada de su Adán, para permanecer y vivir sola, separada de su marido. Ve que todavía le queda la gloria de la maternidad; ¡puede que todavía sea madre! Y todas estas bendiciones de esta vida natural presente le quedan a ella, además de la esperanza prometida de la vida eterna.

estaría asegurada, a pesar de la sentencia.[85] Finalmente, el hombre también recibe misericordia en medio del juicio, pues Dios le concede el regalo de la muerte física (Gn. 3:17-19).[86] De este modo, la humanidad podría ser restaurada por el conquistador de la serpiente y no quedaría condenada a vivir eternamente en un estado caído.[87]

Tabla 2.2: Enunciados de juicio y misericordia en Génesis 3:14-19

Receptor	Juicio	Misericordia
Serpiente	Derrota total y definitiva (Gn. 3:14)	Descendiente conquistador de la mujer (Gn. 3:15)
Mujer	Dolores aumentados en la maternidad (Gn. 3:16a)	Deseo para el marido (Gn. 3:16b)
Hombre	Dificultad en el trabajo (Gn. 3:17-19a)	Descanso en la muerte física (Gn. 3:19b)

Esta multitud de misericordias que todavía le estaban reservadas, sin duda revivió y alegró maravillosamente la mente de Eva». Martin Luther, *Luther on the Creation: A Critical and Devotional Commentary on Genesis*, vol. 1, trad. por John Nicholas Lenker (Minneapolis, MN: Luteranos en all lands, 1904), pp. 305-306.

85. Como lo explica Sailhamer en su comentario: «No debemos pasar por alto la relación entre las promesas del versículo 15 y las palabras dirigidas a la mujer en el versículo 16. En la promesa [del versículo 15], la victoria final sería a través de la "simiente" de la mujer. En el principio, cuando el hombre y la mujer fueron creados, el parto era el centro de la bendición que su Creador les había concedido: "Fructificad y multiplicaos; llenad la tierra" (Gn. 1:28). Ahora, después de la caída, el parto sería de nuevo el medio por el que la serpiente sería derrotada y la bendición restaurada. En el dolor del nacimiento de cada niño, debía haber un recordatorio de la esperanza que yacía en la promesa de Dios. Los dolores de parto no son solo un recordatorio de la futilidad de la caída. Son también una señal de una alegría inminente: "Porque sabemos que toda la creación gime a una, y a una está con dolores de parto hasta ahora; y no solo ella, sino que también nosotros mismos, que tenemos las primicias del Espíritu, nosotros también gemimos dentro de nosotros mismos, esperando la adopción, la redención de nuestro cuerpo. Porque en esperanza fuimos salvos" (Ro. 8:22-24; cp. Mt. 24:8)». Sailhamer, *Genesis*, p. 56.

86. Goldingay, *Genesis*, p. 81; Gerhard von Rad, *Genesis: A Commentary*, OTL (Filadelfia, PA: Westminster, 1972), p. 95; Skinner, *A Critical and Exegetical Commentary on Genesis*, pp. 83-84; Westermann, *Genesis 1–11*, pp. 266-267.

87. Ross, *Creation & Blessing*, p. 148.

Estos enunciados revelan que existe una estructura más amplia en el pasaje que debe ser considerada antes de interpretar la sentencia de la mujer. Cada declaración de Dios consta de dos elementos fundamentales: un juicio seguido de una manifestación de misericordia. Este es el patrón que se observa en Génesis 3:14-19. Ignorar esta secuencia puede tener efectos desastrosos, como afirmar que la muerte y el dominio del hombre sobre la mujer tienen un origen satánico. En ninguna parte del relato Satanás aparece ocupando el lugar de un juez ni mucho menos impartiendo alguna especie de sentencia. Muy por el contrario, él es el primero en ser condenado, junto con la mujer y el hombre. La única diferencia entre la sentencia de Satanás y la de los dos primeros padres de la humanidad es que él no recibe misericordia de parte de Dios en absoluto. Aunque la serpiente es el receptor del enunciado, la humanidad es la beneficiaria. Desde Génesis 3:15 en adelante, Adán y Eva reciben una serie de bendiciones que garantizan la destrucción final del enemigo. Entre estas bendiciones se encuentra el deseo de la mujer hacia su marido. El conquistador, de todos modos, vendría al mundo. Los dolores de la maternidad no representarían una amenaza para la promesa de Dios.

Esta interpretación positiva del deseo de la mujer hacia su marido se ve confirmada al considerar el uso de la palabra «deseo» en otros contextos. Esta palabra aparece en dos ocasiones más en todo el Antiguo Testamento. La primera es poco después de Génesis 3:16, cuando Dios le dice a Caín: «El pecado está a la puerta; con todo esto, a ti será su *deseo*, y tú te enseñorearás de él» (Gn. 4:7). La otra instancia se encuentra en Cantar de los Cantares 7:10.[88] La mayoría de los comentaristas interpretan Génesis 3:16 a la luz de Génesis 4:7.[89] Debido a la proximidad y

88. «תְּשׁוּקָה», *HALOT*, pp. 1801-1802.

89. Arnold, *Genesis*, pp. 70-71; Fruchtenbaum, *The Book of Genesis*, pp. 100-101; Hamilton, *The Book of Genesis*, pp. 201-202; Kidner, *Genesis*, p. 76; Mathews, *Genesis 1–11:26*, p. 251; Sailhamer, *Genesis*, p. 58.

el paralelismo en el texto hebreo, muchos consideran el deseo en ambos contextos como algo negativo.[90] Así como el pecado desea vencer y conquistar a Caín, la mujer —según esta interpretación— tendría un deseo profundo de usurpar la autoridad de su marido desde la caída en adelante. Esto sugiere que, en ese mismo momento, Dios introdujo un conflicto no solo en la relación entre Adán y Eva, sino también en todas las relaciones matrimoniales de sus descendientes. Como parte de la sentencia, las mujeres ahora experimentarían un deseo de rebelarse contra la autoridad de sus maridos.

90. Para un análisis léxico más riguroso de esta postura negativa, véase Susan T. Foh, «What is the Woman's Desire?», *WTJ* 37 (1975), pp. 376-383. Según Foh, como resultado del juicio de Dios por su pecado, la mujer experimenta un deseo ilegítimo de usurpar la autoridad de su marido. El hombre, por su parte, ahora debe luchar por su autoridad, algo que antes de la caída no era necesario. Aunque a primera vista esta postura parece convincente, en realidad presenta varios problemas. El análisis de Foh enfrenta desafíos interpretativos significativos. El problema central es que asume ciertas conclusiones sobre el significado del deseo de la mujer sin tener en cuenta adecuadamente el contexto inmediato. Cada receptor de los enunciados recibe un solo juicio de parte de Dios. En el caso de la serpiente, su derrota definitiva sería llevada a cabo por un descendiente de la mujer (Gn. 3:14-15). El hombre sufriría dificultades en el trabajo hasta la muerte (Gn. 3:17-19). De lo anterior, se deduce que la mujer solo recibió un juicio divino, no dos: el dolor aumentado en la maternidad (Gn. 3:16). Añadir otro juicio a la mujer impugna el carácter justo de Dios. Como el contexto más inmediato no apoya esta interpretación del deseo de dominación, Foh recurre a Génesis 4:7 para sugerir que el deseo de la mujer es similar al del pecado por Caín. Sin embargo, como se examina más adelante en este capítulo, este enfoque es altamente cuestionable cuando se aplican los principios más básicos de interpretación bíblica. No es de sorprender, por tanto, que Foh termine apelando a la experiencia personal para respaldar su postura. En sus propias palabras: «La experiencia corrobora esta interpretación del juicio de Dios sobre la mujer». Foh, «What is the Woman's Desire?», p. 382. Así y todo, esto no resuelve la cuestión. El hecho de que la mujer experimente el deseo de usurpar la autoridad de su marido no implica que dicho deseo forme parte del juicio de Dios en Génesis 3:16. Este deseo es simplemente el resultado del pecado. De hecho, todas las personas, no solo las mujeres, experimentan el deseo de usurpar una autoridad que no les corresponde.

Tabla 2.3: Paralelismo entre Génesis 3:16 y Génesis 4:7

Referencia	RVR–60	BHS
Génesis 3:16	Y tu deseo será para tu marido, y él se enseñoreará de ti.	וְאֶל־אִישֵׁךְ תְּשׁוּקָתֵךְ וְהוּא יִמְשָׁל־בָּךְ
Génesis 4:7	A ti será su deseo, y tú te enseñorearás de él.	וְאֵלֶיךָ תְּשׁוּקָתוֹ וְאַתָּה תִּמְשָׁל־בּוֹ

Aunque esta interpretación es ampliamente aceptada, incluso por muchos que defienden la postura complementaria entre el hombre y la mujer,[91] no está exenta de fallas. Para comenzar, no toma en cuenta de manera adecuada el pasaje de Cantar de los Cantares 7:10, lo cual es problemático cuando se busca entender el significado de una palabra que solo aparece tres veces en todo el Antiguo Testamento.[92] Es crucial ser sensible a todos los usos de la palabra, no solo al más cercano en términos contextuales. El pasaje de Cantar de los Cantares sugiere que esta palabra puede tener un significado diferente. La mujer expresa: «Yo soy de mi amado, y conmigo tiene su *contentamiento*» (Cnt. 7:10). Literalmente, la última palabra de este versículo es «deseo» en hebreo. En este contexto, se refiere a la intimidad sexual entre el hombre

---

91. El reconocido teólogo complementario Kevin DeYoung lo explica de la siguiente manera: «La palabra *deseo* no se refiere aquí a deseo romántico, como si Dios hubiera maldecido a la mujer haciendo que ella necesitara a un hombre. Antes bien, el deseo es un deseo de dominación. Es la misma palabra hebrea que se emplea en Génesis 4:7b: "El pecado está a la puerta; con todo esto, a ti será su deseo, y tú te enseñorearás de él". A partir del paralelo verbal evidente entre los dos versículos, queda claro que el significado de *deseo* en 3:16 es el mismo de la palabra *deseo* en 4:7. [...] Del mismo modo que el pecado deseó enseñorearse de Caín, la mujer, afectada por el pecado, desea enseñorearse de su marido. Dios dice al hombre que, por haber oído la voz de su mujer, él recibirá lo que merece y ella tratará de dominarlo (3:17)». DeYoung, *Hombres y mujeres en la iglesia*, pp. 34-35.

92. John H. Walton, *Genesis*, NIVAC (Grand Rapids: Zondervan, 2001), p. 228.

y la mujer.[93] No hay nada en la palabra misma que sugiera que, aquí, el marido tenga un deseo ardiente de dominar a su esposa, como se interpreta comúnmente en Génesis 3:16. Ni siquiera el contexto más amplio de Cantar de los Cantares respalda esa interpretación. Grudem intenta argumentar a favor de una lectura de este versículo que mantenga el mismo sentido que en Génesis, pero su explicación no resulta convincente.[94] Cantar de los Cantares 7:10 demuestra que la palabra «deseo» no se limita a un afán caprichoso de dominio.

Por otro lado, es un error insistir en que el uso de la palabra «deseo» en Génesis 4:7 determine necesariamente el significado en Génesis 3:16. Aunque la palabra es la misma, el significado no tiene por qué serlo.[95] El argumento de la proximidad tiene un

---

93. Iain M. Duguid, *The Song of Songs: An Introduction and Commentary*, TOTC 19 (Downers Grove, IL: InterVarsity Press, 2015), pp. 147-148; Duane Garrett y Paul R. House, *Song of Songs, Lamentations*, WBC 23B (Nashville: Thomas Nelson, 2004), p. 246; Richard S. Hess, *Song of Songs*, BCOTWP (Grand Rapids: Baker Books, 2005), p. 224; Iain Provan, *Ecclesiastes, Song of Songs*, NIVAC (Grand Rapids: Zondervan, 2001), pp. 355-356.

94. Grudem, *Teología sistemática*, p. 485.

95. El paralelismo en el texto hebreo no implica que el significado de todas sus palabras sea el mismo en ambos versículos. La similitud estructural puede ser simplemente una coincidencia. Además, el paralelismo no es idéntico. En Génesis 4:7, el objeto del deseo es también el receptor del juicio de Dios: Caín. En cambio, en Génesis 3:16, el objeto del deseo (el hombre) no es el receptor (la mujer). Para que Génesis 3:16 y 4:7 sean versículos completamente paralelos, el deseo de la mujer tendría que formar parte del juicio contra el hombre. Por último, el significado exacto de Génesis 4:7 es altamente debatido. Algunos comentaristas consideran este versículo uno de los más difíciles de interpretar en todo el Antiguo Testamento. Como señala el profesor John Skinner: «Cada intento de extraer un significado de Génesis 4:7 es más o menos un *tour de force* [una expresión francesa que se refiere a una acción difícil cuya realización exige gran esfuerzo y habilidad]». Skinner, *A Critical and Exegetical Commentary on Genesis*, p. 107. Por tanto, resulta sumamente cuestionable basar el significado de una palabra en un versículo que, de por sí, presenta tantas dificultades interpretativas. Irvin A. Busenitz, «Woman's Desire for Man: Genesis 3:16 Reconsidered», *GTJ* 7 (1986), pp. 209-210. Para una explicación detallada del significado de Génesis 4:7, véanse Joaquim Azevedo, «At the Door of Paradise: A Contextual Interpretation of Genesis 4:7», *BN* 100 (1999), pp. 45-59; Chris Burnett, «A Sin Offering Lying in the Doorway? A Minority Interpretation of Genesis 4:6-8», *MSJ* 27 (2016), pp. 45-55; John de Jong, «A "Sin Offering" Crouching at the Door? Translation Lessons from an Exegetical Fossil in the Judson Bible», *BT* 61 (2010), pp. 89-92; L. Michael Morales, «Crouching

límite, y ese límite lo marca el propio contexto. Hay una clara interrupción en la narrativa: a partir del capítulo 4, los protagonistas principales cambian. Adán y Eva pasan a un rol secundario, mientras que Caín y Abel ocupan el primer plano. Además, no es natural esperar hasta el capítulo 4 para entender lo que Moisés quiso decir previamente en el capítulo 3. De alguna manera, esto ejemplifica lo que D. A. Carson denomina anacronismo semántico, cuando se aplica un uso reciente de una palabra a otro más antiguo.[96] A pesar de que el autor es el mismo y la distancia entre los usos no supera los 15 versículos, el argumento sigue siendo débil. Es irresponsable restringir prematuramente y de manera injustificada el campo semántico de una palabra basándose en un uso posterior. Siempre hay que considerar todas las posibles opciones de significado de la palabra en primer lugar.

Todo esto conduce inevitablemente al intérprete a regresar a Génesis 3:16 para considerar con más detalle el contexto mismo del pasaje. Ya se ha demostrado que la palabra «deseo» tiene un campo semántico más amplio que simplemente un afán caprichoso de dominio. La solución no está en aplicar el uso de Génesis 4:7 ni el de Cantar de los Cantares 7:10 a Génesis 3:16, sino en permitir que el texto hable por sí mismo. Como se explicó previamente, en el contexto, cada enunciado consta de dos partes: por un lado, el juicio, y por el otro, la misericordia de Dios. De manera casi sorpresiva, Dios anuncia que la mujer tendría un descendiente que destruiría al enemigo para siempre. A pesar de los dolores intensificados por Dios como parte de su juicio, la misericordia radica en que Eva seguiría deseando tener una relación de «*una* sola carne» con su marido (Gn. 2:24). Por tanto, el deseo de la mujer es un acto de la gracia soberana de Dios que asegura la venida del conquistador. Ningún dolor de maternidad afectaría

---

Demon, Hidden Lamb: Resurrecting an Exegetical Fossil in Genesis 4:7», *BT* 63 (2012), pp. 185-191.

96. Carson, *Falacias exegéticas*, pp. 39-41.

la promesa de Dios. La salvación vendría de manera indefectible, porque Dios siempre cumple su Palabra (Jn. 10:35; Tit. 1:2; He. 6:18). La trágica alteración causada por el pecado no anularía de ningún modo la promesa de salvación. El conquistador vendría a través de una mujer (Gá. 4:4).

Esta interpretación no solo se ajusta mejor al sentido más básico de la palabra «deseo», sino que también refleja una mayor apreciación por la estructura más amplia del pasaje. El problema de las feministas evangélicas es que rechazan esta evidencia. En su afán por devolver el poder a las manos de las mujeres, ignoran la lectura más simple del texto.[97] Al no poder desarrollar una teología legítima desde el texto, crean un canon dentro del canon. Tal como lo reconoce la feminista Rosemary Radford Ruether: «La teología feminista debe crear una nueva base textual, es decir, un nuevo canon [...] La teología feminista no puede hacerse a partir de la base existente de la Biblia».[98] Sin embargo, en el momento que crean un canon dentro del canon, pierden sus credenciales evangélicas. La credencial más importante es la autoridad suprema de las Escrituras. En las palabras del gran obispo de Liverpool, J. C. Ryle: «La primera característica destacada del evangelicalismo es la supremacía absoluta que le asigna a las Sagradas Escrituras, como la única regla de fe y práctica, la única prueba de la verdad [y] el único juez de la controversia».[99] Por definición, el feminismo es incongruente con el evangelicalismo, porque introduce una versión distorsionada del diseño de Dios para la mujer, una versión que la Biblia no respalda.

97. Beth Allison Barr, *La construcción de la feminidad bíblica: Cómo se convirtió la subyugación de las mujeres en doctrina cristiana* (Barcelona, España: Clie, 2024), p. 21.

98. Rosemary Radford Ruether, *Womanguides: Readings Toward a Feminist Theology* (Boston, MA: Beacon, 1985), p. ix.

99. J. C. Ryle, *Knots Untied: Being Plain Statements on Disputed Points in Religion from the Standpoint of an Evangelical Churchman* (Louisville, KY: GLH, 2021), p. 5. Véase también, Michael Reeves, *Gente del evangelio: Un llamado a la integridad evangélica* (Ipswich, MA: Proyecto Nehemías, 2023), pp. 23-46.

Conclusión

Así como existe una única versión auténtica de los billetes y todos los demás son falsos, también hay una sola verdad con respecto a la mujer, y esa verdad está en la Palabra de Dios. La mejor manera de combatir la falsedad del feminismo es conociendo lo que la Biblia dice sobre la mujer. Génesis 1–3 afirma que, desde el principio, Dios le dio a la mujer la misma dignidad que le dio al hombre. Tanto Eva como cualquier otra mujer hoy es portadora de la imagen de Dios. La mujer no es un ser humano inferior al hombre; ambos representan a Dios en el mundo (Gn. 1:26-27). Sin embargo, esto no implica que la mujer tenga la misma función que el hombre. Dios ha asignado roles diferentes a cada uno (Gn. 2:18, 20). Esta diferencia de roles no invalida la dignidad, ya que el concepto de subordinación no equivale a inferioridad en la mente de Dios. La mujer es igual en valor al hombre, pero diferente en función. Lo que sí se distorsionó en la mujer desde la entrada del pecado al mundo fue la intensificación de sus dolores de maternidad (Gn. 3:16). Originalmente, su dolor era menor, pues el diseño de Dios no contemplaba la crianza de hijos nacidos con una naturaleza pecaminosa. La subordinación de la mujer al hombre no es parte del juicio de Dios, sino de su diseño original. Negar esto es negar la Biblia. Negar la Biblia es aceptar una versión falsa o distorsionada de la verdad, no importa cuán «evangélica» sea la propuesta.

3

CRISTO EN SU CONTEXTO

William Varner, Ed.D.

No hay duda de que la vida de Jesús ocupa un lugar central en el pensamiento de todo cristiano. El llamado del creyente consiste en modelar a Cristo (Jn. 13:34; Fil. 2:5; 1 P. 2:21). Esto es particularmente cierto en lo que concierne al rol de la mujer. Su perspectiva —tal como se expresa en su enseñanza y en sus acciones— debe ser determinante para toda la iglesia. Lamentablemente, la posición de Jesús ha sido a menudo eclipsada por las prohibiciones de Pablo en sus epístolas (1 Co. 14:33b-35; 1 Ti. 2:11-15). Son muy pocos los evangélicos que evalúan la actitud de Jesús hacia las mujeres en los Evangelios. De modo que este capítulo[1] busca brindar una descripción más detallada de lo que algunos han llegado a considerar como una perspectiva

1. Este capítulo es una adaptación autorizada al español de algunas secciones del libro de William Varner, *To Preach or Not to Preach: Women's Ministry Then and Now* (Autopublicado: 2018), pp. 12-38.

«revolucionaria».[2] Por supuesto que esto implica la necesidad de entender a Cristo en todo su contexto antes de sacar conclusiones apresuradas como, por ejemplo, decir que Jesús era feminista en el sentido moderno de la palabra.[3]

La actitud del judaísmo

Aunque el Antiguo Testamento influyó grandemente en las costumbres de la época de Jesús, la enseñanza de los rabinos acerca de las mujeres tuvo la mayor influencia tanto en la forma de pensar como en la conducta general de los judíos en el primer siglo. Su instrucción oral no comenzó a escribirse hasta mediados del siglo II d. C. Sin embargo, el Talmud conserva actitudes que imperaban cientos de años antes. Por tanto, la enseñanza talmúdica sobre las mujeres representa la tendencia *general* del judaísmo durante el ministerio de Cristo.[4] Lo que llama la atención es que no hay ninguna especie de «liberalización» de las restricciones establecidas en el Antiguo Testamento. Como bien señala Albrecht Oepke, el judaísmo parece implicar «más reacción que progreso».[5]

La actitud general hacia las mujeres en el tiempo de Jesús es que eran un mal necesario.[6] Se las consideraba intelectual y

2. Kevin DeYoung, *Hombres y mujeres en la iglesia: Una introducción bíblica y práctica* (Grand Rapids: Portavoz, 2021), p. 49; Mary J. Evans, *Women in the Bible: An Overview of All the Crucial Passages on Women's Roles* (Downers Grove, IL: InterVarsity Press, 1983), p. 45; Paul K. Jewett, *Man as Male and Female: A Study in Sexual Relationships from a Theological Point of View* (Grand Rapids: Eerdmans, 1975), p. 94.

3. Sarah Bessey, *Jesus Feminist: An Invitation to Revisit the Bible's View of Women* (Nueva York, NY: Howard Books, 2013).

4. Si bien es cierto que el judaísmo no era un sistema de pensamiento monolítico y uniforme en todas sus partes, la mayoría de los eruditos sostienen que durante el primer siglo predominaba una actitud *negativa* de los rabinos hacia las mujeres.

5. «γυνή», en TDNT, p. 781.

6. Joachim Jeremias señala: «Tenemos, pues, la impresión de que [...] el judaísmo del tiempo de Jesús tenía en poca consideración a la mujer, lo cual es corriente en Oriente, donde es estimada sobre todo por su fecundidad, manteniéndola lo más posible alejada del mundo exterior y sometida a la potestad

religiosamente inferiores, y debían ser rechazadas por la sociedad como se ilustra en las siguientes citas del Talmud. En aquella época incluso la preferencia era que las mujeres —especialmente las jóvenes antes de su matrimonio— ni siquiera salieran del hogar.[7]

> El rabino Yosei HaGelili caminaba por el camino, y se encontró con Berurya. Él le dijo a ella: «¿Por cuál camino debemos ir para llegar a Lod?». Ella le dijo: «Tonto galileo, ¿no decían los sabios: *"No hablen mucho con las mujeres"*? Deberías haber hecho tu pregunta de manera más sucinta: ¿Cuál es el camino a Lod?».[8]

> Es imposible que el mundo exista sin hombres y mujeres. Afortunado es aquel cuyos hijos son varones, *¡pero ay de aquellos cuyos hijos son mujeres!*[9]

> Diez *kav*[10] de conversación descendieron al mundo; *las mujeres tomaron nueve* y el resto del mundo tomó una.[11]

---

del padre o del esposo y donde, desde el punto de vista religioso, no es igual al hombre». Joachim Jeremias, *Jerusalén en tiempos de Jesús* (Madrid, España: Ediciones Cristiandad, 1977), p. 387. Véanse también James B. Hurley, *Man and Woman in Biblical Perspective* (Eugene, OR: Wipf & Stock, 2002), pp. 58-73; Aída Besançon Spencer, *Beyond the Curse: Women Called to Ministry* (Nashville: Nelson, 1985), pp. 46-57; Ben Witherington III, *Women in the Ministry of Jesus: A Study of Jesus' Attitude to Women and their Roles as Reflected in His Earthly Life*, SNTSMS 51 (Cambridge: Cambridge University Press, 1987), pp. 1-10.

7. Filón de Alejandría, un filósofo judío del primer siglo, comenta lo siguiente: «Las plazas con sus mercados, las sedes de los consejos, las salas de los tribunales, los festivales y las asambleas donde se concentra gran cantidad de gente, y la vida al aire libre con sus discusiones y actividades vienen muy bien a los hombres tanto en tiempo de guerra como en la paz. A las mujeres, en cambio, les resulta apropiada la vida de hogar y la permanencia en la morada, siendo la parte interna respecto de la puerta central el sector correspondiente a las doncellas, y la que da al vestíbulo el correspondiente a las mujeres que han llegado ya a su pleno desarrollo como tales». Filón de Alejandría, *Sobre las leyes particulares* III, §169.

8. *Eruvin* 53b (énfasis añadido).

9. *Kidushín* 82b (énfasis añadido).

10. Esta es una medida de capacidad que equivale a 1.2 decímetros cúbicos aproximadamente.

11. *Kidushín* 49b (énfasis añadido).

> Se enseña que el rabino Meir decía: «Un hombre está obligado a recitar tres bendiciones todos los días alabando a Dios por sus bondades, y estas bendiciones son: "[Bendito sea Dios] quien no me hizo un gentil; *quien no me hizo mujer*; y quien no me hizo un ignorante"».[12]

Además de esto, había una serie de restricciones sobre los derechos religiosos de las mujeres en virtud de sus responsabilidades domésticas. Estaban sujetas a todas las prohibiciones de la Torá[13] y a toda la legislación civil y penal, incluida la pena de muerte. Sin embargo, en cuanto a los mandamientos *positivos* de la Torá, la norma era esta: «Los hombres están obligados a todos los preceptos vinculados a un determinado tiempo; *las mujeres, por el contrario, están liberadas de ellos*».[14] Esto quiere decir que las mujeres estaban exentas de varios mandamientos positivos de la ley de Moisés, pero no necesariamente de sus prohibiciones. Los mandamientos que dependían de un determinado tiempo podían interferir con sus obligaciones domésticas. Por ejemplo, las mujeres no eran responsables de (1) ir en peregrinación a Jerusalén para las fiestas de Pascua, Pentecostés y los Tabernáculos, (2) habitar en las tiendas durante la fiesta de los Tabernáculos, (3) agitar el *lulav* durante la fiesta de los Tabernáculos, (4) hacer sonar el *shofar* el día de Año Nuevo, (5) leer el libro de Ester en la fiesta de Purim y (6) recitar diariamente el *shema*.[15]

Aunque el Antiguo Testamento ordenaba que tanto los hombres como las mujeres escucharan la instrucción de la ley —y

---

12. *Menajot* 43b (énfasis añadido).

13. De más está decir que las mujeres estaban exentas de todas las prohibiciones que concernían solo a los hombres. Por ejemplo, las mujeres no eran responsables de Levítico 19:27, que dice: «No haréis tonsura en vuestras cabezas, *ni dañaréis la punta de vuestra barba*».

14. *Kidushin* 1.7 (énfasis añadido).

15. Jeremias, *Jerusalén en tiempos de Jesús*, p. 384; Witherington, *Women in the Ministry of Jesus*, p. 8.

contiene varios ejemplos de esto (Dt. 31:10-12; Jos. 8:35; Neh. 8:2-3)—, el Talmud decreta firmes prohibiciones en contra de enseñar a las mujeres. «Es mejor quemar las palabras de la Torá *que entregárselas a las mujeres* [...] Quien enseña la Torá a su *hija*, le enseña el libertinaje».[16] El motivo detrás de estas declaraciones podría deberse a la creencia de que las mujeres poseían capacidades intelectuales inferiores a los hombres. Sin embargo, los rabinos diferían sobre este punto. Esta prohibición surge más bien de la convicción de que la mujer judía estaba destinada a ser ama de casa.[17] Si dedicaba su tiempo al estudio, su cuidado de la familia se resentiría. Como un rabino señala: «*¿Qué hacen las mujeres para merecer recompensa?* Mandan a los hijos a la casa de oración para ser enseñados, al marido a la escuela de los rabinos para que aprenda, y esperan su regreso».[18]

Siempre que una mujer judía asistía al templo o a la sinagoga, se imponían ciertas restricciones sobre su libertad. Según Flavio Josefo, reconocido historiador judío del primer siglo, las mujeres solo podían entrar en el templo al atrio de los gentiles y al de las mujeres. Había tres atrios principales en el segundo templo. Refiriéndose al segundo atrio, Josefo declara que solo los «puros entrábamos con nuestras mujeres. Más adentro estaba el santuario, *en el cual no se permitía la entrada a las mujeres*. Y todavía más al interior un tercero, cuyo ingreso solo era permitido a los

16. *Sotá* 3.4 (énfasis añadido).

17. Las mujeres judías de Alejandría, dice Filón, «vivían recluidas sin aproximarse a la puerta siquiera, y las doncellas, que permanecían en sus cuartos, [evitaban] exponerse a las miradas de los hombres, aun de los más allegados a la familia». Filón de Alejandría, *Flaco* XI, §89. Según Joachim Jeremias, esto era común en otras partes, no solo en Alejandría. Jeremias, *Jerusalén en tiempos de Jesús*, pp. 372-373. Además, comenta Roslyn Lacks, «la propia estructura de la academia tendía a excluir [a las mujeres]. Los eruditos solían viajar largas distancias para pasar meses y años de estudio con sus mentores y colegas, mientras que las esposas (¿por necesidad?) permanecían en casa [...] El ambiente semimonástico de la academia [...] impedía la participación de las mujeres». Roslyn Lacks, *Women and Judaism: Myth, History, & Struggle* (Garden City, NY: Doubleday, 1980), p. 123.

18. *Berajot* 17a (énfasis añadido).

sacerdotes».[19] En contraste, resulta interesante observar que no existía «atrio de las mujeres» en el primer templo, cuyas directrices fueron proporcionadas por Dios mismo. Esto quiere decir que las mujeres tenían tantos privilegios como los hombres (laicos) en aquella primera estructura. Por supuesto que a ninguno de ellos se les permitía entrar en el lugar santo que se encontraba antes del lugar santísimo.

En la sinagoga no había atrios diferentes para los gentiles, las mujeres, los hombres y los sacerdotes. No obstante, se imponía una especie de restricción similar sobre las mujeres. Podían entrar en la parte de la sinagoga utilizada para el culto, pero había un enrejado que las separaba de los hombres. En años posteriores se llegó incluso a construir para las mujeres una tribuna con entrada particular. Evidentemente, las mujeres se limitaban únicamente a escuchar la Torá en el servicio mientras que los hombres se dedicaban a estudiarla. Todo esto indica que la sinagoga era *principalmente* para los hombres. De hecho, había una sección en la sinagoga que estaba destinada a las lecciones de los escribas y que solo era accesible a los hombres y los muchachos.[20]

Así como se imponía una firme restricción sobre las mujeres que recibían instrucción, se imponía una restricción igualmente fuerte sobre las mujeres que enseñaban: «Un hombre soltero no debe ser maestro de niños como así *tampoco debe serlo una mujer*».[21] Esta limitación se extendía también a la lectura en público de la Torá en la sinagoga: «Todas las personas cuentan para el quórum de siete lectores incluso un menor de edad o una mujer. *Sin embargo, los sabios dijeron que una mujer no debería leer la Torá por respeto a la congregación*».[22] Había restricciones de este tipo incluso dentro de los recintos sagrados del hogar.

19. Flavio Josefo, *Antigüedades* XV, §11.5 (énfasis añadido).
20. Jeremias, *Jerusalén en tiempos de Jesús*, pp. 384-385.
21. *Kidushín* 4.13 (énfasis añadido).
22. *Meguilá* 23a (énfasis añadido).

De acuerdo con la tradición judía, cuando tres personas comían juntas, una de ellas tenía la obligación de pronunciar una bendición después de la comida. Sin embargo, «*las mujeres*, los esclavos y los menores de edad» no podían ser considerados para pronunciar la bendición.[23]

Aunque no se lo considera necesariamente un derecho religioso, vale la pena mencionar una restricción más sobre las mujeres por el efecto que tendrá más adelante en este capítulo. En el judaísmo, las mujeres no tenían derecho a testificar en un caso judicial. Sus derechos en este sentido no eran mejores que los de los esclavos:

> No puedes decir que un esclavo está en condiciones de testificar, porque lo que la ley dice con respecto a [la legitimidad del] testimonio de un esclavo se deriva mediante un *a fortiori* de lo que dice con respecto al testimonio de una mujer. Al igual que una mujer, que está [...] *descalificada para dar testimonio*, [...] ¿no es lógico que [un esclavo también] esté descalificado para testificar?
>
> Una mujer [...] está obligada al cumplimiento de los mandamientos pero *descalificada para testificar*.[24]

Josefo sugirió que esta exclusión se debía a la inherente inestabilidad de las mujeres. «No se admitirá el testimonio de las mujeres *por su volubilidad y la audacia de su sexo*».[25] Todas estas gravosas restricciones van ciertamente mucho más lejos de lo que enseñaba el Antiguo Testamento acerca de las mujeres. Sin duda, el judaísmo rabínico en el primer siglo implicaba más reacción que progreso.

23. *Berajot* 7.2 (énfasis añadido).
24. *Baba Kama* 88a (énfasis añadido).
25. Josefo, *Antigüedades* IV, §8.15 (énfasis añadido).

La actitud de Jesús

Contra este telón de fondo en particular, la actitud de Jesús hacia las mujeres sobresale en *firme* contraste.[26] Su enseñanza y acciones hacia ellas diferían radicalmente de las autoridades rabínicas contemporáneas. Aunque muchos han notado este contraste,[27] un artículo de Leonard Swidler ha servido para seguir profundizando el tema del rol de la mujer en la iglesia y en la sociedad de hoy.[28] Swidler busca demostrar que Jesús era un feminista a partir de sus actitudes expresadas en los Evangelios en el Nuevo Testamento. Su artículo comienza con la siguiente definición de «feminista»:

> Por feminista se entiende a una persona que está a favor de la igualdad entre las mujeres y los hombres, y que la fomenta. Es una persona que defiende y practica tratar a las mujeres principalmente como seres humanos (como son tratados los hombres) y que de buen grado contraviene las costumbres sociales al comportarse así. Para probar [esta] tesis se debe demostrar que, hasta donde sabemos, Jesús no dijo ni hizo nada que indicara que abogaba por tratar a las mujeres de manera intrínsecamente inferior a los hombres; por el contrario, afirmó e hizo cosas que indicaban que pensaba en ellas como iguales a los hombres, y que en el proceso violó voluntariamente las costumbres sociales pertinentes.[29]

26. Jeremias, *Jerusalén en tiempos de Jesús*, p. 387.

27. James A. Borland, «Women in the Life and Teachings of Jesus», en *Recovering Biblical Manhood & Womanhood: A Response to Evangelical Feminism*, ed. por John Piper y Wayne A. Grudem (Wheaton, IL: Crossway, 2006), pp. 113-123; DeYoung, *Hombres y mujeres en la iglesia*, pp. 47-51; Hurley, *Man and Woman in Biblical Perspective*, pp. 79-112; Witherington, *Women in the Ministry of Jesus*, pp. 11-131.

28. Leonard Swidler, «Jesus was a Feminist», *CW* 212 (1971), pp. 177-183.

29. *Ibid.*, p. 177.

Ahora bien, la prueba exitosa de una tesis depende en gran manera de cómo se definan los términos de la misma. Este capítulo no evaluará la definición que Swidler hace del término «feminista». Sin embargo, debe señalarse que Swidler en ningún momento hace una distinción entre «inferioridad intrínseca» y «subordinación funcional». Esta diferenciación es muy importante cuando se analiza la actitud de Jesús. Es evidente que Cristo violó de forma deliberada las costumbres sociales respecto a las mujeres. La posición de ellas en aquella época no era muy alentadora, como quedó demostrado en la sección anterior. Un análisis de la enseñanza oral de Jesús revela que contravino con deliberación ciertos hábitos sociales no bíblicos e injustos, así como tabúes respecto a las mujeres.

La actitud de Jesús expresada en su enseñanza

En una sección del Sermón del Monte, Jesús procuró corregir falsas ideas que prevalecían en aquella época sobre la ley de Moisés. El problema no era la ley, sino la enseñanza de los rabinos.[30] Algunas de estas falsas ideas tenían que ver con los Diez Mandamientos:

> Oísteis que fue dicho: No cometerás adulterio. Pero yo os digo que *cualquiera que mira a una mujer para codiciarla, ya adulteró con ella en su corazón* (Mt. 5:27-28).

Está claro que Cristo no limitaba el adulterio al acto físico, sino que consideraba la actitud interior del «deseo» como pecado y como un quebrantamiento del mandamiento en Éxodo 20:14 (cp. Mt. 15:19).[31] Tampoco consideraba a las mujeres como objetos

---

30. William Hendriksen, *Evangelio según San Mateo*, CNT (Grand Rapids: Libros Desafío, 2007), p. 316.

31. Craig L. Blomberg, *Matthew*, NAC 22 (Nashville: Broadman & Holman Publishers, 1992), p. 109; Evis L. Carballosa, *Mateo: La revelación de la realeza de Cristo* (Grand Rapids: Portavoz, 2021), p. 222; R. T. France, *The Gospel*

sexuales; es decir, meramente como una propiedad que se usa para la satisfacción física. Debían ser respetadas como personas, y no ser vistas como un desahogo para los impulsos sexuales. La actitud de Jesús en este sentido se contrasta con lo que estaba permitido antiguamente en Israel:

> Cuando salieres a la guerra contra tus enemigos, y Jehová tu Dios los entregare en tu mano, y tomares de ellos cautivos, y vieres entre los cautivos a alguna mujer hermosa, y la codiciares, y la tomares para ti por mujer, la meterás en tu casa; y ella rapará su cabeza, y cortará sus uñas, y se quitará el vestido de su cautiverio, y se quedará en tu casa; y llorará a su padre y a su madre un mes entero; y después podrás llegarte a ella, y tú serás su marido, y ella será tu mujer. *Y si no te agradare, la dejarás en libertad; no la venderás por dinero, ni la tratarás como esclava, por cuanto la humillaste* (Dt. 21:10-14).

El tipo de trato al final del pasaje no aplacaba la dura actitud que se permitía a la hora de comportarse con una mujer de tal manera. La enseñanza de Mateo 5:27-28 sirvió de correctivo para cualquiera de estas nociones persistentes en aquella época. Cualesquiera que sean los derechos de una mujer, tiene derecho al respeto en tales asuntos.

La enseñanza de Jesús sobre el divorcio también contrastaba con lo que Moisés permitió:

> Entonces vinieron a él los fariseos, tentándole y diciéndole: ¿Es lícito al hombre repudiar a su mujer por

of Matthew, NICNT (Grand Rapids: Eerdmans, 2007), p. 204; Donald A. Hagner, *Matthew 1–13*, WBC 33A (Dallas, TX: Word Books, 1993), p. 120; John MacArthur, *Mateo*, CMacNT (Grand Rapids: Portavoz, 2017), pp. 292-293; Leon Morris, *The Gospel According to Matthew*, PNTC (Grand Rapids: Eerdmans, 1992), p. 118; Samuel Pérez Millos, *Mateo*, CETGNT (Barcelona, España: Clie, 2009), pp. 343-344.

> cualquier causa? Él, respondiendo, les dijo: ¿No habéis leído que el que los hizo al principio, varón y hembra los hizo, y dijo: Por esto el hombre dejará padre y madre, y se unirá a su mujer, y los dos serán una sola carne? Así que no son ya más dos, sino una sola carne; por tanto, lo que Dios juntó, no lo separe el hombre. Le dijeron: ¿Por qué, pues, mandó Moisés dar carta de divorcio, y repudiarla? Él les dijo: Por la dureza de vuestro corazón Moisés os permitió repudiar a vuestras mujeres; mas al principio no fue así. *Y yo os digo que cualquiera que repudia a su mujer, salvo por causa de fornicación, y se casa con otra, adultera; y el que se casa con la repudiada, adultera* (Mt. 19:3-9).

La referencia veterotestamentaria es Deuteronomio 24:1-4 que trata una situación en la que un marido se divorcia de su esposa tras haber descubierto alguna «indecencia» en ella y cuál debería ser la acción de su primer marido si el segundo marido muere. En el alcance de este libro no se contempla debatir las interpretaciones y los problemas relacionados con estos pasajes ni otras interrogantes que involucran el divorcio y el casarse de nuevo. Sin embargo, lo que sí cabe destacar aquí es la actitud renovadora de Jesús sobre cómo se debe respetar a una mujer. No se la debe tratar como una pertenencia de la que se puede prescindir a voluntad. El efecto que esta supuesta «nueva» enseñanza tuvo en los judíos del primer siglo queda reflejada en la reacción inmediata de los discípulos de Cristo, quienes le dijeron: «Si así es la condición del hombre con su mujer, *no conviene casarse*» (Mt. 19:10). Evidentemente, a los discípulos les quedaba mucho por hacer para ajustar su perspectiva con la de Jesús.

En su ministerio, Jesús usó en dos ocasiones el ejemplo de mujeres gentiles del Antiguo Testamento para reprender la falta de fe en su propia generación. En la sinagoga de su ciudad natal

de Nazaret, aludió a una mujer para ilustrar su enseñanza de que un profeta no era bien recibido en su propia ciudad (Lc. 4:24):

> Y en verdad os digo que muchas viudas había en Israel en los días de Elías, cuando el cielo fue cerrado por tres años y seis meses, y hubo una gran hambre en toda la tierra; pero a ninguna de ellas fue enviado Elías, *sino a una mujer viuda en Sarepta de Sidón* (Lc. 4:25-26).

El hecho de que una mujer fuera ministrada por Elías y, encima de esto, que fuese una mujer *gentil* (1 R. 17:8-24),[32] debió de haber sido una gran reprensión para la audiencia judía masculina.[33] El texto dice que «al oír estas cosas, todos en la sinagoga se llenaron de ira» y «le echaron fuera de la ciudad»[34] para matarlo (Lc. 4:28-29). Indudablemente, la concurrencia estaba impactada y enfurecida por el planteamiento de Cristo.[35]

En otra ocasión, Jesús se refirió a otra mujer del Antiguo Testamento (1 R. 10:1-13; 2 Cr. 9:1-12), que tendría una relevancia escatológica:

---

32. Además, como señala David E. Garland, esta viuda era de Sidón, «la misma región de la infame Jezabel, la hija del rey de los sidonios (1 R. 16:31)». David E. Garland, *Lucas*, CEPNT (Barcelona, España: Andamio, 2019), p. 208.

33. William Hendriksen, *Evangelio según San Lucas*, CNT (Grand Rapids: Libros Desafío, 2002), p. 261.

34. La expresión ἐκβάλλειν ἔξω τῆς πόλεως («echar fuera de la ciudad») se utiliza en la versión griega del Antiguo Testamento, también conocida como la Septuaginta, para limpiar una ciudad (judía) de la contaminación, ya sea una plaga (Lv. 14:40-41, 45), dioses ajenos (2 Cr. 33:15) o incluso una supuesta persona malvada (1 R. 21:13). Tal era la indignación de los judíos en Nazaret que consideraron a Jesús como un agente de contaminación para Israel. James R. Edwards, *The Gospel According to Luke*, PNTC (Grand Rapids: Eerdmans, 2015), p. 141.

35. Darrell L. Bock, *Luke 1:1–9:50*, BECNT (Grand Rapids: Baker Books, 1994), p. 419; John MacArthur, *Lucas*, CMacNT (Grand Rapids: Portavoz, 2016), p. 265; I. Howard Marshall, *The Gospel of Luke: A Commentary on the Greek Text*, NIGTC (Grand Rapids: Eerdmans, 1978), p. 190; Leon Morris, *Luke: An Introduction and Commentary*, TNTC 3 (Downers Grove, IL: InterVarsity Press, 1974), p. 128; Samuel Pérez Millos, *Lucas*, CETGNT (Barcelona, España: Clie, 2017), pp. 530-531.

> La reina del Sur se levantará en el juicio con los hombres de esta generación, y los condenará; porque *ella vino de los fines de la tierra para oír la sabiduría de Salomón,* y he aquí más que Salomón en este lugar (Lc. 11:31).

Jesús no consideró a las mujeres —ni siquiera a las del Antiguo Testamento— como incapaces de discernir realidades espirituales. El punto es que, si la reina del Sur reconoció la bendición sobre Salomón, ¡cuánto mayor será la culpa de quienes se niegan a reconocer que Dios obra en y por medio de uno *mayor* que Salomón! Lo que es aún más llamativo es que la declaración de Cristo señala que en el juicio ella condenará a los «hombres» de esta generación (Lc. 11:31).[36] Aquí hay un contraste con el sexo femenino de la reina del Sur.

Todo esto indica que Jesús incluía a las mujeres en su enseñanza y, por lo general, lo hacía bajo una luz más favorable que la de su época. De hecho, cuando enseñó a sus discípulos «sobre la necesidad de orar siempre, y no desmayar» (Lc. 18:1), les contó la siguiente parábola:

> Había en una ciudad un juez, que ni temía a Dios, ni respetaba a hombre. Había también en aquella ciudad

36. Aunque la palabra ἀνδρῶν («hombres») se puede usar en referencia a la raza humana, también tiene un significado más específico como «varón» (en contraste con mujer). «ἀνήρ», BDAG, p. 79. Leon Morris hace la siguiente observación: «En una época de supremacía masculina, el uso del término ἀνδρῶν para «hombres», en lugar del [término] más general ἄνθρωπων (que podría significar seres humanos), es probablemente importante. Ella era una mujer, mientras que ellos eran hombres». Morris, *Luke,* p. 219. Véanse también, Edwards, *The Gospel According to Luke,* p. 350; Marshall, *The Gospel of Luke,* p. 486; John Nolland, *Luke 9:21–18:34,* WBC 35B (Dallas, TX: Word Books, 1993), p. 654. Otros comentaristas no están del todo convencidos de este contraste entre hombres y mujeres en Lucas 11:31, ya que al parecer había una «mujer» en la audiencia (cp. Lc. 11:27). De modo que prefieren interpretar ἀνδρῶν de una manera más *genérica.* Darrell L. Bock, *Luke 9:51–24:53,* BECNT (Grand Rapids: Baker Books, 1996), p. 1099; Robert H. Stein, *Luke,* NAC 24 (Nashville: Broadman & Holman Publishers, 1992), p. 335.

> una *viuda,* la cual venía a él, diciendo: Hazme justicia de mi adversario. Y él no quiso por algún tiempo; pero después de esto dijo dentro de sí: Aunque ni temo a Dios, ni tengo respeto a hombre, sin embargo, porque esta *viuda* me es molesta, le haré justicia, no sea que viniendo de continuo, me agote la paciencia. Y dijo el Señor: Oíd lo que dijo el juez injusto. ¿Y acaso Dios no hará justicia a sus escogidos, que claman a él día y noche? ¿Se tardará en responderles? Os digo que pronto les hará justicia. Pero cuando venga el Hijo del Hombre, ¿hallará fe en la tierra? (Lc. 18:2-8).

El argumento de esta parábola va de menor a mayor.[37] Si un «juez injusto» (Lc. 18:6) oye el clamor de esta mujer, ¿cuánto más escuchará Dios y responderá al clamor de sus escogidos? Es interesante observar que Jesús presenta a esta mujer como un modelo a seguir en contraste con un hombre que no temía a Dios ni respetaba a hombre.[38] Dado que el ministerio de Cristo incluía a los oprimidos y necesitados, con frecuencia favorecía a las viudas —quizás las personas más indefensas y explotadas de su tiempo (cp. Lc. 4:18; 20:45-47)—. Debió haber sido un gran cambio con respecto a cómo eran tratadas las mujeres en aquella época presentar en la misma parábola un contraste entre una viuda admirable y un hombre injusto.[39]

En Lucas 15, Jesús presentó tres problemas relacionados por medio de tres parábolas diferentes. Cada una de estas parábolas

---

37. Joel B. Green, *The Gospel of Luke,* NICNT (Grand Rapids: Eerdmans, 1997), pp. 637, 642.

38. La virtud de la insistencia es clara en el texto griego. El verbo imperfecto ἤρχετο («venía») implica que la viuda venía *repetidamente.* La idea es que no fue una o dos veces solicitando ser atendida, sino que lo hacía continua y constantemente. Esto es lo que se conoce en la gramática griega como un imperfecto «iterativo». GGSNT, pp. 401-402. Véanse también, Bock, *Luke 9:51–24:53,* p. 1448; Edwards, *The Gospel According to Luke,* p. 498; Garland, *Lucas,* p. 728; Hendriksen, *Evangelio según San Lucas,* pp. 760-761; Marshall, *The Gospel of Luke,* p. 672; Pérez Millos, *Lucas,* pp. 1868-1869; Stein, *Luke,* p. 445.

39. Borland, «Women in the Life and Teachings of Jesus», p. 117.

surgió a raíz de la crítica de los fariseos y los escribas que estaban escandalizados porque Cristo comía con pecadores (Lc. 15:1-2).[40] Para demostrar que Dios mismo busca de manera activa a los pecadores y se regocija cuando estos vienen a Él, Jesús contó las parábolas del pastor y de su oveja perdida (Lc. 15:3-7), de la mujer y de su moneda perdida (Lc. 15:8-10), y del padre y de su hijo perdido (Lc. 15:11-32). Todos ellos se regocijaron cuando encontraron lo que habían perdido y llamaron a sus amigos y vecinos para que se alegraran con ellos. La verdad ilustrada es esta: «Así os digo que hay gozo delante de los ángeles de Dios por un pecador que se arrepiente» (Lc. 15:10).

Lo sorprendente es que, en la segunda parábola, la mujer representa nada menos que a Dios mismo. Los escritores que fomentan la rotunda igualdad de hombres y mujeres en *todos* los ámbitos atribuyen mucha importancia a este punto. Si Dios es femenino, ¿por qué no pueden representarlo las mujeres en el liderazgo espiritual de la iglesia? Pero la lógica de esta conclusión es difícil de seguir a partir de la naturaleza misma de la parábola.[41]

---

40. William Barclay detalla el desprecio de los fariseos y los escribas de la siguiente manera: «Los fariseos ponían en la misma categoría a todos los que no cumplían todos los detalles de la ley tradicional, y los llamaban *la gente de la tierra*; y había una barrera infranqueable entre estas dos clases de personas. El permitir que una de sus hijas se casara con un hombre de la tierra era para un fariseo como dejarla indefensa a merced de una fiera. Las reglas fariseas establecían: "A nadie de la gente de la tierra le confíes dinero, ni aceptes su testimonio, ni le reveles ningún secreto, ni le nombres tutor de ningún huérfano, ni le pongas a cargo de un fondo de caridad, ni le acompañes en un viaje". Un fariseo tenía prohibido hospedarse en casa de un hombre de la tierra e invitarle a la suya. Tenía prohibido hasta donde fuera posible tener ningún trato con él. Los fariseos tenían el propósito deliberado de evitar todo contacto con los que no cumplían todos los detalles de la ley tradicional. Está claro que se escandalizaban de que Jesús se relacionara con gente que ellos consideraban no solo extraños, sino pecadores, cuyo solo contacto contaminaba. Comprenderemos mejor estas parábolas si recordamos que un judío estricto no diría: "Hay alegría en el Cielo cuando se arrepiente un pecador", sino: "Hay alegría en el Cielo cuando se pierde un pecador". Deseaban sádicamente no la salvación de los pecadores, sino su destrucción». William Barclay, *Comentario al Nuevo Testamento* (Barcelona, España: Clie, 2006), pp. 337-338 (énfasis añadido).

41. John MacArthur señala acertadamente que «una parábola no es más que una simple analogía; es un símil o metáfora ampliada que tiene una lección

Además, esta clase de «exégesis» resulta en la conclusión de que las tres parábolas enseñan la Trinidad, ¡y la mujer representa al Espíritu Santo![42]

> Este pasaje parecería particularmente apto para las interpretaciones trinitarias: el padre del hijo pródigo es Dios Padre (esta interpretación ha sido bastante común en la historia cristiana); dado que Jesús se identifica en otro lugar como el Buen Pastor, quien busca a las ovejas perdidas es él, el Hijo (esta interpretación estándar se refleja, entre otras cosas, en la imagen que se suele ver de Jesús llevando a la oveja descarriada sobre sus hombros); la mujer que buscaba la moneda perdida debería ser «lógicamente» el Espíritu Santo. Si existió una interpretación así, sin duda no fue común. ¿Debería atribuirse semejante carencia de «lógica» a la denigración cultural general de las mujeres o a la aversión por las diosas paganas (aunque el aborrecimiento cristiano hacia los dioses paganos no resultó en un rechazo cristiano de la imagen masculina de Dios)?[43]

Este tipo de exégesis de una parábola para «demostrar» una idea es su propia refutación. Aunque es obvio que la mujer representa a Dios en la parábola, debería observarse que se la describe haciendo un deber típico de la mujer: ¡limpiando la casa! Semejante observación sería abominable para las feministas.

---

distintivamente espiritual contenida en la analogía [...] La lección revelada en la comparación siempre es el punto central (y a menudo el único) de la parábola. Una parábola no es una alegoría como *El progreso del peregrino*, en la que todos los personajes y prácticamente cada punto de la trama transmite un significado enigmático, pero vital. Las parábolas no deben ser tratadas para conseguir significados secretos. Sus lecciones son sencillas, centradas y sin mucho adorno». John MacArthur, *Parábolas: Los misterios del reino de Dios revelados a través de las historias que Jesús contó* (Nashville: Nelson, 2015), pp. xxvi, xxviii.

42. Hendriksen, *Evangelio según San Lucas*, p. 709.

43. Swidler, «Jesus was a Feminist», p. 183.

La actitud de Jesús expresada en sus acciones

Aunque es posible discernir ciertos aspectos de la actitud de Jesús hacia las mujeres a partir de su enseñanza, se puede obtener una mayor apreciación de su opinión sobre las mujeres por su forma de actuar. Cristo no hizo declaraciones feministas sobre la igualdad de hombres y mujeres. Si bien es cierto que estableció un firme contraste entre sus propias enseñanzas con las de los líderes judíos de su tiempo, jamás lo hizo en lo que refiere al lugar de la mujer en la religión y en la sociedad. Nunca se enfrentó a las autoridades religiosas por los derechos de las mujeres como lo hizo con otros temas. Sin embargo, su comportamiento con las mujeres era muy distinto a la conducta típica de los hombres de aquella época.

> Lo revolucionario no fue tanto lo que Jesús declaró como su forma de relacionarse con las mujeres. Su propio estilo de vida fue tan extraordinario en este sentido que solo podemos calificarlo de asombroso. Las trató como seres humanos, iguales a los hombres en todos los aspectos; ni una sola palabra de desprecio sobre las mujeres, como tales, salió de sus labios. Como el Salvador que se identificaba con los oprimidos y los desheredados, habló a las mujeres y sobre ellas con total libertad y franqueza.[44]

Jesús contravino de forma consciente muchos tabúes rabínicos respecto a las mujeres. Lo hizo tanto en público como en privado, y con su comportamiento provocó, en varias ocasiones, una reacción pública como también privada. Por ejemplo, Jesús solía ministrar a las mujeres *físicamente.* En cada una de las tres ocasiones en que resucitó a alguien de entre los muertos, siempre hubo una mujer estrechamente relacionada en la escena. El caso de la hija de Jairo se relata en los tres Evangelios sinópticos (Mt. 9:18-26; Mr. 5:21-43; Lc. 8:40-56). Aunque tocar un cadáver lo habría hecho ritualmente

44. Jewett, *Man as Male and Female*, p. 94.

impuro según Números 19:11-21, Jesús no dudó en tomarla por la mano y le dijo: «Muchacha, levántate» (Lc. 8:54). Por supuesto, Jesús no necesitaba tocar a la hija de Jairo para resucitarla (cp. Lc. 7:7-8), pero lo hizo como una manera de expresar su ternura.[45]

Lucas también narra la emotiva escena donde Jesús resucita al hijo único de la viuda de Naín:

> Cuando llegó cerca de la puerta de la ciudad, he aquí que llevaban a enterrar a un difunto, hijo único de su madre, *la cual era viuda*; y había con ella mucha gente de la ciudad. Y cuando el Señor la vio, *se compadeció de ella*, y le dijo: No llores. Y acercándose, tocó el féretro; y los que lo llevaban se detuvieron. Y dijo: Joven, a ti te digo, levántate. Entonces se incorporó el que había muerto, y comenzó a hablar. Y lo dio a su madre (Lc. 7:12-15).

La centralidad de la mujer como enfoque de la compasión de Jesús es evidente en la narrativa. En las palabras de Joel B. Green: «El foco de atención está en ella: *ella* era una viuda, la multitud estaba con *ella*; Jesús se fija en *ella*, se compadeció de *ella*, habla con *ella* y, finalmente, le entrega a *ella* el muerto que se incorporó a la vida».[46] Como viuda, esta mujer no tenía nadie que la apoyara.[47] Con la muerte de su hijo había perdido sus últimos medios de sobrevivencia.[48] Pero el corazón de Cristo se puso de parte de la viuda por la situación devastadora en la que se encontraba y la consoló, a pesar del trasfondo cultural que muchas veces la despersonalizaba socialmente.

La tercera persona resucitada de entre los muertos por Jesús

---

45. Bock, *Luke 1:1–9:50*, p. 803; Pérez Millos, *Lucas*, p. 1038.

46. Green, *The Gospel of Luke*, pp. 289-290 (énfasis añadido). Véase también, Edwards, *The Gospel According to Luke*, p. 214.

47. Garland, *Lucas*, p. 309.

48. Bock, *Luke 1:1–9:50*, pp. 649-650; Green, *The Gospel of Luke*, p. 291; Hendriksen, *Evangelio según San Lucas*, p. 374; MacArthur, *Lucas*, p. 450; Morris, *Luke*, p. 159; Pérez Millos, *Lucas*, p. 846; Stein, *Luke*, p. 222.

fue Lázaro de Betania, el hermano de María y Marta. A esta última le hizo una de las revelaciones más asombrosas de su persona y obra que se relata en el libro de Juan:

> Entonces Marta, cuando oyó que Jesús venía, salió a encontrarle; pero María se quedó en casa. Y Marta dijo a Jesús: Señor, si hubieses estado aquí, mi hermano no habría muerto. Mas también sé ahora que todo lo que pidas a Dios, Dios te lo dará. Jesús le dijo: Tu hermano resucitará. Marta le dijo: Yo sé que resucitará en la resurrección, en el día postrero. *Le dijo Jesús: Yo soy la resurrección y la vida; el que cree en mí, aunque esté muerto, vivirá. Y todo aquel que vive y cree en mí, no morirá eternamente.* ¿Crees esto? Le dijo: Sí, Señor; yo he creído que tú eres el Cristo, el Hijo de Dios, que has venido al mundo (Jn. 11:20-27).

Jesús no dudó en instruir a una mujer en una de las verdades más profundas respecto a su persona. No la consideró incapaz de comprender realidades espirituales.[49] De hecho, Marta terminó proporcionando una de las confesiones más hermosas de la identidad mesiánica de Jesús en el Nuevo Testamento. Como lo expresa William Hendriksen: «La confesión de Marta aquí es positiva, heroica y amplia. Es, en realidad, muy conmovedora, tanto más notable debido a que se ha hecho bajo circunstancias tan difíciles. El YO SOY de Jesús la ha ayudado considerablemente».[50]

---

49. Borland, «Women in the Life and Teachings of Jesus», p. 118.

50. William Hendriksen, *Evangelio según San Juan*, CNT (Grand Rapids: Libros Desafío, 1981), p. 420. Véanse también, George R. Beasley-Murray, *John*, WBC 36 (Dallas, TX: Word Books, 1999), p. 192; D. A. Carson, *The Gospel According to John*, PNTC (Grand Rapids: Eerdmans, 1991), p. 414; Colin G. Kruse, *John: An Introduction and Commentary*, TNTC 4 (Downers Grove, IL: InterVarsity Press, 2003), p. 248; R. C. H. Lenski, *The Interpretation of St. John's Gospel* (Minneapolis, MN: Augsburg, 1943), pp. 803-805; Andrew T. Lincoln, *The Gospel According to Saint John*, BNTC (Peabody, MA: Hendrickson, 2005), pp. 324-325; Leon Morris, *The Gospel According to John*, NICNT (Grand Rapids: Eerdmans, 1995), p. 489.

Jesús también ministró físicamente a otras mujeres. Sanó a la suegra de Pedro (Mt. 8:14-15; Mr. 1:30-31; Lc. 4:38-39) y enderezó a una mujer que había estado encorvada durante dieciocho años, a la cual llamó «hija de Abraham» (Lc. 13:10-17).[51] Quizás el ejemplo más impresionante de la manera en que Jesús curaba es la restauración de la mujer que padecía de «flujo de sangre» hacía ya doce años (Mt. 9:20-22; Mr. 5:25-34; Lc. 8:43-48). Aunque no se puede determinar con exactitud si este «flujo de sangre» era de tipo menstrual (como algunos han supuesto),[52] Levítico 15:19-33 deja claro que se la consideraba ritualmente impura y contaminaba a cualquiera que tocara. Cristo no la reprendió cuando lo tocó, sino que le dijo: «Hija, tu fe te ha hecho salva; ve en paz, y queda sana de tu azote» (Mr. 5:34). Aunque pueda parecer que la exposición pública que Jesús hizo de la avergonzada mujer podría haber resultado en cierta incomodidad psicológica para ella, su propósito fue una muestra extraordinaria de esta lección sobre la dignidad de las mujeres.

Jesús también ministró a las mujeres *espiritualmente*. En los Evangelios, hay tres incidentes que ilustran su práctica de enseñar verdades espirituales a las mujeres. El primero es en el viaje que Cristo hizo desde Judea a Galilea, cuando pasó por la ciudad de Samaria (Jn. 4:1-42). Estando sentado junto al pozo de Jacob en Sicar, se acercó una persona que según los principios de la época tenia tres atributos negativos. Era una mujer, una ramera y, además de eso, samaritana. Cuando Jesús inició una conversación con ella, esta se sorprendió, porque esto iba en contra de la conducta

---

51. El texto no dice nada acerca de la piedad de la mujer (cp. Lc. 1:6) o de su fe específicamente (cp. Lc. 7:9, 50; 8:48; 17:19; 18:42). La única cualificación mencionada en Lucas 13:16 es que ella es una θυγατέρα Ἀβραὰμ («hija de Abraham»). Sin embargo, esta expresión es importante porque ratifica el hecho de que las mujeres también eran parte del pacto (Lc. 1:54-55, 73-75). Bock, *Luke 9:51–24:53*, p. 1218; Garland, *Lucas*, p. 562; Green, *The Gospel of Luke*, pp. 525-526; Stein, *Luke*, p. 374.

52. John Nolland, *Luke 1–9:20*, WBC 35A (Dallas, TX: Word Books, 1989), p. 419; Letha Dawson Scanzoni y Nancy A. Hardesty, *All We're Meant To Be: Biblical Feminism for Today* (Dallas, TX: Word Books, 1974), p. 57.

masculina «aceptable» de aquella época.[53] José ben Johanan de Jerusalén solía decir: «No entables mucha conversación con las mujeres [...] Siempre que un hombre se involucra demasiado en conversación con las mujeres, se perjudica a sí mismo, porque descuida el estudio de la Torá, de modo que *su final será heredar la Gehenna [o el infierno]*».[54] Es evidente que se produjo una infracción de la conducta social por la reacción que los mismos discípulos tuvieron cuando regresaron y descubrieron lo que Jesús estaba haciendo:[55] «En esto vinieron sus discípulos, *y se maravillaron de que hablaba con una mujer*; sin embargo, ninguno dijo: ¿Qué preguntas? o, ¿Qué hablas con ella?» (Jn. 4:27).

Como si esto fuera poco, Jesús además le enseñó a la vista de todos. Conversar en público con una mujer ya era una infracción de la conducta social aceptada en ese entonces. Pero enseñarle era considerada una cuestión indecorosa, tal como se indicó anteriormente. Aun así, Cristo instruyó a esta mujer sobre la naturaleza de Dios y su adoración. Le proporcionó, asimismo, la revelación más temprana de su identidad como Mesías. Tal como se relata, «le dijo la mujer: Sé que ha de venir el Mesías, llamado el Cristo; cuando él venga nos declarará todas las cosas. Jesús le dijo: *Yo soy, el que habla contigo*» (Jn. 4:25-26).

Jesús contravino voluntariamente la costumbre de aquel tiempo para darle a esta mujer necesitada el agua de vida. El efecto fue tan

---

53. Gerald L. Borchert, *John 1–11*, NAC 25A (Nashville: Broadman & Holman Publishers, 1996), p. 210; Carson, *The Gospel According to John*, p. 227; Lenski, *The Interpretation of St. John's Gospel*, p. 328; Lincoln, *The Gospel According to Saint John*, p. 178; John MacArthur, *Juan*, CMacNT (Grand Rapids: Portavoz, 2011), pp. 157-158; Morris, *The Gospel According to John*, pp. 242-243; Samuel Pérez Millos, *Juan*, CETGNT (Barcelona, España: Clie, 2016), p. 442.

54. *Aboth* 1.5 (énfasis añadido).

55. El aspecto imperfectivo del verbo ἐθαύμαζον («se maravillaron») hace hincapié en la *duración* de la acción. Esto quiere decir que la reacción de los discípulos no fue momentánea. Les extrañaba muchísimo lo que veían y oían a tal punto que se quedaron asombrados por un largo tiempo. GGSNT, pp. 399-400; Andreas J. Köstenberger, *John*, BECNT (Grand Rapids: Baker Books, 2004), p. 159; Lenski, *The Interpretation of St. John's Gospel*, p. 328.

profundo que esta mujer no titubeó en dar testimonio y muchos samaritanos acabaron creyendo en Cristo por la palabra de ella:

> *Entonces la mujer dejó su cántaro, y fue a la ciudad, y dijo a los hombres*: Venid, ved a un hombre que me ha dicho todo cuanto he hecho. ¿No será este el Cristo? Entonces salieron de la ciudad, y vinieron a él (Jn. 4:28-30).

> *Y muchos de los samaritanos de aquella ciudad creyeron en él por la palabra de la mujer,* que daba testimonio diciendo: Me dijo todo lo que he hecho. Entonces vinieron los samaritanos a él y le rogaron que se quedase con ellos; y se quedó allí dos días. Y creyeron muchos más por la palabra de él, y decían a la mujer: Ya no creemos solamente por tu dicho, porque nosotros mismos hemos oído, y sabemos que verdaderamente este es el Salvador del mundo, el Cristo (Jn. 4:39-42).

Hay un segundo incidente con una mujer, que a pesar de que no se encuentra en algunos de los principales manuscritos griegos del Nuevo Testamento,[56] preserva probablemente un suceso histórico real.[57] Los escribas y los fariseos llevaron ante Jesús a una mujer que había sido sorprendida en el acto mismo del adulterio. Según ellos, debía ser apedreada de acuerdo con la ley de Moisés (Jn. 8:5). Pero esta parece ser una mala interpretación de lo que Moisés realmente dijo en Deuteronomio:[58]

---

56. Para una explicación detallada del asunto, véanse Zane C. Hodges, «Problem Passages in the Gospel of John. Part 8: The Woman Taken in Adultery (John 7:53–8:11): The Text», *BSac* 136 (1979), pp. 318-332; CTMet, pp. 187-189; Barclay M. Newman, «Verses Marked with Brackets», *BT* 30 (1979), pp. 233-236.

57. Carson, *The Gospel According to John*, pp. 333-334; Hendriksen, *Evangelio según San Juan*, p. 299; MacArthur, *Juan*, p. 321; Morris, *The Gospel According to John*, p. 779.

58. Lincoln, *The Gospel According to Saint John*, p. 530.

> Si hubiere una muchacha *virgen desposada* con alguno, y alguno la hallare en la ciudad, y se acostare con ella; entonces los sacaréis a ambos a la puerta de la ciudad, y los apedrearéis, y morirán; la joven porque no dio voces en la ciudad, y el hombre porque humilló a la mujer de su prójimo; así quitarás el mal de en medio de ti (Dt. 22:23-24).

Juan no menciona si esta mujer era una «virgen desposada» (Dt. 22:23), y queda claro que a los líderes religiosos no les interesaba hacer en absoluto lo que Moisés ordenó, porque la ausencia del hombre culpable es evidente. Sin embargo, Jesús se negó a caer en la trampa de negar la ley mosaica y se limitó a responder: «El que de vosotros esté sin pecado sea el primero en arrojar la piedra contra ella» (Jn. 8:7). Por supuesto, Cristo no justificó el acto de la mujer al condenar este ejemplo de arrogancia hipócrita. Su amonestación fue más bien sencilla: «Ni yo te condeno; vete, y no peques más» (Jn. 8:11). De esta manera, le extendió su misericordia al llamarla al arrepentimiento.[59]

El tercer incidente es cuando Jesús visitó por primera vez la casa de María, Marta y Lázaro en Betania. En esta ocasión, mostró su aprecio por la capacidad intelectual y espiritual de las mujeres (Lc. 10:38-42).[60] Mientras que Marta estaba ocupada en las tareas domésticas,

> María [estaba sentada] a los pies de Jesús, [y] oía su palabra. Pero Marta se preocupaba con muchos

59. Gerald L. Borchert comenta lo siguiente: «El veredicto de Jesús —"ni yo te condeno"— no era una absolución ni falta de condenación. De hecho, el veredicto era una imposición para que viviera de manera diferente a partir de ese momento (ἀπὸ τοῦ νῦν), para que no pecara más (μηκέτι ἁμάρτανε). La obra liberadora de Jesús no era una excusa del pecado. El encuentro con Jesús siempre ha exigido la transformación de la vida, de alejarse del pecado [...] Jesús no trataba el pecado con ligereza, pero ofrecía a los pecadores la oportunidad de comenzar una vida nueva». Borchert, *John 1–11*, p. 376.

60. Edwards, *The Gospel According to Luke*, p. 329; Stein, *Luke*, p. 322.

> quehaceres, y acercándose, dijo: Señor, ¿no te da cuidado que mi hermana me deje servir sola? Dile, pues, que me ayude. Respondiendo Jesús, le dijo: Marta, Marta, afanada y turbada estás con muchas cosas. *Pero solo una cosa es necesaria; y María ha escogido la buena parte, la cual no le será quitada* (Lc. 10:39-42).

La única «cosa» (Lc. 10:42) absolutamente necesaria es ocuparse de la vida espiritual, y Cristo elogió y no desalentó a María en su deseo.[61] Aunque parece poco convincente usar este relato como base para que una mujer estudie teología para el ministerio, como algunos han hecho,[62] esto es desde luego una indicación del respeto de Jesús por la capacidad intelectual y espiritual de las mujeres. Por otro lado, este pasaje de ninguna manera rebaja el ministerio en el hogar de las mujeres, y afirmar tal cosa refleja un malentendido total de las palabras de Jesús.[63]

Jesús no solo ministró físicamente a las mujeres, sino que ellas también lo ministraron a Él de diversas formas. Cristo fue muy receptivo a su ministerio y sincera expresión de amor. Cuando viajaba, su entorno de seguidores incluía a mujeres:[64]

> Aconteció después, que Jesús iba por todas las ciudades y aldeas, predicando y anunciando el evangelio del reino de Dios, y los doce con él, y *algunas mujeres* que habían sido sanadas de espíritus malos y de enfermedades: *María,* que se llamaba Magdalena, de la que habían salido siete demonios, *Juana,* mujer de Chuza intendente de Herodes, y *Susana,* y *otras muchas* que le servían de sus bienes (Lc. 8:1-3).

---

61. MacArthur, *Lucas,* pp. 660-661; Pérez Millos, *Lucas,* pp. 1297-1298.
62. Virginia R. Mollenkott, «Church Women, Theologians, and the Burden of Proof», *Reformed Journal* 25 (1975), pp. 17-21.
63. Scanzoni y Hardesty, *All We're Meant To Be,* p. 56.
64. Jeremias, *Jerusalén en tiempos de Jesús,* p. 387.

Muchas de estas mujeres habían sido sanadas por Jesús mismo y, en modo de agradecimiento, lo ministraban tanto a Él como a sus discípulos. Tenían un honor distinto al de los demás seguidores de Cristo.[65] Otros habían recibido algo de parte de Jesús. Ellas, en cambio, tenían el privilegio de ministrarle. La palabra griega que en la Reina-Valera 1960 se traduce como «servían» (Lc. 8:3) literalmente significa «satisfacer una necesidad inmediata» o «ayudar».[66] Cada vez que aparece en los Evangelios en referencia a Jesús, quienes realizan este ministerio son los ángeles o las mujeres. Tras la tentación en el desierto, «vinieron ángeles y le servían» (Mt. 4:11). La suegra de Pedro «se levantó» y «servía» a Jesús después de haber sido sanada (Mt. 8:15).

Evidentemente, todas esas mujeres que seguían a Cristo eran de cierta importancia. Él atraía a seguidores de las clases pobres y de las ricas por igual. De hecho, este es el único pasaje en los Evangelios que describe cómo vivían Jesús y sus discípulos cuando no eran atendidos por personas hospitalarias. El amor abnegado de estas seguidoras no era temporal. En su hora de mayor necesidad, sus discípulos varones «huyeron» (Mr. 14:50). ¿Quiénes se quedaron junto a Jesús en fiel devoción durante la terrible y espantosa experiencia de la crucifixión? Marcos nos da esa respuesta a continuación:

> También *había algunas mujeres mirando de lejos*, entre las cuales estaban María Magdalena, María la madre de Jacobo el menor y de José, y Salomé, quienes, cuando él estaba en Galilea, le seguían y le servían; y *otras muchas* que habían subido con él a Jerusalén (Mr. 15:40-41).

---

65. Hendriksen, *Evangelio según San Lucas*, p. 405.
66. «διακονέω», BDAG, p. 229.

Su devoción no se terminaba con sus contribuciones monetarias. Incluso, después de la cruz, continuaron siguiendo con fidelidad a aquel que había sanado sus espíritus y sus cuerpos:

> Y *las mujeres* que habían venido con él desde Galilea, *siguieron también*, y vieron el sepulcro, y cómo fue puesto su cuerpo. Y vueltas, *prepararon especias aromáticas y ungüentos*; y descansaron el día de reposo, conforme al mandamiento (Lc. 23:55-56).

Los cuatro Evangelios indican con claridad que las mujeres fueron las primeras en recibir la noticia de la resurrección de Cristo (Mt. 28:1; Mr. 16:1; Lc. 24:1; Jn. 20:1). Fueron los primeros testigos reales de Jesús en su cuerpo resucitado (Mt. 28:9; Mr. 16:9; Jn. 20:14-17). Esto es de gran importancia porque en aquel tiempo el testimonio de las mujeres no era tomado en cuenta en aspectos legales.[67] De hecho, los discípulos reflejaron esta actitud del primer siglo al manifestar su incrédulo escepticismo cuando oyeron su informe (Mr. 16:11; Lc. 24:11; Jn. 20:4-10).[68] Su incredulidad se debía en gran medida a su insensibilidad espiritual ante lo que Jesús ya les había dicho sobre su resurrección, pero su prejuicio masculino tampoco se puede subestimar en este caso.[69]

¿Por qué este tipo de mujeres amaban tanto a Jesús que lo siguieron con devoción sacrificial y, probablemente, impopular? ¿Por qué una mujer que en su pasado fue inmoral podía derramar lágrimas de gratitud a los pies de Cristo y secarlos con su cabello sin temor de ser reprendida (Lc. 7:36-50)? ¿Por qué María se

---

67. Véase Witherington, *Women in the Ministry of Jesus*, pp. 9-10, 135-136 para una postura más matizada sobre la validez del testimonio de las mujeres en aquella época.

68. Para ellos el testimonio de las mujeres era «locura» (Lc. 24:11). Esta palabra aparece solo aquí en todo el Nuevo Testamento griego y se refiere a algo sin sentido. Se puede traducir como «pura tontería» o «palabrería vana». «λῆρος», BDAG, p. 594.

69. Green, *The Gospel of Luke*, pp. 839-840.

sintió tan libre ante su presencia y ungió sus pies con un costoso perfume (Jn. 12:1-8)? Quizás lo mejor es que un hombre y una mujer respondan a estas preguntas a continuación:

> Jesús acepta sencillamente a estas mujeres como personas: conmovido y con total pureza y simplicidad acepta su afecto, mientras las conduce al arrepentimiento. De este modo, establece el juicio de Dios sobre su estilo de vida y, al mismo tiempo, su misericordia.[70]

> No es de sorprender que las mujeres fueran las primeras junto a Él en la cuna y, al final, junto Él en la cruz. No habían conocido jamás a un hombre como Él —no ha vuelto a existir otro igual—. Un profeta y maestro que nunca las molestó, nunca las aduló ni las coaccionó, ni las subestimó; que nunca contó chistes maliciosos sobre ellas ni las trató como «¡Ayuda, que ahí vienen las mujeres!» o «Las damas, ¡benditas sean!»; que las reprendió sin quejas y las elogió sin condescendencia; que se tomaba sus preguntas y sus argumentos en serio; que nunca delimitó su campo de acción, nunca las instó a ser femeninas ni las abucheó por ser mujeres; que no tenía un hacha para machacar ni una incómoda dignidad masculina que defender; que las recibió tal como las encontró y fue del todo natural. No hay hecho, sermón o parábola en todo el evangelio que tome su mordacidad de la perversidad femenina. Nadie podría imaginar por las palabras y los hechos de Jesús que hubiera algo «raro» respecto a la naturaleza de las mujeres.[71]

---

70. C. F. D. Moule, *The Phenomenon of the New Testament* (Londres: SCM Press, 1967), p. 65.

71. Dorothy L. Sayers, *Are Women Human? Penetrating, Sensible, and Witty Essays on the Role of Women in Society* (Grand Rapids: Eerdmans, 1971), p. 47.

CONCLUSIÓN

La actitud de Jesús hacia las mujeres contrastó notablemente con las prácticas habituales del judaísmo del primer siglo. Él las trató con dignidad y compasión, reconociendo su valor como portadoras de la imagen de Dios y herederas de la gracia (Gn. 1:27; 1 P. 3:7). En este sentido, su trato fue profundamente contracultural. Nunca enseñó que las mujeres fueran inferiores en esencia. Si por «feminismo» se entiende la afirmación de la dignidad y valor de la mujer, podría decirse que Jesús era feminista. Sin embargo, el feminismo va mucho más allá: niega toda distinción funcional entre los sexos y exige igualdad de acceso a todas las oportunidades ministeriales, incluyendo la ordenación pastoral. Hay evangélicos que afirman creer en la plena integridad de las Escrituras y, al mismo tiempo, sostienen que estas justifican tal privilegio para las mujeres.[72] Aunque posteriormente en este libro se dará una explicación más completa de esta posición, conviene aclarar desde ahora que tal interpretación apela con frecuencia al ejemplo de Jesús como justificación. Pero esto no es así.

Aunque Jesús enseñó la igualdad entre los hombres y las mujeres en sus privilegios espirituales, hizo una distinción respecto a sus funciones ministeriales. Es de notar tanto lo que Cristo hizo como lo que no hizo. ¿Acaso no es significativo que no escogió a ninguna mujer para estar entre los doce (Mt. 10:1-4; Mr. 3:13-19)? Fue a estos hombres a quienes encomendó las responsabilidades apostólicas (Jn. 20:19-23; Mt. 28:16-20). Virginia R. Mollenkott se burla de esto como argumento contra el ministerio de predicación de la mujer:

---

72. Nancy A. Hardesty, «Women: Second Class Citizens?» *Eternity* 22 (1971), pp. 14-16; Jewett, *Man as Male and Female*, pp. 103, 160-170; Mollenkott, «Church Women, Theologians, and the Burden of Proof», p. 18; Richard Quebedeaux, *The Young Evangelicals: The Story of the Emergence of a New Generation of Evangelicals* (Nueva York, NY: Harper and Row, 1974), pp. 109-114.

> Es vergonzoso tratar con semejante argumentación [...] El argumento de que todos los apóstoles eran hombres no solo ignora el hecho de que nadie habría escuchado a las mujeres si hubieran sido nombradas embajadoras de Cristo, ya que los hombres del primer siglo las ignoraban en público, las descartaban para ser elegidas como testigos en los tribunales y las consideraban ritualmente impuras al menos durante un cuarto de sus vidas; ignora, asimismo, que los apóstoles no solo eran varones, sino judíos. Si vamos a ser literales sobre el sexo de los apóstoles como normas para el liderazgo cristiano, entonces seámoslo respecto a sus trasfondos étnicos: ¡todos los sacerdotes, ministros, líderes de la iglesia deben ser judíos convertidos al cristianismo! [...] Ni la restricción étnica ni la sexual puede aplicarse de forma lógica a los candidatos al clero moderno, ni tampoco el que Cristo escogiera a doce hombres judíos puede considerarse como una norma acorde a mantener a las mujeres subordinadas en la iglesia.[73]

El problema de Mollenkott es que ignora de forma conveniente la verdad que intenta afirmar. Esta verdad es que Jesús estaba dispuesto a ignorar las restricciones sociales opresivas sobre las mujeres en su ministerio. Era audaz y «revolucionario» al hacer por ellas lo que habría sido mal visto por sus contemporáneos. Si un feminista es aquel que de forma voluntaria «contraviene las costumbres sociales» y fomenta «la igualdad entre las mujeres y los hombres»,[74] y Cristo era un verdadero feminista, entonces no habría dudado en nombrar a seis mujeres y seis hombres como sus discípulos. Decir otra cosa es acusarlo de sentir temor a los

---

73. Mollenkott, «Church Women, Theologians, and the Burden of Proof», p. 18.

74. Swidler, «Jesus was a Feminist», p. 177.

hombres, una característica que jamás manifestó en sus otros tratos «revolucionarios» con las mujeres.

Afirmar que Jesús encargó a las mujeres a predicar cuando les indicó que llevaran las nuevas de su resurrección a los discípulos ignora algo que en realidad no hizo: «Entonces Jesús les dijo: No temáis; id, dad las nuevas a mis hermanos, para que vayan a Galilea, y allí me verán» (Mt. 28:10; cp. Jn. 20:17-18). Cristo no las encomendó que llevaran este testimonio al mundo, sino a sus «hermanos» (Mt. 28:10). A ellos les dio la comisión de llevar el mensaje del evangelio a todo el mundo. Por supuesto, Jesús no le prohibió nunca a una mujer que testificara de lo que había hecho por ella, como la samaritana hizo con los que vivían en su pueblo (Jn. 4:28-30, 39-42). Sin embargo, nunca escogió a una mujer para un ministerio oficial *público*. Como lo expresa el teólogo Charles C. Ryrie:

> En la vida de nuestro Señor, las mujeres ocuparon un lugar muy especial en la manera que lo ministraron, en un sentido en el que ningún hombre le sirvió. Este ministerio consistía en ocuparse de sus necesidades físicas, mediante la hospitalidad, aportando dinero y preparando las especias para su cuerpo muerto. En respuesta a esto, Jesús permitió que las mujeres lo siguieran, les enseñó y las honró con el primer anuncio de su resurrección. Pero igualmente importante es que limitó su actividad no escogiendo a ninguna de ellas para trabajos oficiales. De modo que podríamos afirmar que, aunque Jesús concedió gran libertad a las mujeres y dio importancia a su ministerio, limitó su esfera de actividad glorificando las responsabilidades domésticas con las que le servían.[75]

75. Charles C. Ryrie, *The Role of Women in the Church* (Chicago: Moody, 1970), p. 38.

4

LA MUJER EN CRISTO

Roberto Sánchez, D.Min.

Uno de los pasajes más citados respecto al rol de la mujer es Gálatas 3:28, donde Pablo afirma que en la iglesia «ya no hay judío ni griego; no hay esclavo ni libre; *no hay varón ni mujer*; porque todos vosotros sois uno en Cristo Jesús». Pocos versículos son tan conocidos como este, con la excepción de 1 Timoteo 2:11-15. Para algunos, este texto representa «el manifiesto igualitario»[1] que justifica el involucramiento de la mujer en el ministerio pastoral. Paul K. Jewett, quien fue profesor de teología sistemática en *Fuller Theological Seminary,* ha descrito Gálatas 3:28 como «la carta magna de la humanidad»,[2] afirmando que ninguna distinción sexual debería impedir el acceso de la mujer al liderazgo eclesiástico. Otros van un poco más allá y hablan

1. Michael F. Bird, *Bourgeois Babes, Bossy Wives, and Bobby Haircuts: A Case for Gender Equality in Ministry,* FPWM (Grand Rapids: Zondervan, 2014), p. 37.
2. Paul K. Jewett, *Man as Male and Female: A Study in Sexual Relationships from a Theological Point of View* (Grand Rapids: Eerdmans, 1975), p. 142.

de una «liberación sexual del apóstol Pablo».[3] Estos son tan solo algunos ejemplos que ilustran la fama que este pasaje tiene en el debate del rol de la mujer en la iglesia. Pero ¿qué es lo que Gálatas 3:28 realmente enseña? ¿Es acaso un llamado de Pablo a abolir las diferentes funciones que el hombre y la mujer tienen en la obra del ministerio como la postura igualitaria sostiene? ¿O el apóstol está hablando de algo completamente distinto? El propósito de este capítulo es examinar Gálatas 3:28 en sus propios términos y establecer qué es lo que Dios dice sobre la mujer en Cristo Jesús.

LA ENVERGADURA DE GÁLATAS 3:28

Gálatas 3:28 es mucho más que un pasaje que goza de fama en el Nuevo Testamento. Según el teólogo igualitario Klyne R. Snodgrass, este es el pasaje más importante de todos. En sus palabras: «Independientemente de lo que se haga con los demás textos relativos a la mujer, *hay que hacer justicia a la novedad proclamada en Gálatas 3:28* [...] Cometemos un grave error si no insistimos en la igualdad de la mujer con el hombre en Cristo. Negar las implicaciones sociales de este texto es una maniobra que no funcionará».[4] De forma similar, Rebecca Groothuis sostiene que «de todos los textos que apoyan la igualdad bíblica, *Gálatas 3:28 es probablemente el más importante*».[5] Incluso F. F. Bruce, destacado comentarista de la Biblia, enseña que Gálatas 3:28 establece la igualdad de funciones entre el hombre y la mujer en la iglesia. En su opinión, las distinciones sexuales dejaron de ser relevantes con la llegada de la nueva vida «en Cristo» (Gá. 3:28):

3. Robert Jewett, «The Sexual Liberation of the Apostle Paul», *JAAR* 47 (1979), pp. 55-87.

4. Klyne R. Snodgrass, «Galatians 3:28: Conundrum or Solution?», en *Women, Authority and the Bible*, ed. por Alvera Mickelsen, pp. 161-181 (Downers Grove, IL: InterVarsity Press, 1986), p. 178 (énfasis añadido).

5. Rebecca Groothuis, *Good News for Women: A Biblical Picture of Gender Equality* (Grand Rapids: Zondervan, 1997), p. 25 (énfasis añadido).

> Cuando Pablo iguala el estatus del hombre y de la mujer en Cristo no incluye más restricciones que en el caso del judío y el gentil, o el esclavo y el libre. Si la vida en Cristo se manifiesta abiertamente en la fraternidad de la iglesia, si un gentil puede ejercer el liderazgo espiritual en la iglesia tan libre como un judío, y un esclavo como un ciudadano, ¿por qué no una mujer tan libre como un hombre?[6]

Bruce llega a afirmar que «las restricciones que encontramos en el corpus paulino, como 1 Corintios 14:34 o 1 Timoteo 2:11 tienen que entenderse de acuerdo con Gálatas 3:28, no viceversa».[7] Pero surge una pregunta fundamental: ¿qué hace que este versículo sea tan crucial para la postura igualitaria? ¿Por qué considerarlo un «lente hermenéutico» para interpretar el resto de las Escrituras? Esto es algo que ni Snodgrass ni Groothuis ni Bruce explican del todo. Resulta llamativo que se proponga Gálatas 3:28 como pasaje paradigmático sobre el rol de la mujer en la iglesia, cuando ese no es el tema que Pablo aborda en su contexto inmediato. En este sentido, R. T. France advierte con acierto sobre el peligro de priorizar ciertos textos o temas bíblicos como si fueran más fundamentales que otros, corriendo el riesgo de distorsionar el significado del texto:

> Una vez que escogemos un punto de partida, todo será visto e interpretado a la luz de ese punto de partida

6. F. F. Bruce, *Un comentario de la epístola a los gálatas*, CTC 7, trad. por Lidia Rodríguez Fernández (Barcelona, España: Clie, 2004), p. 262 (énfasis añadido).

7. *Ibid.* La feminista cristiana Sara Bessey hace exactamente lo mismo. En su libro *Jesus Feminist* (en español, *Jesús feminista*) dice lo siguiente: «Para discernir el significado de estos pasajes [1 Co. 14:34 y 1 Ti. 2:11], me resulta útil recurrir al resto de la obra del escritor». Inmediatamente después recurre a pasajes como Gálatas 3:28 y Colosenses 3:11 (que ni siquiera mencionan la expresión «varón o hembra») para interpretar 1 Corintios 14:34 y 1 Timoteo 2:11 desde una perspectiva igualitaria. Sarah Bessey, *Jesus Feminist: An Invitation to Revisit the Bible's View of Women* (Nueva York, NY: Howard Books, 2013), pp. 64, 65-69.

> [...] *Para esto no hay una regla y precisamente ese es nuestro problema. Un juicio debe ser hecho y no todo será tratado igualmente.* Probablemente todos tenemos nuestro «canon dentro del canon» (lo cual se refiere a las partes de la Escritura con las que nos sentimos cómodos, y que dicen lo que nosotros deseamos que digan) al cual consideramos como «básico». Pero esas preferencias instintivas son normalmente derivadas de la tradición en la que hemos crecido, en lugar de ser derivadas de selecciones hechas sobre la base de los textos mismos.[8]

Este acercamiento hermenéutico igualitario, además de ser peligroso, tiene implicaciones muy prácticas para la vida de la iglesia. En una serie de enseñanzas sobre los roles del hombre y la mujer, John Piper, reconocido teólogo complementario, cita a varias feministas cristianas que demandan una especie de «ceguera sexual» con el fin de desarrollar neutralidad sexual en la iglesia.[9] Por ejemplo, Gretchen Gaebelein Hull hace la siguiente declaración: «Las feministas bíblicas piden amorosamente a la comunidad cristiana que abandone los juegos de roles artificiales y que sea ciega al sexo a la hora de evaluar las cualificaciones de cada persona para el ministerio».[10] Mary Stewart Van Leeuwen afirma algo similar: «El principal objetivo de la Biblia es nivelar y no mantener las distinciones de estatus establecidas [por el sexo] en el nacimiento».[11] ¿Pero es este el objetivo de Gálatas 3:28? ¿Acaso ya no existen diferencias en funciones entre el hombre y

---

8. R. T. France, *Women in the Church's Ministry: A Test Case for Biblical Interpretation* (Grand Rapids: Eerdmans, 1995), pp. 93-94 (énfasis añadido).

9. John Piper, «Sexual Complementarity: Session 1», *Desiring God*, 9 de noviembre de 2007, visitado el 14 de junio de 2025, https://www.desiringgod.org/messages/sexual-complementarity-session-1.

10. Gretchen Gaebelein Hull, *Equal to Serve: Women and Men in the Church and Home* (Old Tappan, NJ: Fleming H. Revell, 1987), p. 128.

11. Mary Stewart Van Leeuwen, *Gender and Grace: Love, Work and Parenting in a Changing World* (Downers Grove, IL: InterVarsity Press, 1990), p. 235.

la mujer? La postura igualitaria sugiere que este pasaje tiene una envergadura como muy pocos, de modo que es fundamental para definir el rol de la mujer en la iglesia. Sin embargo, la insistencia en elevar Gálatas 3:28 es cuestionable. Este pasaje no es una solución a la supuesta «desigualdad relativa a la función religiosa»[12] de las mujeres en la iglesia, ni mucho menos el establecimiento del «credo feminista por la igualdad».[13] Pablo aquí está haciendo hincapié en la salvación que hay en Cristo tanto para hombres como para mujeres, algo que queda muy claro cuando se considera todo el contexto.

El entorno de Gálatas 3:28

La epístola a los Gálatas se puede dividir en tres grandes secciones.[14] En los primeros dos capítulos (Gá. 1–2), Pablo adopta un tono personal y apologético, defendiendo tanto la pureza del evangelio como la legitimidad de su apostolado. Relata su llamado divino y cómo su ministerio fue reconocido por los apóstoles en Jerusalén, incluyendo el célebre episodio de confrontación con Pedro, en el que procuró salvaguardar la integridad del evangelio ante la confusión de los creyentes (Gá. 2:11-21). La segunda sección (Gá. 3–4) constituye el núcleo doctrinal de la carta, donde Pablo expone con firmeza la doctrina de la justificación por la fe, subrayando que la salvación no depende de las obras de la ley, sino exclusivamente de la gracia de Dios en Cristo. Finalmente, en los capítulos 5 y 6, el apóstol exhorta a los creyentes a vivir conforme al evangelio,

12. Bruce, *Un comentario de la epístola a los gálatas*, p. 261.

13. Ronald B. Allen y Beverly Allen, *Liberated Traditionalism: Men and Women in Balance* (Portland, OR: Multnomah Press, 1985), p. 134.

14. Timothy George, *Galatians*, NAC 30 (Nashville: Broadman & Holman Publishers, 1994), p. 75; William Hendriksen, *Exposición de Gálatas*, CNT (Grand Rapids: Libros Desafío, 2005), p. 31; J. B. Lightfoot, *St. Paul's Epistle to the Galatians* (Nueva York, NY: Macmillan, 1896), pp. 65-66; John MacArthur, *Gálatas, Efesios*, CMacNT (Grand Rapids: Portavoz, 2010), p. 15.

manifestando su fe mediante una vida transformada por el poder del Espíritu Santo.[15]

Tabla 4.1: Bosquejo general de Gálatas

Gálatas 1–2	Gálatas 3–4	Gálatas 5–6
El origen del evangelio	La defensa del evangelio	La aplicación del evangelio

Gálatas 3:28 encaja en el cuerpo de la epístola, particularmente en la sección donde Pablo demuestra que la ley no tiene un propósito soteriológico (Gá. 3:23-25). La preocupación inmediata del apóstol es corregir la confusión generada por los falsos maestros judaizantes, quienes pretendían imponer las obras de la ley como requisito para la justificación. En respuesta, Pablo, tras manifestar su asombro ante la insensatez de los gálatas (Gá. 3:1-5), expone con claridad —a partir del testimonio de las Escrituras— que la justificación ante Dios es únicamente por la fe en Cristo y no por las obras de la ley:

> Así Abraham creyó a Dios, y le fue contado por justicia. Sabed, por tanto, que los que son de fe, estos son hijos de Abraham. Y la Escritura, previendo que Dios había de justificar por la fe a los gentiles, dio de antemano la buena nueva a Abraham, diciendo: En ti serán benditas todas las naciones. De modo que los de la fe son bendecidos con el creyente Abraham. Porque todos los que dependen de las obras de la ley están bajo maldición, pues escrito está: Maldito todo aquel que no permaneciere en todas las cosas escritas en el libro de la ley, para hacerlas. *Y que por la ley*

15. S. Lewis Johnson Jr., «Role Distinctions in the Church: Galatians 3:28», en *Recovering Biblical Manhood & Womanhood: A Response to Evangelical Feminism*, ed. por John Piper y Wayne A. Grudem, pp. 154-164 (Wheaton, IL: Crossway, 2006), p. 157.

> *ninguno se justifica para con Dios, es evidente, porque: El justo por la fe vivirá; y la ley no es de fe, sino que dice: El que hiciere estas cosas vivirá por ellas.* Cristo nos redimió de la maldición de la ley, hecho por nosotros maldición (porque está escrito: Maldito todo el que es colgado en un madero), para que en Cristo Jesús la bendición de Abraham alcanzase a los gentiles, a fin de que por la fe recibiésemos la promesa del Espíritu (Gá. 3:6-14).

Este es el mismo argumento que Pablo desarrolla en su carta a los Romanos. De hecho, existe una profunda afinidad temática entre Gálatas y Romanos.[16] J. B. Lightfoot, uno de los eruditos del Nuevo Testamento más reconocidos, escribe: «La epístola a los Gálatas es a la carta a los Romanos lo mismo que un modelo tosco a su estatua terminada o, más bien y para no equivocar la metáfora, es el primer estudio de una sola figura que se trabaja como un grupo en el escrito siguiente».[17] Aunque en Romanos el tono de Pablo no es igual que en Gálatas,[18] la insistencia en la justificación por la fe ante Dios recibe el mismo énfasis. Por

---

16. Bruce, *Un comentario de la epístola a los gálatas,* p. 40; Ernest De Witt Burton, *A Critical and Exegetical Commentary on The Epistle to the Galatians,* ICC (Londres: T&T Clark, 1988), p. xlvi; R. Alan Cole, *Galatians: An Introduction and Commentary,* TNTC 9 (Downers Grove, IL: InterVarsity Press, 1989), p. 34; George, *Galatians,* p. 47; Hendriksen, *Exposición de Gálatas,* p. 30; Samuel Pérez Millos, *Gálatas,* CETGNT (Barcelona, España: Clie, 2013), p. 52.

17. Lightfoot, *St. Paul's Epistle to the Galatians,* p. 49.

18. R. Alan Cole lo resume muy bien: «Romanos es básicamente un tratado teológico, mientras que Gálatas es una exhortación teológica emocional». Cole, *Galatians,* p. 45. William Hendriksen también señala la diferencia de tono de Pablo entre las dos epístolas: «Romanos afirma en forma calmada y majestuosa que hay una salvación plena y libre para todo pecador (sea judío o gentil) por la fe en Cristo, y sin las obras de la ley. Gálatas, en un tono en el cual falta mucho la calma, y que más bien en algunos momentos se vuelve apasionado, defiende este glorioso evangelio contra sus detractores; contra dichos enemigos sus denunciaciones son duras (Gá. 1:8, 9; 5:12). Pablo reprende fuertemente a los destinatarios (Gá. 1:6; 3:1-4), quienes tendían a hacer caso a los impostores, y su reprensión es tan tajante como lo es el contraste que caracteriza esta epístola». Hendriksen, *Exposición de Gálatas,* p. 30.

ejemplo, en Romanos 3, el apóstol arranca de raíz el concepto de una justicia obtenida por medio de las obras, incluso cuando aquellas obras sean hechas en respuesta a la ley de Dios:

> Concluimos, pues, que *el hombre es justificado por fe sin las obras de la ley.* ¿Es Dios solamente Dios de los judíos? ¿No es también Dios de los gentiles? Ciertamente, también de los gentiles. Porque *Dios es uno, y él justificará por la fe a los de la circuncisión, y por medio de la fe a los de la incircuncisión.* ¿Luego por la fe invalidamos la ley? En ninguna manera, sino que confirmamos la ley (Ro. 3:28-31).

Más adelante en Romanos, Pablo agrega:

> Hermanos, ciertamente el anhelo de mi corazón, y mi oración a Dios por Israel, es para salvación. Porque yo les doy testimonio de que tienen celo de Dios, pero no conforme a ciencia. *Porque ignorando la justicia de Dios, y procurando establecer la suya propia, no se han sujetado a la justicia de Dios; porque el fin de la ley es Cristo, para justicia a todo aquel que cree* (Ro. 10:1-4).

La afinidad temática es incontrovertible. Ambas epístolas enfatizan que la salvación viene por la fe, no por las obras de la ley. Todos los creyentes, sean judíos o gentiles, son salvos de la misma manera. Nunca ha habido ni podrá haber jamás salvación aparte de Cristo. Esto es particularmente relevante para todos aquellos que sugieren que Gálatas 3:28 es «la declaración socialmente *más impactante* del Nuevo Testamento».[19] Si Pablo estuviera tan preocupado por exhortar a los creyentes a una nueva realidad social en la que las funciones entre el hombre y la mujer sean

19. Snodgrass, «Galatians 3:28: Conundrum or Solution?», p. 161.

iguales en todo sentido, ¿por qué no menciona este punto en su explicación del evangelio en Romanos? Su silencio en este aspecto resulta profundamente significativo y plantea serias dudas para la postura igualitaria. Esta cuestión queda claramente expuesta en la siguiente sección de Gálatas, donde Pablo contrasta la permanencia de la fe en el pacto abrahámico con la temporalidad de la ley en el pacto mosaico:

> Hermanos, hablo en términos humanos: Un pacto, aunque sea de hombre, una vez ratificado, nadie lo invalida, ni le añade. Ahora bien, a Abraham fueron hechas las promesas, y a su simiente. No dice: Y a las simientes, como si hablase de muchos, sino como de uno: Y a tu simiente, la cual es Cristo. Esto, pues, digo: *El pacto previamente ratificado por Dios para con Cristo, la ley que vino cuatrocientos treinta años después, no lo abroga, para invalidar la promesa.* Porque si la herencia es por la ley, ya no es por la promesa; pero Dios la concedió a Abraham mediante la promesa (Gá. 3:15-18).

A la luz de la superioridad de la fe, Pablo argumenta que a pesar de que la ley no justifica, su propósito es demostrar la pecaminosidad total que tienen todos los hombres y su necesidad absoluta de Cristo:

> Entonces, ¿para qué sirve la ley? Fue añadida a causa de las transgresiones, hasta que viniese la simiente a quien fue hecha la promesa; y fue ordenada por medio de ángeles en mano de un mediador. Y el mediador no lo es de uno solo; pero Dios es uno. ¿Luego la ley es contraria a las promesas de Dios? En ninguna manera; porque si la ley dada pudiera vivificar, la justicia fuera verdaderamente por la ley. Mas la Escritura lo encerró

> todo bajo pecado, para que la promesa que es por la fe en Jesucristo fuese dada a los creyentes. Pero antes que viniese la fe, estábamos confinados bajo la ley, encerrados para aquella fe que iba a ser revelada. *De manera que la ley ha sido nuestro ayo, para llevarnos a Cristo, a fin de que fuésemos justificados por la fe. Pero venida la fe, ya no estamos bajo ayo* (Gá. 3:19-25).

Este es el punto de inicio del contexto inmediato de Gálatas 3:28. La sección de Gálatas 3:26-29 continúa el argumento que Pablo ha estado desarrollando acerca de la justificación por la fe, independientemente de las obras de la ley. Como clímax de este razonamiento,[20] establece tres realidades que resultan de tener una relación correcta con Dios a través de Cristo. Los creyentes son 1) hijos de Dios, 2) uno en Cristo y 3) linaje de Abraham:

> Pues todos *sois hijos de Dios* por la fe en Cristo Jesús; porque todos los que habéis sido bautizados en Cristo, de Cristo estáis revestidos. Ya no hay judío ni griego; no hay esclavo ni libre; no hay varón ni mujer; porque todos vosotros *sois uno en Cristo Jesús*. Y si vosotros sois de Cristo, ciertamente *linaje de Abraham sois*, y herederos según la promesa (Gá. 3:26-29).

El punto de Pablo es claro: no importa cuál sea la identidad étnica, social o sexual, los creyentes, por la fe en Cristo Jesús, son partícipes de la promesa dada a Abraham y ya no están bajo la ley mosaica. El profesor Thomas R. Schreiner, erudito del idioma griego, dice lo siguiente: «Ahora que Cristo ha venido, la puerta de la promesa se ha abierto de par en par para incluir

20. Hans Dieter Betz, *Galatians: A Commentary on Paul's Letter to the Church in Galatia*, Hermeneia (Filadelfia: Fortress, 1979), p. 181.

a los gentiles que creen».[21] La ley, en su carácter provisional y transitorio, ha preparado el camino para el cumplimiento de la promesa. Como los creyentes están unidos a Cristo por medio de la fe, ya no están obligados a guardar la ley, ya que «el fin de la ley es Cristo» (Ro. 10:4). Ahora, habiendo sido bautizados en Cristo, se han revestido de Él (Gá. 3:27). Todos son uno en Cristo, más allá de la etnia, el estado social o el sexo. Este es precisamente el énfasis del contexto. Lejos de ser una declaración aislada sobre la abolición de las distinciones sexuales, Gálatas 3:28 representa el clímax dentro del argumento de Pablo sobre la justificación por la fe.[22]

La explicación de Gálatas 3:28

Gálatas 3:28 forma parte de Gálatas 3:26-29 y no puede comprenderse adecuadamente sin tener en cuenta el contexto inmediato. Esta sección se mantiene sola, por así decirlo, y presenta claras marcas de que constituye una unidad independiente.[23] Esto no significa, de ninguna manera, que esté desconectada de la sección anterior (Gá. 3:23-25) ni de la que sigue (Gá. 4:1-7).[24] Sin embargo, al observar el pasaje con detenimiento, hay un cambio notable en el texto que indica que Gálatas 3:26-29 forma una sección distinta. Por ejemplo, los pronombres son diferentes.[25] En la sección anterior, Pablo usa

---

21. Thomas R. Schreiner, *Gálatas*, CEPNT (Barcelona, España: Andamio, 2020), p. 263.

22. Richard Hove, *Equality in Christ? Galatians 3:28 and the Gender Dispute* (Wheaton, IL: Crossway, 1999), p. 39. Para un resumen del análisis riguroso que Hove hace de Gálatas 3:28, véase idem, «Does Galatians 3:28 Negate Gender-Specific Roles?», en *Biblical Foundations for Manhood and Womanhood*, ed. por Wayne A. Grudem, pp. 104-143, FFS (Wheaton, IL: Crossway, 2002).

23. Betz, *Galatians*, p. 181.

24. Hove, *Equality in Christ?*, p. 52.

25. Bruce, *Un comentario de la epístola a los gálatas*, p. 253; Burton, *A Critical and Exegetical Commentary on The Epistle to the Galatians*, p. 202; Hendriksen, *Exposición de Gálatas*, pp. 156-157; Richard N. Longenecker, *Galatians*, WBC 41 (Dallas, TX: Word Books, 1990), p. 151.

la primera persona del plural («nosotros»), mientras que en Gálatas 3:26-29 cambia a la segunda persona del plural («vosotros»).[26] Además, la siguiente sección comienza con una frase en el idioma original que señala una transición en el texto, con un sentido explicativo que profundiza lo dicho en Gálatas 3:26-29.[27] Por esta razón, la Nueva Versión Internacional lo traduce así: «En otras palabras» (Gá. 4:1, NVI).

Pero el argumento más convincente para considerar este pasaje como una unidad independiente es su estructura interna. Hay dos frases que enmarcan el contenido de esta sección. Pablo señala que todos los «hijos de Dios» (Gá. 3:26) son «linaje de Abraham» (Gá. 3:29) por su vinculación con Cristo. Literalmente, la última frase se refiere a los «descendientes» de Abraham.[28] Existe una clara conexión semántica entre el primer y el último versículo de este pasaje, los cuales establecen los límites de la sección.[29] Así, se configura una unidad coherente con una estructura interna bien definida. En su comentario de Gálatas, Richard N. Longenecker observa que hay tres partículas que dividen el texto en tres partes,[30] y cada una introduce un aspecto diferente de la libertad que resulta de una relación correcta con Dios por medio de Cristo. Estas tres realidades —ser 1) hijos de Dios, 2) uno en Cristo y 3) linaje de Abraham— constituyen el clímax del argumento de Pablo sobre la justificación por la fe, y explican el verdadero sentido de Gálatas 3:28.

---

26. Esto es lo mismo que sucede en Gálatas 2:21 y 3:1. Para marcar el inicio de otra sección, Pablo cambia el pronombre de primera persona del singular («[*yo*] no desecho la gracia de Dios») por uno de segunda persona del plural («¡oh gálatas insensatos! ¿quién os fascinó para no obedecer a la verdad, a *vosotros* ante cuyos ojos Jesucristo fue ya presentado claramente entre *vosotros* como crucificado?»).

27. David A. DeSilva, *Galatians: A Handbook on the Greek Text* (Waco, TX: Baylor University Press, 2014), p. 78.

28. «σπέρμα», BDAG, p. 937.

29. Hove, *Equality in Christ?*, p. 53.

30. Longenecker, *Galatians*, p. 151.

Tabla 4.2: Estructura interna de Gálatas 3:26-29

NA28	RVR–60	Realidad de los creyentes
1) γὰρ	[26] *pues* todos sois hijos de Dios por la fe en Cristo Jesús;	Hijos de Dios
2) γὰρ	[27] *porque* todos los que habéis sido bautizados en Cristo, de Cristo estáis revestidos. [28] Ya no hay judío ni griego; no hay esclavo ni libre; no hay varón ni mujer; porque todos vosotros sois uno en Cristo Jesús.	Uno en Cristo
3) ἄρα	[29] Y si vosotros sois de Cristo, *ciertamente* linaje de Abraham sois, y herederos según la promesa.	Linaje de Abraham

La primera parte comienza con la partícula «pues» (Gá. 3:26), que cumple una doble función: es continuativa y explicativa.[31] Por un lado, da continuidad al argumento que Pablo viene desarrollando sobre la justificación por la fe; por otro, introduce una explicación más detallada sobre las implicaciones de esa doctrina. Una vez manifestada la fe en Cristo Jesús, los creyentes ya no están bajo la ley (Gá. 3:25).[32] Ahora *todos,*[33] sin distinción de etnia, condición social o sexo (Gá. 3:28), son «hijos de Dios»

31. *Ibid.*

32. Como lo explica Schreiner en su comentario: «Los creyentes ya no están bajo la ley como un pedagogo, porque la anterior edad de la historia de la salvación se ha acabado, y ahora están justificados por fe. Por tanto, ahora son "hijos" (υἱοί) de Dios. Decir que son hijos de Dios es como decir que han alcanzado la madurez. Sería equivalente a decir que ahora han llegado a la mayoría de edad y han obtenido la herencia prometida». Schreiner, *Gálatas,* p. 263.

33. La posición de πάντες («todos») en griego es enfática. Burton, *A Critical and Exegetical Commentary on The Epistle to the Galatians,* p. 202; George, *Galatians,* p. 273; Lightfoot, *St. Paul's Epistle to the Galatians,* p. 149; Longenecker, p. 151; Schreiner, *Gálatas,* p. 263.

(Gá. 3:26).[34] No hay acepción de personas para todo aquel que cree en Cristo Jesús. En este versículo, Pablo utiliza dos frases preposicionales que modifican el elemento principal de la afirmación. La primera, «por la fe», señala el medio mediante el cual se recibe la salvación. La segunda, «en Cristo Jesús», indica la esfera en la que esa salvación se efectúa: la unión con Cristo.[35] Así, la declaración de Gálatas 3:26 es contundente: los creyentes son hijos de Dios no por las obras de la ley, sino exclusivamente por su unión con Cristo mediante la fe.

La segunda parte de esta sección también comienza con la misma partícula en el texto griego (Gá. 3:27), al igual que el versículo anterior. Sin embargo, la RVR–60 la traduce con un sentido más causal («porque»). Esto se debe a que a veces cuando esta partícula se repite en el mismo contexto confirma lo que se dijo anteriormente.[36] En Gálatas 3:27-28, Pablo está explicando cómo es posible que los creyentes son hijos de Dios (Gá. 3:26).[37] Su respuesta consiste en una elaboración del bautismo. Esta expresión no es una referencia al acto exterior del bautismo en agua, sino al acto interior del bautismo en el Espíritu (Ro. 6:3-11). Hay dos razones básicas que corroboran esta interpretación. En primer lugar, Pablo equipara el ser bautizado con estar revestido de Cristo.[38] Esta es una manera gráfica de describir la nueva naturaleza justa de los creyentes (Ef. 4:24; Col. 3:10).[39] Ronald Y. K. Fung argumenta

34. Ronald Y. K. Fung, *The Epistle to the Galatians*, NICNT (Grand Rapids: Eerdmans, 1988), p. 170.

35. DeSilva, *Galatians*, p. 76.

36. «γάρ», BDAG, p. 189.

37. Burton, *A Critical and Exegetical Commentary on The Epistle to the Galatians*, p. 204; DeSilva, *Galatians*, p. 76; Fung, *The Epistle to the Galatians*, p. 172; Johnson, «Role Distinctions in the Church», p. 157; Lightfoot, *St. Paul's Epistle to the Galatians*, p. 149; Longenecker, *Galatians*, p. 154.

38. Bruce, *Un comentario de la epístola a los gálatas*, p. 257.

39. James D. G. Dunn lo expresa de la siguiente manera: «"Vestirse de Cristo" no es más que un uso figurativo para describir de modo más expresivo la transformación espiritual que le hace a uno ser cristiano». James D. G. Dunn, *Baptism in the Holy Spirit* (Londres: SCM Press, 1977), p. 110.

que Pablo probablemente derivó esta metáfora de la tradición hebrea en donde el revestimiento representaba un cambio interior y espiritual más que exterior y físico (cp. Is. 61:10).[40]

La otra razón es que el argumento principal de Pablo en esta epístola es que la promesa que le fue dada a Abraham es superior a la ley mosaica (Gá. 3:15-18). El énfasis está en el cumplimiento de la promesa en Cristo. El propósito de la ley ahora se ha cumplido y los creyentes están «bajo la gracia» (Ro. 6:14). De modo que iría en contra del argumento de Pablo apelar al bautismo en agua como la forma de apropiarse de la salvación en Cristo puesto que nadie es justificado por las obras de la ley.[41] Como señala el pastor y maestro John MacArthur: «En ninguna parte de la Biblia se enseña que la salvación tenga algo que ver con el bautismo físico, mucho menos aquí en Gálatas, donde el mensaje central es la salvación solo por fe, sin añadiduras ni arandelas».[42] En efecto, la salvación no depende de actos externos, y ninguna ceremonia, incluida la del bautismo en agua, tiene el poder de justificar a alguien delante de Dios. El énfasis de esta sección, en plena coherencia con el propósito de la epístola, está en la identificación espiritual con Cristo mediante la fe.[43]

Este es el bautismo que une a los creyentes con Cristo y, por consiguiente, con la iglesia, que es su cuerpo (Gá. 3:28). Hay una unidad sin igual dentro del cuerpo de Cristo. Pablo señala que todos los que creen en Cristo Jesús son uno. Esta es la razón por la que «no hay judío ni griego; no hay esclavo ni libre; no hay varón

---

40. Fung, *The Epistle to the Galatians*, p. 172.

41. En las palabras de John R. W. Stott: «Debemos darle a Pablo crédito por tener una teología coherente. Toda esta epístola está dedicada al tema de que somos justificados por la fe, no por la circuncisión. Es inconcebible que Pablo sustituya ahora la circuncisión por el bautismo y enseñe que estamos en Cristo por el bautismo. El apóstol claramente establece la *fe* como el medio de nuestra unión con Cristo. Menciona fe cinco veces en este párrafo, pero bautismo solo una vez». John R. W. Stott, *The Message of Galatians: Only One Way* (Downers Grove, IL: InterVarsity Press, 1968), p. 99.

42. MacArthur, *Gálatas, Efesios*, pp. 131-132.

43. Betz, *Galatians*, p. 187.

ni mujer» (Gá. 3:28).[44] La identificación espiritual con Cristo por medio de la fe incorpora a los creyentes a la familia de Dios. Todos son hijos de Dios y miembros del mismo cuerpo más allá de la etnia, estado social o sexo.[45] Pero esto no significa que todas las distinciones dejen de existir en la iglesia. La expresión «vosotros sois uno en Cristo Jesús» (Gá. 3:28) no equivale a decir «vosotros sois iguales en Cristo Jesús». Esto está muy lejos del significado más básico de la palabra «uno» en griego.[46]

Por lo general, la palabra «uno» conlleva la idea de «único», «una vez por todas», «singular», «unánime», «uno de muchos», o «solo uno».[47] Pero en ningún pasaje del Nuevo Testamento significa «igual». Hay otra palabra completamente diferente en el idioma original que denota esta idea.[48] Esto es sumamente importante porque si Pablo hubiese querido establecer la igualdad de funciones entre el hombre y la mujer en la iglesia, tenía una palabra a su disposición para hacerlo.[49] En cambio, utilizó la palabra «uno» que, en esencia, contrasta las partes con el todo.[50] Por esta razón, Pablo yuxtapone la expresión «vosotros sois *uno* en Cristo

---

44. Ben Witherington III, «Rite and Rights for Women», *NTS* 27 (1981), p. 596. Aunque la última parte de Gálatas 3:28 también comienza con la partícula γὰρ («porque») en el texto griego, no introduce necesariamente otro aspecto de la libertad que viene como resultado de tener una relación correcta con Dios por medio de Cristo. Por su posición y función es mejor interpretar esta partícula como un simple indicador que proporciona la razón de por qué «no hay judío ni griego; no hay esclavo ni libre; no hay varón ni mujer» (Gá. 3:28). En otras palabras, Pablo está repitiendo en términos positivos lo que acaba de establecer en términos negativos. DeSilva, *Galatians*, p. 77.

45. Schreiner, *Gálatas*, p. 264.

46. Para un análisis léxico más riguroso, véase Hove, *Equality in Christ?*, pp. 70-76, 107-116. Véase también, Ann Coble, «The Lexical Horizon of "One in Christ": The Use of Galatians 3:28 in the Progressive-Historical Debate over Women's Ordination» (Tesis de maestría en teología, Covenant Theological Seminary, 1995).

47. «εἷς», en TDNT, p. 434.

48. «ἴσος», BDAG, pp. 480-481.

49. Andreas J. Köstenberger y Margaret E. Köstenberger, *God's Design for Man and Woman: A Biblical-Theological Survey* (Wheaton, IL: Crossway, 2014), p. 164.

50. «εἷς», BDAG, p. 291.

Jesús» con «no hay *judío* ni *griego*; no hay *esclavo* ni *libre*; no hay *varón* ni *mujer*» (Gá. 3:28). Su foco de atención está en la unidad que existe en todo el cuerpo de Cristo por encima de las partes que lo componen como resultado de la justificación por la fe.

Hay muchos otros pasajes en el Nuevo Testamento que confirman esta interpretación:

> Así que no son ya más dos, sino *una sola carne*; por tanto, lo que Dios juntó, no lo separe el hombre (Mt. 19:6).

> Mis ovejas oyen mi voz, y yo las conozco, y me siguen, y yo les doy vida eterna; y no perecerán jamás, ni nadie las arrebatará de mi mano. Mi Padre que me las dio, es mayor que todos, y nadie las puede arrebatar de la mano de mi Padre. Yo y el Padre *uno somos* (Jn. 10:27-30).

> Y ya no estoy en el mundo; mas estos están en el mundo, y yo voy a ti. Padre santo, a los que me has dado, guárdalos en tu nombre, para que *sean uno*, así como nosotros (Jn. 17:11).

> Porque de la manera que en un cuerpo tenemos muchos miembros, pero no todos los miembros tienen la misma función, así nosotros, siendo muchos, *somos un cuerpo* en Cristo, y todos miembros los unos de los otros (Ro. 12:4-5).

> Yo planté, Apolos regó; pero el crecimiento lo ha dado Dios. Así que ni el que planta es algo, ni el que riega, sino Dios, que da el crecimiento. Y el que planta y el que riega son *una misma cosa*; aunque cada uno recibirá su recompensa conforme a su labor. Porque nosotros somos colaboradores de Dios, y vosotros sois labranza de Dios, edificio de Dios (1 Co. 3:6-9).

> La copa de bendición que bendecimos, ¿no es la comunión de la sangre de Cristo? El pan que partimos, ¿no es la comunión del cuerpo de Cristo? Siendo uno solo el pan, nosotros, con ser muchos, *somos un cuerpo*; pues todos participamos de aquel mismo pan (1 Co. 10:16-17).

Es evidente que la palabra «uno» no denota igualdad. El que planta tiene una función completamente diferente al que riega. De hecho, cada uno tiene una recompensa particular (1 Co. 3:8). Los miembros del cuerpo de Cristo son distintos respecto a sus dones (Ro. 12:4). Incluso en la Trinidad las funciones son diferentes porque está compuesta de tres personas diferentes. Juan 10:29 dice que todos los creyentes son un regalo del Padre al Hijo (cp. Jn. 6:37, 39, 44). No obstante, el énfasis de la palabra «uno» recae sobre la unidad que los caracteriza. Aunque son personas diferentes con funciones diferentes, hay algo en común entre ellas. En el caso de la Trinidad es su naturaleza divina. En la iglesia, los miembros son parte de un mismo cuerpo. De igual modo, tanto el que planta como el que riega comparten un solo objetivo. Todo lo que esta palabra dice es que hay algo en común que las une. Pero es un error afirmar que la unidad demanda igualdad en todo sentido. Esto no sucede en ninguno de los ejemplos mencionados anteriormente y mucho menos en Gálatas 3:28.[51]

El elemento unificador en este pasaje es Cristo. Por eso Pablo inmediatamente después de describir la unidad sin igual que caracteriza a los creyentes agrega la frase preposicional «en Cristo Jesús». Toda la sección —de principio a fin— apunta a este elemento en común.[52] En Gálatas 3:26, Pablo utiliza la misma frase preposicional que aparece en Gálatas 3:28.[53] Dos veces se refiere

51. Hove, *Equality in Christ?*, pp. 75-76.
52. Longenecker, *Galatians*, p. 151.
53. Para un resumen de las variantes de la frase preposicional ἐν Χριστῷ Ἰησοῦ («en Cristo Jesús»), véase N. T. Wright, *The Climax of the Covenant: Christ and the Law in Pauline Theology* (Filadelfia,PA: Fortress, 1991), pp. 44-45.

a Cristo en Gálatas 3:27. Y, por último, el apóstol señala que los creyentes pertenecen a Cristo en Gálatas 3:29. Esta insistencia en la persona de Cristo es muy común en las epístolas de Pablo, pero es particularmente relevante en el argumento de Gálatas. Cristo es el cumplimiento de la promesa que le fue dada a Abraham (Gá. 3:8). Como lo expresa Walter Bartling: «Todo lo que Dios ha planeado para la salvación del hombre caído, todo lo que ha hecho en la historia para la redención del hombre, lo ha planeado y ejecutado *en Cristo Jesús*».[54]

Tabla 4.3: Uso de Cristo en Gálatas 3:26-29

NA28	RVR–60
1) ἐν Χριστῷ Ἰησοῦ	26 pues todos sois hijos de Dios por la fe *en Cristo Jesús;*
2) εἰς Χριστὸν 3) Χριστὸν	27 porque todos los que habéis sido bautizados *en Cristo, de Cristo* estáis revestidos.
4) ἐν Χριστῷ Ἰησοῦ	28 Ya no hay judío ni griego; no hay esclavo ni libre; no hay varón ni mujer; porque todos vosotros sois uno *en Cristo Jesús.*
5) Χριστοῦ	29 Y si vosotros sois *de Cristo,* ciertamente linaje de Abraham sois, y herederos según la promesa.

En el cuerpo de la epístola (Gá. 3–4), Pablo vincula el corazón del evangelio con Cristo y señala que «por la ley *ninguno* se justifica para con Dios» (Gá. 3:11). Antes bien, «Cristo nos redimió de la maldición de la ley, hecho por nosotros maldición» (Gá. 3:13). Debido a que es imposible que alguien se justifique aparte de

54. Walter Bartling, «The New Creation in Christ», *CTM* 21 (1950), p. 402 (énfasis añadido).

Cristo, la salvación es mucho más que un asunto individual. La fe incorpora al creyente a la familia de Dios, en la cual hay judíos y griegos, esclavos y libres, varones y mujeres.[55] No importa cuál sea la identidad étnica, social o sexual, todos los que se identifican espiritualmente con Cristo son verdaderamente hijos de Dios. Cristo es el elemento unificador por medio de quien los creyentes reciben la misma justicia de Dios (Ro. 3:22). No hay ninguna distinción entre los creyentes en la *manera* en que se incorporan a la familia de Dios porque nadie es justificado aparte de Cristo Jesús.[56] Pero esto de ningún modo significa que ya no existan diferencias.[57]

Por ejemplo, todavía hay distinciones étnicas en la iglesia. En Romanos, Pablo explica que las diferencias entre judíos y gentiles no han sido totalmente eliminadas (Ro. 9:1–11:36). Un judío sigue siendo judío aún cuando es justificado por la fe en Cristo Jesús. No pierde su identidad étnica.[58] De hecho, al final de Gálatas, el apóstol se despide con las siguientes palabras: «Y a todos los que anden conforme a esta regla, paz y misericordia sea a ellos, y *al Israel de Dios*» (Gá. 6:16). Esta bendición al final distingue a los judíos cristianos de Galacia de los que habían caído en el error de los judaizantes (Gá. 1:6).[59] Aquí es importante señalar

55. Es muy posible que Pablo haya escogido estas tres distinciones para contrarrestar las tres supuestas bendiciones que los varones judíos habían recibido y por las cuales debían estar agradecidos todos los días, siguiendo esta oración del Talmud: «[Bendito sea Dios] quien no me hizo un gentil; quien no me hizo mujer; y quien no me hizo un ignorante [es decir, un esclavo]». *Menajot* 43b. Bruce, *Un comentario de la epístola a los gálatas*, p. 258; Cole, *Galatians*, p. 156; Fung, *The Epistle to the Galatians*, p. 175; Johnson, «Role Distinctions in the Church», p. 158; Longenecker, *Galatians*, p. 157. Para una evaluación de la perspectiva que tenía Cristo hacia esta actitud del judaísmo, véase el capítulo tres, escrito por William Varner: «Cristo en su contexto».

56. Fung, *The Epistle to the Galatians*, p. 176; Pérez Millos, *Gálatas*, p. 359.

57. George, *Galatians*, p. 289; MacArthur, *Gálatas, Efesios*, p. 133; Stott, *The Message of Galatians*, pp. 100-101.

58. Johnson, «Role Distinctions in the Church», p. 159; Köstenberger, *God's Design for Man and Woman*, pp. 164, 166.

59. Michael J. Vlach, *Has the Church Replaced Israel? A Theological Evaluation* (Nashville: Broadman & Holman Publishers, 2010), p. 144.

que Pablo los identifica como parte de la nación de Israel. Evidentemente la identidad étnica de los creyentes permanece intacta en la iglesia. Gálatas 3:28 no proclama la abolición absoluta de estas distinciones sino solo su irrelevancia para la participación en el bautismo del Espíritu Santo y la plena membresía en la comunidad cristiana.[60]

Lo mismo sucede con las distinciones sociales: todavía hay diferencias económicas en la iglesia. La Biblia en ninguna parte enseña una especie de «comunismo cristiano» en donde los miembros están obligados a repartir sus bienes personales. Ni siquiera en su mejor momento la iglesia promovió esto (cp. Hch. 4:34-35).[61] En aquella época había diferencias marcadas entre esclavos y libres (1 Co. 7:17-24). Por esta razón, Pablo dijo a los esclavos cristianos que fueran obedientes a sus amos «como a Cristo», y a los amos cristianos y libres que hicieran «con ellos lo mismo, dejando las amenazas, sabiendo que el Señor de ellos y vuestro está en los cielos, y que para él no hay acepción de personas» (Ef. 6:5, 9; cp. Col. 3:22-25). En ningún momento Pablo hizo un llamado a abolir la autoridad o la sumisión en el trabajo en nombre de la igualdad en Cristo. Muy por el contrario, siempre animó a los creyentes a vivir vidas revestidas de Cristo sin importar el contexto.[62]

---

60. Troy W. Martin, «The Covenant of Circumcision (Genesis 17:9-14) and the Situational Antitheses in Galatians 3:28», *JBL* 122 (2003), p. 122.

61. Véase la explicación de Bryan Murphy en el capítulo seis: «La mujer en el presente».

62. Algunos a menudo argumentan que, al igual que la esclavitud, la iglesia también debe abolir toda diferenciación relacionada con el sexo. Sin embargo, es importante señalar que no todos los pares de Gálatas 3:28 son iguales en el idioma original. La estructura gramatical del último de los tres pares dice literalmente «no hay judío ni griego; no hay esclavo ni libre; no hay varón *y* mujer». Esta ligera variante en el texto refleja sin duda la lectura de Génesis 1:27. En la versión griega del Antiguo Testamento, también conocida como la Septuaginta, ambas frases son iguales («ἄρσεν καὶ θῆλυ»). Esto indica que Pablo estaba recordando el diseño original de Dios *antes* de la caída. En otras palabras, las distinciones sexuales que hay entre el varón y la mujer no son el resultado de la entrada del pecado en el mundo como sí lo son las diferencias que existen entre

De igual modo, Pablo nunca borró las distinciones sexuales que hay entre el varón y la mujer. Esto es algo que Bruce mismo reconoce en su comentario de Gálatas. «En Cristo Jesús no queda abolida su diferenciación».[63] Sin embargo, Bruce también señala que en Gálatas 3:28 Pablo está nivelando las funciones entre el varón y la mujer en la iglesia.[64] El problema con esta interpretación igualitaria es que no toma en consideración el contexto del pasaje. Pablo está enfatizando la unidad en la iglesia que viene como resultado de la justificación por la fe. No hay diferencia en la manera en que los creyentes se incorporan a la familia de Dios. Pero de ahí a decir que las funciones entre el varón y la mujer son iguales es un argumento infundado y antibíblico.[65] Este no es el foco de Gálatas 3:28.[66] La discusión aquí no gira entorno al liderazgo de la iglesia ni a quién puede ejercerlo, sino a la membresía de la iglesia.[67] El punto es que *todos* pueden ser parte del

---

esclavos y libres. De modo que Gálatas 3:28 no puede utilizarse legítimamente para abolir los roles que Dios mismo ha establecido entre el hombre y la mujer desde el principio. Stephen B. Clark, *Man and Woman in Christ: An Examination of the Roles of Men and Women in Light of Scripture and the Social Sciences* (Ann Arbor, MI: Servant, 1980), pp. 155-172; Köstenberger, *God's Design for Man and Woman*, pp. 166-168; George, *Galatians*, pp. 289-290; Schreiner, *Gálatas*, p. 266.

63. Bruce, *Un comentario de la epístola a los gálatas*, p. 261.

64. *Ibid.*

65. Insistir en que las restricciones de Pablo en 1 Corintios 14:34 y 1 Timoteo 2:11 tienen que entenderse de acuerdo con Gálatas 3:28 es crear un canon dentro de otro canon. Es elevar de manera injustificada este pasaje por encima de los demás. Esto denigra la suficiencia de la Biblia y excluye aquello que Dios ha inspirado (2 Ti. 3:16-17). Para una explicación detallada de las restricciones de Pablo, véase el capítulo cinco, escrito por Luis Contreras: «La prohibición de Pablo».

66. Ni siquiera el pasaje paralelo de Gálatas 3:28 menciona la expresión «varón o hembra». Primera de Corintios 12:13 dice: «Porque por un solo Espíritu fuimos todos bautizados en un cuerpo, sean *judíos o griegos*, sean *esclavos o libres*; y a todos se nos dio a beber de un mismo Espíritu». Esto indica que Pablo no está preocupado primordialmente en las distinciones sexuales.

67. Philip B. Payne llega a la siguiente conclusión totalmente injustificada por el contexto: «La exclusión de todas las mujeres del liderazgo eclesiástico o de la enseñanza en la iglesia es precisamente el tipo de división que Gálatas 3:28 repudia. *Excluir a las mujeres del liderazgo de la iglesia es una restricción aún mayor que no comer con los gentiles* [...] Si apartarse de la comunión de la mesa con los gentiles va en contra del evangelio (Gá. 2:11-14), excluir a los gentiles, a

cuerpo de Cristo independientemente de la etnia, estado social o sexo que los identifique.

Pablo vuelve a reiterar esta verdad en la tercera y última parte de esta sección, en donde establece —a manera de conclusión— que todos los creyentes son descendientes de Abraham por su identificación espiritual con Cristo:[68] «Y si vosotros sois de Cristo, ciertamente linaje de Abraham sois, y herederos según la promesa» (Gá. 3:29). Estar en Cristo es todo lo que se necesita para heredar la promesa de la justificación por la fe hecha a Abraham (Gá. 3:6-9).[69] Los judaizantes enseñaban que para tener una relación correcta con Dios había que cumplir con ciertas obras de la ley. Pero Pablo arranca de raíz este error y señala la superioridad de la fe (Gá. 3:15-18). La promesa de salvación declaradamente pertenece a todos los que están en Cristo (Gá. 3:21-22). La etnia

---

los esclavos o a las mujeres del liderazgo de la iglesia *es aún mucho más contrario al evangelio*». Philip B. Payne, *The Bible vs. Biblical Womanhood: How God's Word Consistently Affirms Gender Equality* (Grand Rapids: Zondervan, 2023), p. 105 (énfasis añadido).

68. A pesar de que aquí no se utiliza γὰρ como en las otras dos partes (Gá. 3:26-27), la partícula ἄρα ("ciertamente") introduce el último resultado de tener una relación correcta con Dios por medio de Cristo. «ἄρα», BDAG, p. 127. En la NBLA se traduce como «entonces», identificando la consecuencia lógica de pertenecer a Cristo (Gá. 3:29a) y, muy posiblemente también, la conclusión final del argumento que Pablo viene desarrollando sobre la doctrina de la justificación por la fe desde Gálatas 3:6. DeSilva, *Galatians*, p. 77; Hove, *Equality in Christ?*, p. 87; Longenecker, *Galatians*, p. 158; Schreiner, *Gálatas*, p. 266.

69. Sugerir que los gentiles cristianos heredan las promesas nacionales dadas a los judíos y que la iglesia sustituye a Israel es forzar una interpretación de este pasaje que no tiene base. MacArthur hace la siguiente observación de Gálatas 3:29: «Esta no es una referencia a las promesas dadas a Abraham con relación a la tierra (Gn. 12:1; 13:14-15; 17:8), sino que se refiere a las bendiciones espirituales que vienen a todos los que, al ser justificados por la fe tal como Abraham lo fue (Gn. 15:6; Ro. 4:3-11), heredarán las promesas espirituales dadas a Abraham. No todos los descendientes físicos de Abraham recibirán las promesas de salvación (Ro. 9:6-11), pero muchos que no son de la simiente física de Abraham las recibirán al acercarse a Dios por fe como él lo hizo, y de esa manera se convierten ciertamente en linaje espiritual de Abraham». MacArthur, *Gálatas, Efesios*, p. 135. Véase también, Michael Riccardi, «The Seed of Abraham: A Theological Analysis of Galatians 3 and Its Implications for Israel», *MSJ* 25 (2014), pp. 51-64; Robert L. Saucy, *The Case for Progressive Dispensationalism: The Interface Between Dispensational and Non-Dispensational Theology* (Grand Rapids: Zondervan, 1993), pp. 42-46.

no es un elemento que Dios considera para ser justificado. Tampoco lo es el estado social ni el sexo. Solo Cristo es el elemento unificador que determina que un creyente sea incorporado a la familia de Dios. De esto trata Gálatas 3:28. La postura igualitaria solo oscurece el resplandor de esta asombrosa realidad de salvación disponible a todos los que creen en Cristo.[70]

CONCLUSIÓN

No hay ninguna razón para afirmar que Gálatas 3:28 apoya la postura igualitaria. Este pasaje no dice nada acera del rol de la mujer en la iglesia. Incluso el prolífico erudito N. T. Wright admite esto a pesar de defender dicha postura. En una conferencia sobre el rol de la mujer en la iglesia, dijo: «Lo primero que hay que decir es bastante obvio, pero hay que decirlo de todos modos. Gálatas 3 no trata acerca del ministerio».[71] El foco de atención de Gálatas 3:28 está en la membresía de la iglesia. Hay otros pasajes como, por ejemplo, 1 Corintios 14:33b-35 y 1 Timoteo 2:11-15, que hablan directamente de la mujer y el ministerio pastoral. De modo que es totalmente ilegítimo elevar Gálatas 3:28 por encima de los demás pasajes del Nuevo Testamento y considerarlo como el más importante de todos en lo que concierne al rol de la mujer en la iglesia. Emplear un acercamiento como tal es rehusar escuchar a Pablo en sus propios términos.

Todo el argumento de Pablo gira entorno a la doctrina de la justificación por la fe. Gálatas 3:28 no puede entenderse correctamente sin considerar esto. Uno de los tres aspectos de la libertad que viene como resultado de tener una relación correcta con Dios por medio de Cristo es la unidad. Pero la unidad no implica uniformidad. Todavía existen diferencias en la iglesia.

70. Johnson, «Role Distinctions in the Church», p. 160.

71. N. T. Wright, «Women's Service in the Church: The Biblical Basis», Symposium on Men, Women and the Church, Durham, United Kingdom, 4 de septiembre de 2004.

La postura igualitaria no hace justicia al texto cuando niega las diferencias en función que hay entre el hombre y la mujer. Pablo aquí está preservando la unidad complementaria que Dios mismo ha establecido desde el principio entre los sexos (Gn. 1:27). Tanto hombres como mujeres pueden ser parte de la membresía de la iglesia. Ambos se incorporan a la familia de Dios de la misma manera. Esto de ningún modo significa que ahora haya completa igualdad en sus funciones religiosas. La Biblia prohíbe que las mujeres se involucren en el ministerio pastoral, tal como Luis Contreras explica en el siguiente capítulo. Pero ninguna de las prohibiciones es un impedimento para la unidad que el evangelio produce en Cristo.

5

LA PROHIBICIÓN DE PABLO

Luis Contreras, D.Min.

Uno de los temas más debatidos hoy en la iglesia es si el apóstol Pablo prohibió en las Escrituras que la mujer ejerza como pastora, predicadora o maestra de hombres, y si dicha prohibición —en caso de existir— sigue siendo aplicable en la actualidad. Lamentablemente, el auge del movimiento feminista en las últimas décadas no ha hecho más que intensificar este debate.[1] Por

1. Algunas feministas sostienen que Pablo encarna la expresión más acabada de la arrogancia masculina y la misoginia eclesiástica. Por ejemplo, Simone de Beauvoir declara: «La ideología cristiana ha contribuido en gran medida a la opresión de la mujer [...] A partir de San Pablo, la tradición judía —salvajemente antifeminista— fue reafirmada. San Pablo se complacía en la abnegación y la discreción de las mujeres. Basaba la sumisión de la mujer al hombre tanto en el Antiguo como en el Nuevo Testamento [...] En una religión que considera que la carne está maldita, la mujer se convierte en la tentación más temible del diablo». Simone de Beauvoir, *The Second Sex*, trad. por H. M. Parshley (Nueva York, NY: Alfred A. Knopf, 1975), p. 97. De forma similar, Lucy Komisar afirma: «San Pablo, considerado uno de los principales enemigos de las mujeres de su época, dijo que el hombre no fue creado para la mujer, sino que la mujer fue creada para el hombre. También aborrecía el sexo y decía: "Bueno le sería al hombre no tocar mujer". Sin embargo, recomendaba que las personas se casaran si no podían dominar sus instintos sexuales ("mejor es casarse que estarse

un lado, están quienes sostienen la postura *igualitaria*, afirmando que la mujer es igual al hombre tanto en su naturaleza como en sus funciones. Esta perspectiva, aunque muchas veces se presenta como una mera reivindicación de derechos, deriva directamente del pensamiento feminista.[2] Por otro lado, se encuentran quienes defienden la postura *complementaria*, argumentando que el hombre y la mujer son iguales en cuanto a dignidad y esencia, pero diferentes en los roles que Dios les ha asignado.

En el Nuevo Testamento, hay dos pasajes clave que abordan esta cuestión de forma explícita:

> Como en todas las iglesias de los santos, vuestras mujeres callen en las congregaciones; porque no les es permitido hablar, sino que estén sujetas, como también la ley lo dice. Y si quieren aprender algo, pregunten en casa a sus maridos; porque es indecoroso que una mujer hable en la congregación (1 Co. 14:33b-35).

> La mujer aprenda en silencio, con toda sujeción. Porque no permito a la mujer enseñar, ni ejercer dominio sobre el hombre, sino estar en silencio. Porque Adán fue for-

---

quemando"). Tampoco le gustaban las mujeres que hablaban por sí mismas —especialmente cuando no estaban de acuerdo con los hombres—. "La mujer aprenda en silencio, con toda sujeción", declaró. "Las casadas estén sujetas a sus propios maridos". La carta de instrucciones de San Pablo a los corintios determinó que el lugar de la mujer está abajo. Les dijo: "Cristo es la cabeza de todo varón, y el varón es la cabeza de la mujer"». Lucy Komisar, *The New Feminism* (Nueva York, NY: Franklin Watts, 1971), p. 61. Resulta difícil tomar en serio estas acusaciones cuando quienes las formulan —principalmente feministas de línea liberal— rechazan de plano la autoridad de las Escrituras. Como lo expresa con claridad Marcella María Althaus-Reid: «La Biblia, con su tradición patriarcal, no puede ser una fuente de autoridad espiritual para las mujeres». Marcella Maria Althaus-Reid, *Controversies in Feminist Theology*, CCT (Londres: SCM Press, 2007), p. 52. Véase también, Daphne Hampson, *Theology and Feminism* (Oxford: Blackwell, 1990), pp. 39, 41.

2. Michelle Lee-Barnewall, *Neither Complementarian nor Egalitarian: A Kingdom Corrective to the Evangelical Gender Debate* (Grand Rapids: Baker Books, 2016), pp. 55-56; Margaret E. Köstenberger, «A Critique of Feminist and Egalitarian Hermeneutics and Exegesis: With Special Focus on Jesus' Approach to Women» (Disertación doctoral, University of South Africa, 2006), pp. 24, 35.

> mado primero, después Eva; y Adán no fue engañado, sino que la mujer, siendo engañada, incurrió en transgresión. Pero se salvará engendrando hijos, si permaneciere en fe, amor y santificación, con modestia (1 Ti. 2:11-15).

No todos los creyentes concuerdan en cuanto al significado y la aplicación de estos pasajes en la vida de la iglesia. Esta diversidad de opiniones revela que el problema es fundamentalmente de índole interpretativa.[3] Las diferencias no surgen simplemente por una lectura superficial, sino por marcos hermenéuticos profundamente distintos que influyen en la manera en que se entienden y aplican las enseñanzas bíblicas. El profesor Robert K. Johnston lo resume bien:

> Detrás de las aparentes diferencias de enfoque y opinión sobre la cuestión de la mujer hay principios opuestos de interpretación de las Escrituras, es decir, hermenéuticas diferentes. Este es el verdadero problema al que se enfrenta la teología evangélica cuando trata de responder [esta] cuestión.[4]

Por tanto, antes de explorar las implicaciones del pensamiento paulino, es indispensable establecer con claridad cuál es la hermenéutica adecuada para abordar este tema.

La importancia de una hermenéutica correcta

Una de las principales razones por las que la postura igualitaria sostiene que las diferencias funcionales entre el hombre y la mujer no son aplicables en la actualidad es que tiende a considerar

---

3. Paul W. Felix, «The Hermeneutics of Evangelical Feminism», *MSJ* 5 (1994), p. 162; C. Powell, «A Stalemate of Genders? Some Hermeneutical Reflections», *Them* 17 (1992), p. 15. Véase también, David M. Scholer, «Feminist Hermeneutics and Evangelical Biblical Interpretation», *JETS* 30 (1987), pp. 407-420.

4. Robert K. Johnston, «The Role of Women in the Church and Family: The Issue of Biblical Hermeneutics», en *Evangelicals at an Impasse: Biblical Authority in Practice*, ed. por Robert K. Johnston, pp. 48-76 (Eugene, OR: Wipf & Stock, 2020), p. 50.

que las tendencias sociales contemporáneas tienen la autoridad de corregir las interpretaciones del pasado.[5] El mismo Robert K. Johnston afirma que «la interpretación de las Escrituras debe permitir ser *actualizada continuamente* a medida que se deducen implicaciones necesarias».[6] En otras palabras, desde esta perspectiva, la historia de la interpretación bíblica no solo puede, sino que debe arrojar nueva luz sobre un pasaje determinado, y por tanto, requiere una revisión constante.[7] Esta postura suele justificarse a través del tema de la esclavitud.[8] Craig S. Keener, uno de los comentaristas evangélicos más prolíficos de la actualidad, resume este tipo de razonamiento hermenéutico de la siguiente manera:

> Los que hoy admiten que la esclavitud está mal, pero siguen manteniendo que los maridos deben tener autoridad sobre sus esposas son inconsistentes. Si fueran consistentes con su propio método de interpretación, que no tiene suficientemente en cuenta las diferencias culturales, es probable que, si hubieran vivido hace ciento cincuenta años atrás, habrían tenido que oponerse a los abolicionistas como subversores del orden moral —como muchos de los propietarios de esclavos blancos que citaban la Biblia—. Muchas de las tradicio-

---

5. Powell, «A Stalemate of Genders?», p. 19.

6. Johnston, «The Role of Women in the Church and Family», p. 74 (énfasis añadido).

7. W. Ward Gasque, «The Role of Women in the Church, in Society and in the Home», *Crux* 19 (1983), p. 9.

8. Clarence Boomsma, *Male and Female, One in Christ: New Testament Teaching on Women in Office* (Grand Rapids: Baker Books, 1993), pp. 43-52; Kevin Giles, «The Biblical Argument for Slavery: Can the Bible Mislead? A Case Study in Hermeneutics», *EvQ* 66 (1994), pp. 3-17; Craig S. Keener, *Paul, Women, and Wives: Marriage and Women's Ministry in the Letters of Paul* (Grand Rapids: Baker Books, 1992), pp. 184-224. Para un breve análisis de este principio hermenéutico, véanse Felix, «The Hermeneutics of Evangelical Feminism», pp. 171-173; John Piper y Wayne A. Grudem, eds., «An Overview of Central Concerns: Questions and Answers», en *Recovering Biblical Manhood & Womanhood: A Response to Evangelical Feminism*, ed. por John Piper y Wayne A. Grudem, pp. 60-92 (Wheaton, IL: Crossway, 2006), pp. 65-66.

> nes que hoy utilizan las Escrituras para hacer que las mujeres se subordinen hicieron lo mismo con la esclavitud antes de que esa idea fuera anatema en nuestra cultura. En cambio, el método de interpretación que se promueve en este libro se acerca más a los métodos promovidos por los abolicionistas.[9]

Este argumento, aunque retóricamente atractivo, contiene serios problemas. En primer lugar, el paralelismo entre la esclavitud y los roles del hombre y la mujer es superficial y engañoso. Es cierto que algunos propietarios de esclavos del siglo XIX apelaban a la Biblia para justificar sus prácticas, pero la similitud formal entre su retórica y la de la postura complementaria no implica una equivalencia sustancial. Cuando Pablo enseña sobre las funciones del hombre y la mujer, lo hace en el contexto del diseño original de Dios en la creación (Ef. 5:31). Estas diferencias están enraizadas en una institución buena, santa y anterior a la caída: el matrimonio. Tal como se declara en Génesis: «Y vio Dios todo lo que había hecho, *y he aquí que era bueno en gran manera*» (Gn. 1:31). Esto no es así con la esclavitud, una institución que

9. Keener, *Paul, Women, and Wives*, pp. 207-208. En la misma línea, Clarence Boomsma señala que «hay varios elementos comparables que sugieren dicho paralelismo. Como hemos visto, en Gálatas 3:28 las distinciones entre esclavo y libre y varón y mujer —aunque siguen existiendo— son anuladas por la igualdad en Cristo en la iglesia. Las instrucciones en las epístolas de Pablo alteran notablemente las relaciones entre esclavos y amos, y entre maridos y esposas, como en Efesios 5:22-33. Asimismo, Pablo pone restricciones tanto para los esclavos como para las mujeres, al instruir a los esclavos que obedezcan a sus amos y a las mujeres que se sometan a sus maridos y se abstengan de ejercer la igualdad en los oficios de autoridad en la congregación. Lo que es de gran importancia es el paralelismo que hay entre los argumentos en los que el apóstol fundamenta sus instrucciones tanto para los esclavos como para las mujeres. En 1 Timoteo 6:1 insta a los esclavos a respetar a sus amos "para que no sea blasfemado el nombre de Dios y la doctrina". En Tito 2:5 les pide a las mujeres que se sometan a sus maridos "para que la palabra de Dios no sea blasfemada"». Boomsma, *Male and Female, One in Christ*, p. 48. A pesar de que hay ciertos elementos que son comparables, el paralelismo en última instancia es insostenible porque «la esclavitud no está arraigada en ninguna ordenanza de la creación, mientras que [...] el matrimonio sí lo está». Piper y Grudem, eds., «An Overview of Central Concerns», p. 65.

nace del pecado y es incompatible con el diseño de Dios (Éx. 21:16; 1 Ti. 1:10).

Más aún, podría argumentarse que la forma en la que algunos propietarios de esclavos manipularon la Biblia se asemeja más a la postura igualitaria que al modelo complementario. Ambas formas de argumentación —la esclavitud del siglo XIX y el feminismo actual— apelan a las Escrituras para alinearse con los valores dominantes de su época. En aquel tiempo fue la esclavitud, hoy es el feminismo. Pablo advirtió claramente acerca del peligro de conformarse a los moldes culturales en Romanos 12:2: «*No os conforméis a este siglo,* sino transformaos por medio de la renovación de vuestro entendimiento, para que comprobéis cuál sea la buena voluntad de Dios, agradable y perfecta» (cp. 2 Co. 4:4). Este llamado a la renovación de la mente incluye, sin lugar a duda, el acercamiento a la Palabra de Dios (2 Ti. 2:15). El error de la postura igualitaria consiste en hacer girar la exégesis bíblica en torno a la experiencia individual de la mujer, en lugar de someterla a la intención de los autores bíblicos.

Por último, este principio hermenéutico revela un error aún más profundo: la idea de que el significado del texto está determinado por el lector y no por el autor. Mary A. Kassian, quien fue durante muchos años profesora distinguida de estudios sobre la mujer en *Southern Baptist Theological Seminary,* lo expresa con claridad:

> Las feministas bíblicas consideran que la Biblia está abierta a las alteraciones. Uno de los planteamientos básicos de la teología bíblica feminista es que la Biblia no es absoluta y que su significado puede «evolucionar» y «transformarse». Debido a que la Biblia no presenta una norma *absoluta* de lo que está bien y lo que está mal, las feministas sostienen que deben decidir esto por sí mismas. Esta premisa básica les

> permite interpretar la Biblia de *cualquier manera* que se adapte a sus circunstancias inmediatas.[10]

Es probable que Kassian se refiera principalmente a las feministas «cristianas» de un corte más liberal,[11] que colocan su experiencia como autoridad *suprema* en todas las áreas de la vida.[12] Sin embargo, su diagnóstico también aplica, en cierta medida, al

---

10. Mary A. Kassian, *Women, Creation, and the Fall* (Wheaton, IL: Crossway, 1990), p. 147.

11. Según Robert Letham, el feminismo puede clasificarse en tres categorías. «El primer grupo, *el feminismo evangélico*, está compuesto por aquellos que se adhieren a la teología evangélica (como la autoridad de las Escrituras y la suficiencia de Cristo como Salvador) y defienden una relación no jerárquica de plena igualdad y reciprocidad entre el hombre y la mujer. En segundo lugar, *el feminismo cristiano* incluye a aquellos feministas que, aunque no son evangélicos, siguen trabajando de forma consciente desde un compromiso con la fe cristiana, independientemente de cómo la entiendan [...] Por último, *el feminismo religioso* consiste de feministas que no se identifican con el cristianismo, pero cuyas creencias no obstante incluyen una cosmovisión religiosa del mundo. Naturalmente, existe un amplio abanico de opiniones dentro de cada uno de estos grupos». Robert Letham, «The Hermeneutics of Feminism», *Them* 17 (1992), p. 4. Véase también, idem, «The Man-Woman Debate: Theological Comment», *WTJ* 52 (1990), pp. 65-78.

12. Las dos feministas «cristianas» más trascendentales de la historia fueron Rosemary Radford Ruether y Elisabeth Schüssler Fiorenza. Ambas rechazaron de forma *explícita* las Escrituras como autoridad final, argumentando que tanto el Antiguo como el Nuevo Testamento fueron escritos por hombres inmersos en una cultura patriarcal que no solo reflejaron, sino que también promovieron. Como resultado, el texto bíblico no puede ser considerado completamente confiable. Según esta perspectiva, es necesario ir más allá de la Biblia para contrarrestar los efectos de su androcentrismo. En consecuencia, Fiorenza desarrolló lo que denominó la *hermenéutica de la sospecha*, la cual desafía a las feministas a someter el texto bíblico a juicio crítico, reconociendo autoridad únicamente en aquellos elementos que logran trascender las estructuras patriarcales. Ruether, por su parte, adoptó un enfoque similar, aunque centró su método en la experiencia femenina como criterio hermenéutico *supremo*: para ella, la experiencia de la mujer constituye tanto el punto de partida como el criterio final del proceso interpretativo. Esta postura deja en evidencia que, dentro del feminismo cristiano, el criterio último de la verdad no es la Palabra de Dios, sino el juicio de las propias intérpretes. Véanse, Elisabeth Schüssler Fiorenza, *In Memory of Her: A Feminist Theological Reconstruction of Christian Origins* (Nueva York, NY: Crossroad, 1983), pp. xiii-xxiii, 32-33; Rosemary Radford Ruether, «Feminist Interpretation: A Method of Correlation», en *Feminist Interpretation of the Bible*, ed. por Letty M. Russell, pp. 111-124 (Filadelfia, PA: Westminster, 1985), pp. 111-113; idem, *Sexism and God-Talk: Toward a Feminist Theology* (Boston, MA: Beacon, 1983), p. 12.

feminismo evangélico, que busca mantener una lealtad formal a la inspiración de las Escrituras, sin abandonar sus raíces ideológicas.[13] Como advierte Thomas J. Fricke: «Las feministas evangélicas siguen la noción de una especie de revelación progresiva, un desarrollo evolutivo de la doctrina en la iglesia cristiana».[14] Este principio crítico —compartido por ambos grupos— exige una nueva hermenéutica que pone al lector y su experiencia por encima de la intención del autor. Así, las normas culturales actuales se vuelven el estándar para reinterpretar el pasado.

Esta manera de pensar, sin embargo, contradice un principio hermenéutico fundamental: el significado correcto de un texto es el significado que el autor original quiso comunicar.[15] Esta convicción descansa en la relación intrínseca entre revelación e inspiración. Según 2 Pedro 1:21, los hombres hablaron movidos por el Espíritu Santo, de modo que sus palabras reflejan, con total fidelidad, la mente de Dios.[16] Pablo reafirma esto en 2 Timoteo 3:16 al declarar que «toda la Escritura es inspirada por Dios». Las palabras de los autores humanos comunican —con precisión— las

---

13. Lee-Barnewall, *Neither Complementarian nor Egalitarian*, p. 35.

14. Thomas J. Fricke, «What is the Feminist Hermeneutic? An Analysis of Feminist Interpretation of the Bible», *WLQ* 91 (1994), p. 55.

15. Wayne A. Grudem, «Right and Wrong Interpretation of the Bible: Some Suggestions for Pastors and Bible Teachers», en *Preach the Word: Essays on Expository Preaching in Honor of R. Kent Hughes*, ed. por Leland Ryken y Todd A. Wilson, pp. 54-75 (Wheaton, IL: Crossway, 2007), pp. 61–62. Milton S. Terry agrega lo siguiente: «Un principio fundamental de la exposición histórico gramatical es que las palabras o sentencias no pueden tener más que un solo significado en una misma conexión. En el instante en que descuidamos este principio nos lanzamos a un torbellino de inseguridad y de conjeturas». Milton S. Terry, *Hermenéutica: La ciencia de la interpretación de la palabra de Dios* (Tampa, FL: Doulos, 2012), p. 21. Para una breve explicación de este principio fundamental de la hermenéutica, véase Robert L. Thomas, «The Principle of Single Meaning», *MSJ* 29 (2018), pp. 5-19.

16. Richard J. Bauckham, *Jude, 2 Peter*, WBC 50 (Dallas, TX: Word Books, 1983), p. 234; Peter H. Davids, *The Letters of 2 Peter and Jude*, PNTC (Grand Rapids: Eerdmans, 2006), p. 215; Thomas R. Schreiner, *1, 2 Peter, Jude*, NAC 37 (Nashville: Broadman & Holman Publishers, 2003), p. 324.

mismísimas ideas del autor divino.[17] Por tanto, el significado del texto no es una invención subjetiva ni un espacio abierto para la reinvención cultural.[18] Está determinado por la intención del autor, y esa intención no puede ser quebrantada (Jn. 10:35).[19]

Desde esta perspectiva, la hermenéutica no es un asunto secundario. Es de vital importancia. Dios espera que todo lector maneje «con precisión la palabra de verdad» (2 Ti. 2:15), como un obrero aprobado, sin nada de qué avergonzarse. No hacerlo puede resultar en consecuencias graves, incluso destructivas (2 P. 3:16). Por esta razón, es crucial —y espiritualmente honorable— adoptar una hermenéutica fiel al texto. La única metodología que cumple este compromiso sin reservas es la hermenéutica histórico-gramatical, es decir, aquella que interpreta el texto teniendo en cuenta tanto su contexto histórico original como la estructura lingüística y literaria con la que fue escrito.[20] Lo que sigue,

17. Abner Chou, *La hermenéutica de los escritores bíblicos: Los profetas y los apóstoles nos enseñan a interpretar las Escrituras* (Grand Rapids: Portavoz, 2019), p. 28.

18. Bernard Ramm ha escrito con gran claridad: «Solo hay *un* significado para cada pasaje de las Escrituras que se determina mediante un estudio cuidadoso». Bernard Ramm, *Protestant Biblical Interpretation: A Textbook of Hermeneutics* (Grand Rapids: Baker Books, 1970), p. 113.

19. D. A. Carson, *The Gospel According to John*, PNTC (Grand Rapids: Eerdmans, 1991), p. 399; Andreas J. Köstenberger, *John*, BECNT (Grand Rapids: Baker Books, 2004), p. 315.

20. «La descripción *histórico-gramatical* indica [...] que este análisis debe prestar atención tanto al idioma en el que se escribió el texto original como al contexto cultural específico que dio origen al texto. No podemos, por ejemplo, asumir que las reglas lingüísticas de la sintaxis [española] o los matices de las palabras [españolas] se corresponden con los del griego del Nuevo Testamento. Si lo hacemos, corremos el riesgo de imponer nuestras ideas al texto bíblico. Del mismo modo, si no tomamos nota de los rasgos culturales distintivos de la sociedad hebrea o de las circunstancias históricas detrás de un libro del Antiguo Testamento, permitimos que nuestro "filtro" mental —es decir, nuestras preconcepciones— determine lo que los pasajes bíblicos pueden o no significar. [...] No hay diferencia en principio entre los problemas de interpretación bíblica y los que enfrentamos día a día. La mayoría de nosotros no decimos que estamos practicando la exégesis histórico-gramatical cuando leemos una carta de un pariente, *pero eso es precisamente lo que estamos haciendo*. La diferencia es, por así decirlo, cuantitativa más que cualitativa. En otras palabras, cuando leemos la Biblia nos encontramos con un número mucho mayor de detalles sobre los cuales somos ignorantes que cuando interpretamos un

entonces, es un análisis de 1 Corintios 14:33b-35 y 1 Timoteo 2:11-15, estudiados a la luz de su contexto original y de acuerdo con la intención del autor inspirado por Dios.

1 CORINTIOS 14:33B-35[21]

El pasaje de 1 Corintios 14:33b-35 forma parte de una sección más extensa donde el apóstol Pablo regula el uso apropiado de los dones espirituales en el contexto del culto congregacional. Aunque en estos versículos Pablo aborda un asunto que no se relaciona de manera directa con los dones —a saber, la conducta de las mujeres durante la adoración pública—, el tema de fondo sigue siendo la reverencia y el orden en el servicio de adoración. Este segmento constituye un paréntesis necesario en el flujo del argumento de Pablo, dirigido específicamente a corregir prácti-

---

texto contemporáneo [en español]. [...] Esa forma de decirlo, por cierto, nos ayuda a reconocer que los problemas de la interpretación bíblica suelen ser *nuestros* problemas, ¡no los de la Biblia!». Walter C. Kaiser y Moisés Silva, *An Introduction to Biblical Hermeneutics: The Search for Meaning* (Grand Rapids: Zondervan, 2007), pp. 19-20. Véanse también, Abner Chou, *La hermenéutica de los escritores bíblicos*, pp. 13-24; J. Scott Duvall y J. Daniel Hays, *Hermenéutica: Entendiendo la Palabra de Dios*, CTC 26, trad. por Pedro Luis Gómez Flores (Barcelona, España: Clie, 2008), pp. 33-45; Robert H. Stein, «The Benefits of an Author-Oriented Approach to Hermeneutics», *JETS* 44 (2001), pp. 451-466; Kevin J. Vanhoozer, *Is There a Meaning in this Text? The Bible, the Reader, and the Morality of Literary Knowledge* (Grand Rapids: Zondervan, 1998), pp. 198-263; Roy B. Zuck, *La interpretación básica de la Biblia: Una guía práctica para descubrir la verdad*, trad. por Cabe Pillete (Charo, México: Berea Publishing Company, 2014), pp. 18-23.

21. Algunos comentaristas cuestionan la autenticidad de estos versículos. Debido a que no es el propósito de este estudio hacer un análisis de la evidencia textual de 1 Corintios 14:33b-35, se da por sentado que es parte del texto inspirado por Dios (2 Ti. 3:16). Para una explicación detallada del asunto, véanse D. A. Carson, «Silent in the Churches: On the Role of Women in 1 Corinthians 14:33b-36», en *Recovering Biblical Manhood & Womanhood: A Response to Evangelical Feminism*, ed. por John Piper y Wayne A. Grudem, pp. 140-153 (Wheaton, IL: Crossway, 2006); Curt Niccum, «The Voice of the Manuscripts on the Silence of Women: The External Evidence for 1 Cor. 14:34-35», *NTS* 43 (1997), pp. 242-255; Anthony C. Thiselton, *The First Epistle to the Corinthians: A Commentary on the Greek Text*, NIGTC (Grand Rapids: Eerdmans, 2000), pp. 1148-1150.

cas impropias relacionadas con la participación femenina en la asamblea:[22]

> Como en todas las iglesias de los santos, vuestras mujeres callen en las congregaciones; porque no les es permitido hablar, sino que estén sujetas, como también la ley lo dice. Y si quieren aprender algo, pregunten en casa a sus maridos; porque es indecoroso que una mujer hable en la congregación (1 Co. 14:33b-35).

El pasaje se introduce con la frase «como en todas las iglesias de los santos» (1 Co. 14:33b),[23] una afirmación que a primera vista podría parecer innecesaria. Sin embargo, esta declaración posee un peso doctrinal significativo. El término «santos» se refiere a los creyentes que conforman las iglesias locales (1 Co. 1:2),[24] y su

---

22. Robert L. Thomas, *Entendamos los dones espirituales: Un estudio versículo por versículo de Primera Corintios 12 al 14* (Grand Rapids: Portavoz, 2002), p. 159.

23. David E. Garland, *1 Corinthians*, BECNT (Grand Rapids: Baker Books, 2003), p. 669; Simon J. Kistemaker, *1 Corintios*, CNT (Grand Rapids: Libros Desafío, 1998), p. 558; R. C. H. Lenski, *The Interpretation of St. Paul's First and Second Epistles to the Corinthians* (Minneapolis, MN: Augsburg, 1937), p. 614; Leon Morris, *1 Corinthians: An Introduction and Commentary*, TNTC 7 (Downers Grove, IL: InterVarsity Press, 1985), p. 192; Thomas R. Schreiner, *1 Corinthians: An Introduction and Commentary*, TNTC 7 (Downers Grove, IL: InterVarsity Press, 2018), p. 296; Mark Taylor, *1 Corinthians*, NAC 28 (Nashville: Broadman & Holman Publishers, 2014), pp. 353-354; Thiselton, *The First Epistle to the Corinthians*, pp. 1147-1148; Ben Witherington III, *Conflict and Community in Corinth: A Socio-Rhetorical Commentary on 1 and 2 Corinthians* (Grand Rapids: Eerdmans, 1995), p. 287; Cp. C. K. Barrett, *First Epistle to the Corinthians*, BNTC (Peabody, MA: Hendrickson, 1993), p. 329; Roy E. Ciampa y Brian S. Rosner, *The First Letter to the Corinthians*, PNTC (Grand Rapids: Eerdmans, 2010), pp. 717-718; Gordon D. Fee, *Primera epístola a los corintios* (Buenos Aires, Argentina: Nueva Creación, 1994), pp. 789-790; Archibald Robertson y Alfred Plummer, *A Critical and Exegetical Commentary on The First Epistle of St. Paul to the Corinthians*, ICC (Londres: T&T Clark, 1911), p. 324.

24. Raymond F. Collins llega a proponer que la expresión ταῖς ἐκκλησίαις τῶν ἁγίων («las iglesias de los santos») en este contexto podría referirse a sinagogas *judías*, donde a las mujeres comúnmente no se les permitía hablar. Esta interpretación busca restringir el alcance del mandato de Pablo al contexto cultural de Corinto y, por tanto, evitar su aplicación universal. Si bien es cierto que Pablo describe más adelante a los creyentes de Jerusalén como «santos» (1 Co. 16:1; cp. Ro. 15:25-26, 31; 2 Co. 8:4; 9:1), no existe evidencia suficiente para sostener

inclusión aquí anticipa que las instrucciones que siguen no son particulares para la iglesia en Corinto, sino que tienen un carácter universal.[25] Como explica Robert L. Thomas, quien fue profesor de Nuevo Testamento en *The Master's Seminary* y un referente de la hermenéutica histórico-gramatical: «El principio se mantenía en pie dondequiera que el apóstol iba».[26] En otras palabras, lo que Pablo prescribe en estos versículos es la voluntad de Dios para *todas* las iglesias, en *todas* las épocas.[27]

El silencio de las mujeres

Pablo comienza su instrucción con una orden categórica respecto al silencio de las mujeres en el servicio de adoración:[28] «Porque no les es permitido hablar» (1 Co. 14:34). La afirmación es contundente, pero su correcta interpretación requiere precisar el alcance de dicha prohibición. A lo largo del tiempo, al menos cuatro posturas principales han buscado explicar el significado y la aplicación de este mandato:[29]

---

que la expresión en 1 Corintios 14:33b alude exclusivamente a sinagogas. Más bien, se trata de una conjetura sin base textual sólida. Pablo emplea el término «santos» para referirse a los creyentes en general y a las iglesias locales que ellos conforman. Raymond F. Collins, *First Corinthians* (Collegeville, MN: The Liturgical Press, 1999), p. 520. Véase también, Garland, *1 Corinthians*, p. 669.

25. Lenski, *The Interpretation of St. Paul's First and Second Epistles to the Corinthians*, p. 614.

26. Thomas, *Entendamos los dones espirituales*, p. 160.

27. John MacArthur, *1 y 2 Corintios*, CMacNT (Grand Rapids: Portavoz, 2015), p. 452.

28. La expresión ἐν ταῖς ἐκκλησίαις («en las congregaciones») es la misma que aparece en el versículo anterior, que en la RVR–60 se traduce como «en todas las iglesias». Gramaticalmente, la única diferencia es el uso del adjetivo πάσαις («todas») en 1 Corintios 14:33b, que indica la universalidad del argumento de Pablo. No obstante, la ausencia de este adjetivo griego en 1 Corintios 14:34 hace hincapié en las reuniones que se llevan a cabo dentro de las iglesias locales más que en las congregaciones individuales. De modo que la traducción «en las congregaciones», tal como aparece en la RVR–60, no es la más apropiada porque crea una impresión equivocada acerca de las mujeres en las iglesias. Kistemaker, *1 Corintios*, p. 559; Thomas, *Entendamos los dones espirituales*, p. 160.

29. Algunos sugieren que 1 Corintios 14:33b-35 no representa en absoluto el punto de vista de Pablo, sino que es más bien una cita de la postura de algunos

1. Algunos sostienen que Pablo no pretendía abarcar todas las ocasiones, sino solo aquellas donde ocurren abusos como sucedió en la iglesia de Corinto.[30] Es evidente, según 1 Corintios 11–14, que esta iglesia tenía serios problemas de abuso en sus reuniones. Algunos de sus miembros se emborrachaban en la cena del Señor (1 Co. 11:21), otros hablaban de manera incoherente —sin procurar la edificación de la iglesia (1 Co. 14:9-12)— e, incluso, varios de ellos hablaban al mismo tiempo en el servicio de adoración produciendo así un estado caótico o de confusión cada vez que se reunían (1 Co. 14:26-33a). Se supone entonces que algunas mujeres estaban utilizando sus dones de manera desordenada, lo cual obligó a Pablo a intervenir (1 Co. 11:5; cp. Hch. 2:17; 21:9).[31] Sin embargo, la inclusión de la cláusula «como en todas las iglesias de los

---

corintios que estaban imponiéndola en la iglesia. Esta interpretación no está incluida en la lista porque en definitiva no considera que 1 Corintios 14:33b-35 sea una restricción misma de Pablo. Por consiguiente, aquellos que defienden esta interpretación afirman que este es uno de los pasajes más enfáticos del Nuevo Testamento a favor de la postura igualitaria. Para una explicación detallada de esta interpretación, véanse Robert W. Allison, «Let the Women Be Silent in the Churches (1 Cor 14:33b-36): What Did Paul Really Say, and What Did It Mean?», *JSNT* 32 (1988), pp. 27-60; Gilbert Bilezikian, *Beyond Sex Roles: What the Bible Says About a Woman's Place in Church and Family* (Grand Rapids: Baker Books, 2006), pp. 110-116; Neal M. Flanagan y Edwina H. Snyder, «Did Paul Put Down Women in 1 Cor 14:34-36?», *BTB* 11 (1981), pp. 10-12; Walter C. Kaiser, «Paul, Women, and the Church», *Worldwide Challenge* 3 (1976), pp. 9-12; David W. Odell-Scott, «In Defense of an Egalitarian Interpretation of 1 Cor 14:34–6: A Reply to Murphy-O'Connor's Critique», *BTB* 17 (1987), pp. 100-103; idem, «Let the Women Speak in Church: An Egalitarian Interpretation of 1 Cor 14:33b-36», *BTB* 13 (1983), pp. 90-93. Para un análisis de esta interpretación, véanse Fee, *Primera epístola a los corintios*, pp. 797-798; David G. Horrell, *The Social Ethos of the Corinthian Correspondence: Interests and Ideology from 1 Corinthians to 1 Clement* (Londres: T&T Clark, 1996), pp. 187-188; Thiselton, *The First Epistle to the Corinthians*, pp. 1151-1152; Ben Witherington III, *Women in the Earliest Churches*, SNTSMS 59 (Cambridge: Cambridge University Press, 1988), pp. 90-104.

30. Barrett, *First Epistle to the Corinthians*, pp. 332-333.

31. Frederic L. Godet, *Commentary on St. Paul's First Epistle to the Corinthians* (Grand Rapids: Zondervan, 1957), pp. 116-117.

santos» (1 Co. 14:33b) indica que el mandato trasciende a Corinto. Por tanto, esta interpretación es insatisfactoria.

2. Otros sugieren que Pablo prohíbe únicamente a las mujeres que hablaban en lenguas o profetizaban en la reunión pública.[32] Esta interpretación encaja con el contexto más inmediato del pasaje (1 Co. 14:1-33a, 37-40).[33] No obstante, cuando Pablo quiere referirse a tales manifestaciones carismáticas, explícitamente asocia el verbo «hablar» con «lenguas» o «profecía» (1 Co. 14:2-3, 4-6, 9, 11, 13, 18-19, 21, 23, 27-29, 39). En este pasaje, la prohibición aparece desligada de tales dones y posee un tono más *absoluto*.[34] Además, el hecho de que las mujeres deban preguntar «en casa a sus maridos» (1 Co. 14:35), difícilmente puede entenderse como un sustituto para su uso de lenguas o profecía en la adoración pública.[35] Por ende, esta interpretación es improbable.

3. Otros plantean que Pablo se refiere a mujeres que evaluaban profecías durante el culto (1 Co. 14:29).[36] Esta interpretación es más probable que la anterior porque no solo tiene el atractivo de colocar el pasaje dentro el contexto

32. Ralph P. Martin, *The Spirit and the Congregation: Studies in 1 Corinthians 12–15* (Eugene, OR: Wipf & Stock, 1997), pp. 85-88; Lehman Strauss, *Speaking in Tongues* (Filadelfia: Bible Study Time, 1974), pp. 15-16.

33. Fee, *Primera epístola a los corintios*, p. 797.

34. *Ibid.*

35. Thomas, *Entendamos los dones espirituales*, p. 160.

36. D. A. Carson, *Falacias exegéticas: Interpretación eficaz hoy* (Barcelona, España: Clie, 1996), pp. 46-47; Garland, *1 Corinthians*, p. 668; Wayne A. Grudem, *The Gift of Prophecy in 1 Corinthians* (Eugene, OR: Wipf & Stock, 1999), pp. 239-255; James B. Hurley, *Man and Woman in Biblical Perspective* (Eugene, OR: Wipf & Stock, 2002), pp. 185-194; idem, «Did Paul Require Veils or the Silence of Women? A Consideration of 1 Corinthians 11:2-16 and 1 Corinthians 14:33b-36», *WTJ* 35 (1973), pp. 190-220; Kistemaker, *1 Corintios*, p. 560; Thiselton, *The First Epistle to the Corinthians*, pp. 1152-1158; Witherington, *Conflict and Community in Corinth*, p. 287; idem, *Women in the Earliest Churches*, p. 103.

más inmediato (1 Co. 14:29), sino que encaja muy bien con el pasaje mismo, donde el apóstol insta a las mujeres a someterse y a recordar la ley (1 Co. 14:34). Supuestamente al juzgar las profecías de sus propios maridos, las mujeres estaban asumiendo una autoridad que no les correspondía en la iglesia.[37] Sin embargo, no hay ninguna indicación clara en el texto que sugiera que las mujeres estaban participando de esta manera.[38] Más aún, el versículo 35 da a entender que las mujeres estaban haciendo preguntas por desconocimiento, no evaluaciones críticas.[39] Esta interpretación, aunque interesante, también es débil.[40]

4. Otros afirman que lo que Pablo ordena aquí es una restricción absoluta que no permite excepciones.[41] Las mujeres debían y todavía deben participar silenciosamente en el servicio de adoración. Cualquier otra regulación aparentemente contraria tiene que ajustarse a la luz de este principio universal.[42]

---

37. La verdad es que resulta muy difícil hacer una distinción entre la profecía y la evaluación de la profecía. Ambas cosas implican que se ejerza algún tipo de autoridad. Como lo explica Gordon D. Fee en su comentario: «Es menos que convincente eso de que el "discernir" el discurso profético del marido equivalga a asumir autoridad sobre él en una forma mayor que por medio de un discurso profético. Eso parece hacer que el elemento dependiente, y por tanto, menor (el discernir las profecías), resulte ser más significativo que la profecía misma». Fee, *Primera epístola a los corintios*, p. 797.

38. Schreiner, *1 Corinthians*, p. 297.

39. Fee, *Primera epístola a los corintios*, p. 797.

40. Véanse Ciampa y Rosner, *The First Letter to the Corinthians*, pp. 722-727; James Greenbury, «1 Corinthians 14:34-35: Evaluation of Prophecy Revisited», *JETS* 51 (2008), pp. 721-731; Elim Hiu, *Regulations Concerning Tongues and Prophecy in 1 Corinthians 14:26-40: Relevance Beyond the Corinthian Church*, LNTS 406 (Londres: T&T Clark, 2010), pp. 147-150.

41. Thomas, *Entendamos los dones espirituales*, pp. 160-161.

42. Algunos comentaristas señalan que la prohibición en 1 Corintios 14:34 no puede ser absoluta, ya que aparentemente entraría en contradicción con lo que Pablo afirma en 1 Corintios 11:5, donde se menciona que las mujeres oran y profetizan en el servicio de adoración. Kistemaker, *1 Corintios*, p. 559; Schreiner, *1 Corinthians*, p. 297. Sin embargo, esta tensión es solo aparente. Primera de Corintios 11:5 no autoriza que las mujeres oren y profeticen en las

Esta última interpretación es la que mejor concuerda con el sentido *normal* de las palabras. Las mujeres deben guardar silencio durante el servicio de adoración.[43] Eso no significa que no pueden hablar del todo en las reuniones (cp. 1 Co. 14:16, 26),[44] sino que deben abstenerse de ejercer autoridad espiritual *pública,* como ocurre en la predicación o enseñanza doctrinal. Esta comprensión encaja perfectamente con el contexto, que trata sobre la proclamación pública de la Palabra de Dios (1 Co. 14:29-32a). Así se entiende que a las mujeres «*no les es permitido* hablar» (1 Co. 14:34), porque dicho hablar implicaría ejercer liderazgo espiritual —una función reservada exclusivamente para los hombres—.[45] Esta restricción es permanente, universal y no está sujeta a ningún tipo de adaptación cultural.[46]

La sumisión de las mujeres

Lo segundo que Pablo ordena en 1 Corintios 14:33b-35 es que las mujeres «estén *sujetas*» (1 Co. 14:34).[47] Este imperativo

---

reuniones en cualquier situación, sino que es más bien una provisión (temporal) en caso de que alguna de ellas escoja seguir tomando una parte pública en el servicio de adoración. Pero el ideal de Pablo para las reuniones de la iglesia era un liderazgo exclusivamente masculino (cp. 1 Ti. 2:11-15). De hecho, no es nada raro que el apóstol retire su evidente permiso de cierta práctica para explicar el ideal posteriormente en el mismo escrito (cp. 1 Co. 6:4, 7; 8:10; 10:21-22). Godet, *Commentary on St. Paul's First Epistle to the Corinthians,* pp. 116-117. Además, el contexto de 1 Corintios 11:5 es otro, en donde Pablo alude a una práctica local de vestimenta de aquella época. No estaba estableciendo un principio universal de que las mujeres adoren siempre con la cabeza cubierta. Por tanto, 1 Corintios 11:5 no contradice la instrucción clara de 1 Corintios 14:34. Para Pablo el servicio de adoración ordenado es aquel en el que las mujeres participan silenciosamente. Thomas, *Entendamos los dones espirituales,* pp. 160-161.

43. F. F. Bruce, *The Letters of Paul: An Expanded Paraphrase* (Grand Rapids: Eerdmans, 1965), p. 113.

44. Kistemaker, *1 Corintios,* pp. 559-560; Robertson y Plummer, *A Critical and Exegetical Commentary on The First Epistle of St. Paul to the Corinthians,* p. 324.

45. Lenski, *The Interpretation of St. Paul's First and Second Epistles to the Corinthians,* p. 614.

46. Thomas, *Entendamos los dones espirituales,* p. 161.

47. El concepto de la sumisión es muy importante en el siguiente capítulo, donde Pablo explica la relación de Dios Hijo con Dios Padre (1 Co. 15:27-28). El verbo ὑποτάσσω («someter») aparece seis veces en estos versículos. Lo que es importante notar es que en 1 Corintios ὑποτάσσω solo se usa un total de nueve veces (1 Co. 14:32, 34; 15:27-28; 16:16). La proximidad de este pasaje con

expresa cuál es la responsabilidad *primordial* de las mujeres «en *todas* las iglesias de los santos» (1 Co. 14:33b). Thomas observa con acierto: «El acto de hablar públicamente era exactamente lo opuesto de esa responsabilidad [de sumisión]. Cuando un orador se dirigía a una congregación, eso equivalía a asumir autoridad sobre los oyentes».[48] De modo que las mujeres debían —y todavía deben— abstenerse de hablar de una manera más formal en el servicio de adoración porque lógicamente esto es contrario a la relación divinamente establecida entre la mujer y el hombre (cp. Ef. 5:22-24; Col. 3:18; 1 Ti. 2:11-15; Tit. 2:5; 1 P. 3:1-6).[49]

Para reforzar su argumento, Pablo apela a «la *ley*» (v. 34), una expresión que en sus escritos suele referirse al Antiguo Testamento en todo su conjunto. De hecho, anteriormente en este mismo capítulo, cita Isaías 28:11-12 y utiliza esta misma expresión: «En la *ley* está escrito: En otras lenguas y con otros labios hablaré a este pueblo; y ni aun así me oirán, dice el Señor» (1 Co. 14:21). Aunque Pablo no identifica un texto específico en 1 Corintios 14:34,[50] es razonable suponer que se está refiriendo a Génesis 1–2 (cp. 1 Co. 11:8-9; 1 Ti. 2:13).[51] Al hacer esto, el apóstol afirma que la sumisión de la mujer no es un asunto

---

1 Corintios 14:34 y el uso concentrado del verbo ὑποτάσσω indica que es una idea terriblemente errónea pensar que la sumisión de las mujeres es sinónimo de desigualdad o inferioridad. La sumisión y la igualdad pueden coexistir sin la más leve contradicción, como ocurre entre Dios Hijo y Dios Padre, y como también debe ocurrir entre la mujer y el hombre.

48. Thomas, *Entendamos los dones espirituales*, p. 161.

49. Godet, *Commentary on St. Paul's First Epistle to the Corinthians*, p. 311; Lenski, *The Interpretation of St. Paul's First and Second Epistles to the Corinthians*, p. 615; Robertson y Plummer, *A Critical and Exegetical Commentary on The First Epistle of St. Paul to the Corinthians*, p. 325.

50. Aquellos que sostienen que la restricción era para las mujeres que criticaban abiertamente las profecías expresadas durante el servicio de adoración sugieren que el pasaje de la ley que Pablo estaba citando aquí era Números 12:1-15, en donde María cuestionó a Moisés, el profeta (cp. Dt. 18:15). Walter Liefeld, «Women, Submission, and Ministry in 1 Corinthians», en *Women, Authority, and the Bible*, ed. por Alvera Mickelsen, pp. 134-153 (Downers Grove, IL: InterVarsity Press, 1986), pp. 149-150.

51. Kistemaker, *1 Corintios*, p. 560; Schreiner, *1 Corinthians*, p. 298; Thomas, *Entendamos los dones espirituales*, p. 161.

cultural o local, sino un principio teológico con raíces en la creación misma.[52] R. C. H. Lenski lo explica de esta manera: «Pablo les informa a los corintios que todo lo que se indica [aquí] sobre la mujer [...] no es una orden temporal, sino una [restricción] permanente que perdura como tal en la iglesia cristiana».[53]

La sumisión no es un producto de la caída ni una respuesta a una sociedad patriarcal, sino parte del diseño original y perfecto de Dios. Desde el principio, Dios estableció roles distintos para el hombre y la mujer. Ambos comparten la misma dignidad como portadores de la imagen divina (Gn. 1:26-27), pero no las mismas funciones. Eva fue creada como «ayuda idónea» para Adán (Gn. 2:18, 20), mientras que la responsabilidad del liderazgo espiritual recayó en Adán, quien fue formado primero (Gn. 2:7, 21-24; cp. 1 Co. 11:8-9).[54] El diseño de Dios siempre fue que los hombres sean líderes espirituales, no las mujeres. Este orden de relaciones ha permanecido desde entonces y se puede observar de varias maneras a lo largo del Antiguo Testamento.

Por ejemplo, en la historia de Israel no hay registro de reinas ni en Israel ni en Judá. La excepción de Atalía fue una usurpación *ilegítima* (2 R. 11:1-21; 2 Cr. 22:10–23:21). Si bien es cierto que Débora actuó como jueza (Jue. 4:4–5:31), su caso fue extraordinario y limitado.[55] De hecho, llama la atención que

---

52. Arthur Rowe señala que la referencia de Pablo a «la ley» (1 Co. 14:34) no es una pieza fundamental de su argumento, sino que es más bien algo secundario. Sin embargo, esto es altamente improbable. El apóstol acostumbraba a reforzar su argumento sobre la base del Antiguo Testamento que expresa la voluntad de Dios. De hecho, a lo largo de 1 Corintios, Pablo hace esto varias veces (1 Co. 6:16; 9:8-10; 11:3, 8-10; 14:21). Arthur Rowe, «Silence and the Christian Women of Corinth: An Examination of 1 Corinthians 14:33b-36», *Communio viatorum* 33 (1990), p. 68.

53. Lenski, *The Interpretation of St. Paul's First and Second Epistles to the Corinthians*, p. 616.

54. Thomas R. Schreiner, «Women in Ministry: Another Complementarian Perspective», en *Two Views on Women in Ministry*, ed. por James R. Beck, pp. 263-322 (Grand Rapids: Zondervan, 2005), p. 294.

55. Como lo explica el erudito bíblico Robert L. Saucy: «Pudiera haber ocasiones cuando el patrón normal del orden de Dios se eche a un lado debido

Débora rechazó dirigir la campaña militar contra los cananeos, dejando esa responsabilidad a un hombre llamado Barac (Jue. 4:6-7). Ninguna mujer sirvió como sacerdotisa. Ninguno de los autores del Antiguo Testamento fue mujer. Ni siquiera de los libros que no se sabe con certeza quién fue su autor, la tradición apunta a que fueron hombres. Por último, ninguna mujer tuvo un ministerio profético sostenido como el de Elías, Eliseo o los demás profetas. El pastor y maestro John MacArthur comenta al respecto: «Aunque Dios habló a través de mujeres en algunas ocasiones, ninguna mujer tuvo una función continua de predicación y enseñanza».[56]

El Antiguo Testamento es muy claro en que Dios reservó el liderazgo espiritual exclusivamente para los hombres. Las mujeres no fueron creadas para ejercer esta responsabilidad. Es precisamente a la luz de este orden de relaciones establecido por Dios desde el principio (Gn. 1–2) que Pablo ordena la sumisión de las mujeres en el servicio de adoración (1 Co. 14:34).[57] Este comportamiento es el único que armoniza con la voluntad de Dios para «*todas* las iglesias de los santos» (1 Co. 14:33b). En consecuencia, solo los hombres deben ocuparse de dirigir la iglesia. Por su parte, las mujeres, en el interés del amor y de la conducta digna (1 Co. 13:5), deben sujetarse al liderazgo espiritual de los hombres tal

---

a circunstancias extraordinarias. Cuando, por ejemplo, el esposo y padre está ausente, la mujer de la casa asume la dirección de la familia. Así que, al parecer, pudieran haber circunstancias extraordinarias cuando el liderazgo del hombre no esté disponible por una u otra razón. En tales momentos Dios pudiera usar mujeres para cumplir sus propósitos como usó a Débora». Robert L. Saucy, «The Negative Case Against the Ordination of Women», en *Perspectives on Evangelical Theology: Papers from the Thirtieth Annual Meeting of the Evangelical Theological Society*, ed. por Kenneth S. Kantzer y Stanley N. Gundry, pp. 277-286 (Grand Rapids: Baker Books, 1979), p. 285.

56. John MacArthur, *1 y 2 Tesalonicenses, 1 y 2 Timoteo, Tito*, CMacNT (Grand Rapids: Portavoz, 2012), p. 100.

57. A pesar de que aplica el texto de una manera completamente diferente, Craig S. Keener está de acuerdo con el hecho de que la sumisión es el principio controlador de 1 Corintios 14:34. Keener, *Paul, Women, and Wives*, p. 87.

como lo enseña el Antiguo Testamento (1 Co. 14:34).[58] De esta manera, la restricción es aplicable a todas las mujeres en todo tiempo y en todo lugar.

La solicitud de las mujeres

El versículo 35 presenta una tercera orden relacionada con la conducta de las mujeres: «Y si quieren aprender algo, *pregunten* en casa a sus maridos». Este mandato, al igual que el primero (1 Co. 14:34), está acompañado de una razón teológica: «*Porque* es indecoroso que una mujer hable en la congregación» (1 Co. 14:35). Como bien señala Lenski: «El hacer preguntas en la asamblea abierta es prácticamente equivalente a hablar públicamente delante de la congregación y está prohibido».[59] El apóstol califica tal conducta como «indecorosa», es decir, como algo social o moralmente inapropiado, impropio y vergonzoso dentro del marco de la adoración cristiana.[60] Esta descripción sugiere que algunas mujeres en Corinto estaban contribuyendo al ambiente de desorden que ya caracterizaba las reuniones de esa iglesia (cp. 1 Co. 11:20-22; 14:26-33).[61]

La solución no es reprimir el deseo legítimo de la mujer de aprender. Por el contrario, lejos de ser frustrado, ese deseo debe ser cultivado y encauzado de manera ordenada. No obstante, este impulso hacia el conocimiento debe ejercerse conforme a ciertas normas establecidas por Dios. Las preguntas de las mujeres deben hacerse *en privado*, es decir, «en casa» (1 Co. 14:35),[62] lo

---

58. Schreiner, «Women in Ministry», p. 321; Thomas, *Entendamos los dones espirituales*, p. 162.

59. Lenski, *The Interpretation of St. Paul's First and Second Epistles to the Corinthians*, p. 618.

60. «αἰσχρός», BDAG, p. 29.

61. MacArthur, *1 y 2 Corintios*, p. 453; Schreiner, *1 Corinthians*, pp. 297-298.

62. Hay un contraste deliberado y pertinente entre las frases preposicionales ἐν οἴκῳ («en casa») y ἐν ἐκκλησίᾳ («en la congregación»). Ciampa y Rosner, *The First Letter to the Corinthians*, p. 729; Garland, *1 Corinthians*, p. 669; Kistemaker, *1 Corintios*, pp. 561-562; Robertson y Plummer, *A Critical and*

cual puede entenderse como una medida de protección frente a las tentaciones de orgullo, autosuficiencia o protagonismo que podrían manifestarse en un contexto de congregación mixta. Esta restricción presupone que ocasionalmente una simple pregunta o la manera como es expresada puede sembrar semillas de disensión y menoscabar la autoridad del predicador. Además, Pablo delimita la fuente de la instrucción: «sus maridos» (1 Co. 14:35). Esto implica que la esposa no debe procurar esa información de alguien más, sino solamente de su esposo.[63]

Es importante notar que Pablo no especifica en este versículo qué alternativas tenían las mujeres solteras para resolver sus inquietudes espirituales (1 Co. 7:8). Sin embargo, dada la naturaleza pastoral de sus epístolas, se puede inferir que debían acudir en privado a otras personas piadosas y calificadas, tal como las mujeres casadas lo harían con sus esposos. Solteras piadosas podían acudir a viudas maduras en la fe (Tit. 2:3-5), pastores que servían como consejeros espirituales (1 Ti. 5:1-2), o ancianos que fueran competentes en la enseñanza (1 Ti. 3:2; Tit. 1:9).[64] En cualquier caso, el principio permanece inalterable: la feminidad y el pudor de la mujer no deben ser comprometidos al usurpar funciones de liderazgo espiritual que Dios ha asignado exclusivamente a los hombres.

Así, el versículo 35 no solo amplía los principios de sujeción y silencio establecidos anteriormente (1 Co. 14:34), sino que también proporciona un marco práctico para entender cómo debe ejercerse el aprendizaje espiritual de las mujeres dentro del orden divino. Esta instrucción, lejos de ser meramente normativa, tiene

---

Exegetical Commentary on The First Epistle of St. Paul to the Corinthians, p. 325. Este versículo enseña que hay una diferencia sustancial entre la iglesia y el hogar. La mujer ni siquiera debe hacer preguntas en el culto público de la iglesia, sino que debe esperar hasta que esté en casa a solas con su marido.

63. Thomas, *Entendamos los dones espirituales*, p. 162.

64. W. Harold Mare, *1 Corinthians*, EBC 10 (Grand Rapids: Zondervan, 1976), pp. 276-277.

implicaciones directas para la vida matrimonial y para la madurez espiritual tanto de hombres como de mujeres. A continuación, se presentan algunas aplicaciones que emergen naturalmente de este pasaje inspirado y que siguen siendo relevantes para la iglesia hoy:

1. El mandato de que las mujeres consulten a sus maridos en casa presupone que el esposo ejerce un liderazgo espiritual activo en el hogar. Esto implica no solo autoridad, sino también responsabilidad ante Dios. El varón debe estar preparado para guiar a su esposa en la verdad, sirviendo como recurso de sabiduría, consuelo y dirección espiritual. Su conocimiento debe superar el de su esposa no como un símbolo de superioridad, sino como fruto de su llamado a nutrirla espiritualmente. Solo así podrá responder con mansedumbre a sus preguntas, fortalecer su fe y reflejar el amor sacrificial de Cristo por su iglesia.

2. El llamado a guardar silencio y aprender en sujeción durante la asamblea implica que la esposa debe honrar el liderazgo espiritual de su esposo en el hogar. Esto no significa pasividad intelectual ni espiritual, sino una disposición voluntaria a respetar el rol que Dios ha asignado al varón. Cuando la esposa asume el liderazgo espiritual, ya sea por negligencia del marido o por iniciativa propia, se rompe el orden divino. Aun si ella posee mayor conocimiento bíblico o un don de enseñanza, su actitud debe seguir siendo de humildad y apoyo, no de usurpación. El rol de liderazgo no está basado en capacidad, sino en diseño (Ef. 5:22-24; Col. 3:18). La esposa sabia impulsa a su marido a crecer espiritualmente sin sobrepasar el lugar que Dios le ha confiado.

3. El hecho de que la mujer deba preguntar en casa a su marido no implica que la mujer dependa exclusivamente de

su esposo para conocer la Palabra de Dios. Toda creyente —al igual que todo creyente— tiene la responsabilidad individual de escudriñar las Escrituras, dejar que la Palabra de Cristo more en abundancia en su corazón y vivir en obediencia a ella (Col. 3:16). El aprendizaje en sujeción no niega la iniciativa personal, sino que la encauza dentro del orden divino. Una mujer piadosa estudia con diligencia y profundidad, no para enseñar a su esposo, sino para crecer en santidad. Su estudio debe complementarse con reverencia, humildad y dependencia de Dios, buscando ser edificada sin traspasar los límites establecidos para el liderazgo espiritual en el hogar y la iglesia.

4. Cuando una mujer creyente está casada con un marido no regenerado, no puede esperar de él liderazgo espiritual. En tales casos, el modelo bíblico es 1 Pedro 3:1–6: una conducta casta, respetuosa y llena de esperanza. Ella debe evangelizar a su esposo, confiando en que Dios puede obrar a través de su testimonio fiel. Aunque no cuenta con un guía espiritual en casa, eso no anula su responsabilidad de crecer en gracia, estudiar las Escrituras y perseverar en oración.

5. La mujer cristiana soltera debe tomar decisiones con discernimiento, especialmente en cuanto al matrimonio. El mandato de Pablo en 1 Corintios 14:35 presupone que el marido será líder espiritual en el hogar. Por tanto, una mujer piadosa debe buscar como esposo a un hombre comprometido con la Palabra de Dios, que estudie, obedezca y enseñe con humildad. Casarse con un incrédulo no solo es desobediencia (1 Co. 7:39), sino que la expone a profundas luchas espirituales. Un marido impío no edificará su fe; al contrario, podría debilitarla o incluso hostigarla

espiritualmente. Aun si ella permanece firme, vivirá con un enemigo de su alma. Por eso, la soltera debe orar, esperar con paciencia y elegir conforme al diseño divino, no por presión cultural o emocional.

1 Timoteo 2:11-15

Como con cualquier otro pasaje de las Escrituras, es esencial considerar el contexto inmediato para comprender correctamente la intención del Espíritu Santo a través del apóstol Pablo en 1 Timoteo 2:11-15. Esta sección no aparece de forma aislada, sino dentro de una unidad mayor que abarca los capítulos 2 y 3 de la epístola, ambos enfocados en la conducta apropiada dentro del contexto del culto congregacional. Pablo deja clara esta intención en 1 Timoteo 3:14-15: «Esto te escribo [...] para que si tardo, *sepas cómo debes conducirte en la casa de Dios,* que es la iglesia del Dios viviente, columna y baluarte de la verdad». Esta afirmación resume y encierra el contenido de los dos capítulos anteriores, mostrando que las instrucciones dadas no son meramente circunstanciales, sino aplicables al funcionamiento ordinario de la iglesia como pueblo de Dios reunido en adoración.

Dentro de ese marco, en 1 Timoteo 2:1-8 se exhorta a los hombres a asumir el liderazgo espiritual en la oración pública. Luego, en 1 Timoteo 2:9-15, Pablo se dirige a las mujeres, no para excluirlas del culto, sino para ordenar su conducta conforme al diseño de Dios. Particularmente en los versículos del 11 al 15, el apóstol establece un marco doctrinal y práctico sobre el rol de la mujer en el culto congregacional. Allí se aborda tanto el deber de aprender con una actitud apropiada, como los límites establecidos por Dios respecto a la enseñanza y la autoridad espiritual pública. Todo ello se fundamenta en principios teológicos permanentes, no en normas culturales pasajeras.

La sujeción de las mujeres

El versículo 11 de 1 Timoteo 2 contiene una afirmación que, lejos de ser restrictiva, fue radicalmente liberadora en su contexto histórico y sigue siendo profundamente significativa hoy: «La mujer *aprenda*». En una cultura que a menudo relegaba a la mujer al margen del acceso formal a la enseñanza,[65] el mandato apostólico resalta la dignidad y el valor que Dios concede a su crecimiento espiritual e intelectual. En lugar de excluirlas del conocimiento de la verdad, Pablo —hablando con autoridad divina (2 Ti. 3:16; 2 P. 3:15-16)— las incluye activamente en el proceso de formación doctrinal. La iglesia es, por diseño, una comunidad de discípulos (Mt. 28:19-20; Hch. 2:42), y como ya se ha mostrado en 1 Corintios 14:35, las mujeres también están llamadas a ser aprendices fieles del evangelio.[66]

Sin embargo, el peso de esta instrucción no recae solamente en el acto de aprender, sino en el *modo* en que debe llevarse a cabo.[67] Pablo no dice simplemente «que la mujer aprenda», sino «que la mujer aprenda *en silencio* [y] *con toda sujeción*» (1 Ti. 2:11). Como bien ilustra el erudito bíblico Thomas R. Schreiner, es como si un

---

65. Paul W. Barnett, «Wives and Women's Ministry (1 Timothy 2:11-15)», *EvQ* 61 (1989), p. 229; Joachim Jeremias, *Jerusalén en tiempos de Jesús* (Madrid, España: Ediciones Cristiandad, 1977), p. 387; Aída Besançon Spencer, *Beyond the Curse: Women Called to Ministry* (Nashville: Nelson, 1985), pp. 46-57; John R. W. Stott, *The Message of 1 Timothy and Titus: The Life of the Local Church* (Downers Grove, IL: InterVarsity Press, 1996), pp. 85-86; Ben Witherington III, *Women in the Ministry of Jesus: A Study of Jesus' Attitude to Women and their Roles as Reflected in His Earthly Life*, SNTSMS 51 (Cambridge: Cambridge University Press, 1987), pp. 1-10. Para un análisis más profundo de la actitud judía sobre las mujeres en los tiempos de Jesús, véase el capítulo tres, escrito por William Varner: «Cristo en su contexto».

66. Thomas D. Lea y Hayne P. Griffin Jr., *1, 2 Timothy, Titus*, NAC 34 (Nashville: Broadman & Holman Publishers, 1992), p. 98; Robert W. Yarbrough, *The Letters to Timothy and Titus*, PNTC (Grand Rapids: Eerdmans, 2018), p. 170.

67. Hurley, *Man and Woman in Biblical Perspective*, p. 201; Douglas J. Moo, «1 Timothy 2:11-15: Meaning and Significance», *TJ* 1 (1980), p. 64; William D. Mounce, *Pastoral Epistles*, WBC 46 (Nashville: Thomas Nelson, 2000), p. 119; I. Howard Marshall, *A Critical and Exegetical Commentary on The Pastoral Epistles*, ICC (Londres: T&T Clark, 1999), p. 453.

padre dijera a su hijo: «Debes conducir con cuidado y responsabilidad». El foco del mandato no está en el acto de conducir, sino en la manera de hacerlo. De igual manera, el énfasis de este versículo recae en la actitud con la que la mujer debe recibir la enseñanza dentro de la iglesia.[68]

Tampoco resulta convincente interpretar que el mandato a aprender implica que la mujer puede enseñar una vez haya alcanzado cierto nivel de instrucción.[69] Esta conclusión pasa por alto el sentido explícito del texto. Si Pablo hubiera querido condicionar la enseñanza femenina a su nivel de preparación, habría dicho: «No permito a la mujer enseñar hasta que esté suficientemente instruida». Pero no lo hace. En su lugar, declara sin ambigüedades: «No permito a la mujer *enseñar,* ni ejercer dominio sobre el hombre» (1 Ti. 2:12). Extraer una autorización implícita a partir de un mandato explícito no solo es metodológicamente erróneo, sino que contradice la intención del pasaje.[70]

La estructura del texto deja en claro este propósito al incluir dos frases que definen el modo en que la mujer debe aprender. La primera es «en silencio», la cual describe literalmente la condición de alguien que no dice nada.[71] Aunque algunos han sugerido que se refiere simplemente a un espíritu apacible o afable,[72] el

---

68. Thomas R. Schreiner, «An Interpretation of 1 Timothy 2:9-15: A Dialogue with Scholarship», en *Women in the Church: A Fresh Analysis of 1 Timothy 2:9-15*, ed. por Andreas J. Köstenberger, Thomas R. Schreiner y H. Scott Baldwin, pp. 163-225 (Grand Rapids: Baker Books, 2016), p. 185.

69. Mounce, *Pastoral Epistles*, p. 118.

70. Douglas J. Moo, «What Does It Mean Not to Teach or Have Authority over Men? 1 Timothy 2:11-15», en *Recovering Biblical Manhood & Womanhood: A Response to Evangelical Feminism*, ed. por John Piper y Wayne A. Grudem, pp. 179-193 (Wheaton, IL: Crossway, 2006), p. 184.

71. «ἡσυχία», BDAG, p. 440.

72. Barnett, «Wives and Women's Ministry (1 Timothy 2:11-15)», p. 229; Stephen B. Clark, *Man and Woman in Christ: An Examination of the Roles of Men and Women in Light of Scripture and the Social Sciences* (Ann Arbor, MI: Servant, 1980), p. 195; Mary J. Evans, *Women in the Bible: An Overview of All the Crucial Passages on Women's Roles* (Downers Grove, IL: InterVarsity Press, 1983), p. 101; Gordon D. Fee, *1 and 2 Timothy, Titus*, NIBCNT (Peabody, MA: Hendrickson, 1988), p. 84; Keener, *Paul, Women, and Wives*, p. 108; Mounce, *Pastoral*

contexto inmediato indica lo contrario. En el versículo 12, Pablo repite la frase como contraste directo con enseñar y ejercer autoridad. La cercanía entre ambos versículos y la forma en que se explican mutuamente sugieren que el silencio implica la abstención de hablar públicamente en el servicio de adoración; es decir, de asumir funciones de enseñanza autoritativa en la asamblea.[73]

La segunda frase es «con toda sujeción», la cual implica una actitud de reconocimiento y deferencia ante el liderazgo espiritual masculino. Esta palabra aparece en otros pasajes del Nuevo Testamento donde se describe la respuesta apropiada del creyente hacia autoridades establecidas por Dios (Ro. 13:1; Tit. 3:1), y particularmente la sujeción de la esposa hacia su marido (Ef. 5:24; Col. 3:18; Tit. 2:5; 1 P. 3:1, 5).[74] En el contexto de la iglesia, la sujeción no es hacia todo varón sin distinción, sino hacia quienes ejercen legítima autoridad doctrinal y pastoral en la congregación: los pastores (1 Ti. 5:17). La mujer expresa esta sujeción no asumiendo roles que Dios ha asignado exclusivamente a los varones.[75]

Este llamado a la sujeción no debe interpretarse como una forma de inferioridad espiritual. Así como Cristo se sometió voluntariamente al Padre sin dejar de ser igual en esencia, así también la mujer demuestra su fidelidad al Señor al abrazar con humildad el diseño que Él ha dispuesto para el orden de la iglesia. La sujeción y el silencio no son signos de debilidad o exclusión, sino expresiones de sabiduría espiritual, de reverencia al Creador y de obediencia a su Palabra.

Epistles, pp. 118-119; Schreiner, «An Interpretation of 1 Timothy 2:9-15», pp. 186-187; Witherington, *Women in the Earliest Churches*, p. 120.

73. MacArthur, *1 y 2 Tesalonicenses, 1 y 2 Timoteo, Tito*, pp. 101-102.

74. George W. Knight III, *Las epístolas pastorales: Un comentario sobre el texto griego*, NIGTC (Fairfax, VA: Fundación Hurtado, 2019), p. 138.

75. Barnett, «Wives and Women's Ministry (1 Timothy 2:11-15)», p. 230; Marshall, *A Critical and Exegetical Commentary on The Pastoral Epistles*, p. 454; Moo, «What Does It Mean Not to Teach or Have Authority over Men? 1 Timothy 2:11-15», p. 183; Mounce, *Pastoral Epistles*, p. 120; Schreiner, «An Interpretation of 1 Timothy 2:9-15», p. 187.

La suspensión de las mujeres

El versículo 12 ofrece una explicación directa y autoritativa del mandato dado en el versículo anterior: «*Porque* no permito a la mujer enseñar, ni ejercer dominio sobre el hombre, sino estar en silencio». Esta declaración debe entenderse como una prohibición divina transmitida por medio del apóstol Pablo, quien habla con autoridad apostólica delegada por Cristo (1 Ti. 1:1). Esto quiere decir que la frase «no permito» no representa una opinión privada o culturalmente condicionada, sino una instrucción normativa para toda la iglesia.[76] La instrucción se centra en dos aspectos más específicamente: enseñar y ejercer autoridad sobre el hombre.

Aquí el verbo «enseñar» no se refiere a cualquier tipo de enseñanza, sino a la actividad regular que se asocia con el liderazgo

76. Algunos intérpretes sostienen que la expresión οὐκ ἐπιτρέπω («no permito») en 1 Timoteo 2:12 tiene un carácter meramente temporal, limitado a las circunstancias particulares de la iglesia en Éfeso. Esta conclusión suele basarse en el tiempo del verbo ἐπιτρέπω que aparece en *presente* del indicativo, lo que supuestamente reflejaría una preferencia pastoral circunstancial, en lugar de una instrucción normativa y permanente. Véase Bilezikian, *Beyond Sex Roles*, pp. 138-139; Fee, *1 and 2 Timothy, Titus*, p. 72; Witherington, *Women in the Earliest Churches*, pp. 120-121. Sin embargo, esta interpretación es gramaticalmente inconsistente y teológicamente errónea. El uso del presente del indicativo en primera persona no implica, por sí solo, una prohibición limitada o provisional. En las epístolas paulinas es común encontrar el presente del indicativo como forma estándar para transmitir mandatos con aplicación universal. Así, por ejemplo, en Romanos 12:1 Pablo utiliza el verbo παρακαλῶ («ruego») en tiempo presente para introducir una exhortación que es claramente normativa para todos los creyentes. Lo mismo ocurre en pasajes como Romanos 15:30; 16:17; 1 Corintios 1:10; Efesios 4:1 y 1 Timoteo 2:1, entre otros. Quienes apelan a esta forma como prueba de que la prohibición es temporal van más allá de la evidencia. La forma no demuestra tal cosa, y cualquier tesis en ese sentido debe fundarse en argumentos contextuales y teológicos, no en un argumento gramatical débil. GGSNT, pp. 387-388; R. Kent Hughes y Bryan Chapell, *1 & 2 Timothy and Titus: To Guard the Deposit*, PTW (Wheaton, IL: Crossway, 2000), pp. 67-68; Knight, *Las epístolas pastorales*, p. 139; Moo, «What Does It Mean Not to Teach or Have Authority over Men? 1 Timothy 2:11-15», p. 185; Mounce, *Pastoral Epistles*, pp. 122-123; Schreiner, «An Interpretation of 1 Timothy 2:9-15», p. 189; Philip H. Towner, *The Letters to Timothy and Titus*, NICNT (Grand Rapids: Eerdmans, 2006), p. 217; Yarbrough, *The Letters to Timothy and Titus*, p. 175.

pastoral.[77] Este uso es coherente con el contexto inmediato de las epístolas pastorales, en donde enseñar está estrechamente vinculado con la función de los pastores (1 Ti. 3:2; 5:17; Tit. 1:9). Esta enseñanza representa la función normativa de los ancianos, quienes son llamados a laborar en la predicación fiel y a refutar los errores doctrinales (1 Ti. 5:17; Tit. 1:9, 11). Por tanto, la enseñanza que se prohíbe a la mujer no es de carácter general, sino aquella que implica ejercer una autoridad doctrinal y espiritual sobre los hombres.[78] Esto de ningún modo significa que *toda* intervención verbal de una mujer esté vedada. Sin embargo, en lo que respecta al oficio pastoral, la enseñanza está reservada exclusivamente a los hombres según el diseño establecido por Dios para la iglesia.

Además de enseñar, Pablo prohíbe a la mujer «ejercer dominio sobre el hombre». El verbo que el apóstol utiliza aquí en griego solo aparece en este pasaje en todo el Nuevo Testamento. Básicamente significa asumir una postura de autoridad independiente.[79] Algunos estudiosos han intentado evadir la fuerza del mandato de Pablo al suponer arbitrariamente que este verbo debería traducirse como ejercer autoridad «de manera injuriosa».[80] Las mujeres, según esta opinión, pueden ejercer autoridad sobre los hombres siempre y cuando no sea dominante. Sin embargo, un estudio de

---

77. MacArthur, *1 y 2 Tesalonicenses, 1 y 2 Timoteo, Tito*, p. 102.

78. Hughes y Chapell, *1 & 2 Timothy and Titus*, p. 69; Knight, *Las epístolas pastorales*, p. 140; Moo, «What Does It Mean Not to Teach or Have Authority over Men? 1 Timothy 2:11-15», p. 186; Mounce, *Pastoral Epistles*, p. 123; Schreiner, «An Interpretation of 1 Timothy 2:9-15», p. 191.

79. «αὐθεντέω», BDAG, p. 150.

80. Richard Clark Kroeger y Catherine Clark Kroeger, *I Suffer Not a Woman: Rethinking 1 Timothy 2:11-15 in Light of Ancient Evidence* (Grand Rapids: Baker Books, 1992), p. 84; Marshall, *A Critical and Exegetical Commentary on The Pastoral Epistles*, p. 458; Alvera Mickelsen, «An Egalitarian View: There is Neither Male nor Female in Christ», en *Women in Ministry: Four Views*, ed. por Bonnidell Clouse y Robert G. Clouse, pp. 173-206 (Downers Grove, IL: InterVarsity Press, 1989), p. 202; Andrew C. Perriman, «What Eve Did, What Women Shouldn't Do: The Meaning of AYΘENTEΩ in 1 Timothy 2:12», *TynBul* 44 (1993), p. 135.

los empleos extrabíblicos pone en claro que la palabra significa simplemente autoridad.[81] No tiene una connotación negativa. Eso lo determina únicamente el contexto.[82] Lo que Pablo, entonces, está prohibiendo a las mujeres es cualquier tipo de autoridad sobre los hombres en la iglesia. La función de liderazgo pastoral está reservada únicamente a los varones (1 Ti. 3:2; Tit. 1:6).

Para reafirmar este concepto, Pablo vuelve a hacer hincapié en el hecho de que la mujer no está excluida del conocimiento de la verdad. Puede y debe ser una fiel aprendiz del evangelio. Pero debe «estar en silencio» (1 Ti. 2:12). Esto de ninguna manera niega el valor ni los dones espirituales que las mujeres reciben del Señor. Las mujeres, al igual que los hombres, son recipientes del Espíritu Santo y han sido dotadas con dones para la edificación del cuerpo de Cristo (1 Co. 12:7-11; 1 P. 4:10). Sus ministerios son esenciales para la vida y el crecimiento de la iglesia (1 Co. 12:12-26). Sin embargo, la fidelidad al diseño bíblico requiere distinguir entre el ejercicio de los dones y el ejercicio de autoridad pastoral.[83] Las mujeres pueden y deben enseñar a otras mujeres y a los niños (Tit. 2:3-5) y contribuir al consejo sabio en esferas informales (Hch. 18:26), pero no deben predicar ni enseñar a

---

81. Para un análisis léxico más riguroso, véase Al Wolters, «The Meaning of Αὐθεντέω», en *Women in the Church: A Fresh Analysis of 1 Timothy 2:9-15*, ed. por Andreas J. Köstenberger, Thomas R. Schreiner y H. Scott Baldwin (Grand Rapids: Baker Books, 2016), pp. 65-115.

82. No hay nada en el contexto que sugiera una connotación negativa. De hecho, gramaticalmente esta interpretación es insostenible. La conjunción οὐδὲ («ni»), que conecta los verbos διδάσκειν («enseñar») y αὐθεντεῖν («ejercer dominio»), exige que ambos estén en la misma categoría semántica: o bien ambos verbos son positivos o ambos negativos («οὐδέ», BDAG, p. 734). Dado que el acto de enseñar aparece de forma constante y *positiva* en las cartas pastorales (1 Ti. 4:11; 6:2; 2 Ti. 2:2, 24; Tit. 2:1, 15), αὐθεντεῖν («ejercer dominio») no puede entenderse aquí negativamente. AGGNT, p. 1185; GGSNT, p. 533; Hughes y Chapell, *1 & 2 Timothy and Titus*, p. 67; Knight, *Las epístolas pastorales*, p. 140; Schreiner, «An Interpretation of 1 Timothy 2:9-15», p. 198; Yarbrough, *The Letters to Timothy and Titus*, p. 180.

83. Moo, «What Does It Mean Not to Teach or Have Authority over Men? 1 Timothy 2:11-15», pp. 186-187.

hombres en la asamblea congregacional, ni asumir roles de liderazgo espiritual en la iglesia.

Esta prohibición no admite excepciones circunstanciales. La falta de pastores no justifica que una mujer asuma funciones que Dios ha reservado para los varones. Como se evidencia en el libro de los Hechos —una época de gran necesidad misionera y liderazgo emergente—, nunca se encuentra a una mujer predicando públicamente ni desempeñando un ministerio regular de proclamación en la iglesia. Cuando se presentan situaciones extraordinarias, como en el campo misionero, algunas mujeres han transmitido el evangelio en privado para que luego varones instruidos ejerzan la enseñanza pública.[84] Aun en contextos difíciles, la obediencia a la Palabra no debe ser sacrificada por razones pragmáticas.

El sustento de las mujeres

Los versículos 13 y 14 proveen el fundamento teológico para esta prohibición de origen divino. Pablo no apela a normas culturales, sino a verdades universales: el orden de la creación y el orden de la caída. Algunos han intentado relativizar estas razones sugiriendo que Eva fue engañada por falta de instrucción, o que su error representa a las mujeres efesias en particular. Como explica Stanley J. Grenz: «[Eva] no estuvo presente en el huerto cuando Dios le dio a Adán el mandamiento; de esta manera Eva sirve como una analogía para las mujeres efesias que no están instruidas apropiadamente».[85] Al afirmar esto, Grenz pretende limitar la restricción de Pablo a su época para decir que no se aplica a la actualidad. Sin embargo, el apóstol no alude a Eva como una ilustración local, sino como una figura representativa del diseño original de Dios para la mujer.

---

84. MacArthur, *1 y 2 Tesalonicenses, 1 y 2 Timoteo, Tito*, p. 103.

85. Stanley J. Grenz y Denise Muir Kjesbo, *Women in the Church: A Biblical Theology of Women in Ministry* (Downers Grove, IL: InterVarsity Press, 1995), p. 138.

La primera razón que ofrece Pablo se basa en el orden de la creación: «Porque Adán fue formado primero, *después* Eva».[86] Esta referencia al relato de Génesis 2 no es incidental (Gn. 2:18-24). Pablo considera que el orden en que fueron creados Adán y Eva revela una intención divina respecto al diseño funcional del hombre y la mujer. Antes de la caída, Dios estableció una estructura de autoridad y complementariedad entre el hombre y la mujer. Este orden se evidencia de al menos cuatro maneras:

1. Adán fue creado como proveedor y responsable del entorno. Génesis 2:8 y 15 señala: «Y Jehová Dios plantó un huerto en Edén, al oriente; y puso allí al hombre que había formado [...] y lo puso en el huerto de Edén, *para que lo labrara y lo guardase*». Antes de que Eva fuera creada, Dios ya había asignado a Adán la responsabilidad de trabajar y cuidar el huerto, reflejando así una estructura de autoridad en la provisión y la administración de la creación. Este detalle no es menor. El orden en la creación no

86. Una de las objeciones más comunes entre los defensores de la interpretación igualitaria consiste en argumentar —a menudo con sarcasmo— que si el orden de la creación establece autoridad, entonces los animales deberían tener autoridad sobre los seres humanos, ya que fueron creados antes que Adán y Eva. Sarah Bessey, *Jesus Feminist: An Invitation to Revisit the Bible's View of Women* (Nueva York, NY: Howard Books, 2013), p. 68; Bilezikian, *Beyond Sex Roles*, pp. 24, 208-209; Paul K. Jewett, *Man as Male and Female: A Study in Sexual Relationships from a Theological Point of View* (Grand Rapids: Eerdmans, 1975), pp. 126-127; Philip B. Payne, *The Bible vs. Biblical Womanhood: How God's Word Consistently Affirms Gender Equality* (Grand Rapids: Zondervan, 2023), p. 7. Sin embargo, esta objeción ignora tanto la lógica del texto como su contexto teológico. Génesis deja en claro que, a diferencia de los animales, el ser humano fue creado a imagen y semejanza de Dios (Gn. 1:26-27), lo que lo distingue y coloca en una posición única dentro de la creación. Pablo, como lector cuidadoso de la Biblia y bajo la inspiración del Espíritu, reconoce en la prioridad temporal de Adán una implicación teológica relevante para el diseño funcional entre el hombre y la mujer. Esta interpretación no habría sido extraña para los oyentes originales, familiarizados con el principio de la primogenitura, que solo tiene lugar entre los seres humanos y es, de hecho, limitado a los de una misma familia.

es meramente cronológico, sino teológico. La primacía[87] de Adán en la formación y el encargo funcional refleja una distinción permanente en los roles que Dios asignó al hombre y la mujer.

2. Adán recibió el mandamiento divino. Génesis 2:16-17 lee: «Y mandó Jehová Dios *al hombre*, diciendo: De todo árbol del huerto podrás comer; mas del árbol de la ciencia del bien y del mal no comerás». Esta instrucción divina fue dada exclusivamente a Adán, lo cual establece una clara distinción funcional. La responsabilidad de recibir, obedecer y luego transmitir la palabra de Dios recayó sobre él.[88] Es significativo que Eva aún no había sido creada cuando se dio este mandato (Gn. 2:18), por lo que Adán fue el responsable de comunicarlo. Este detalle revela que Dios lo invistió con una posición de liderazgo espiritual desde el principio.

3. Eva fue creada como ayuda idónea para Adán. Génesis 2:18 dice: «No es bueno que el hombre esté solo; le haré ayuda idónea *para él*». Este versículo establece que la mujer fue creada para complementar al hombre. Eva fue creada

87. El reconocido teólogo Wayne A. Grudem explica la primacía de Adán por medio del concepto de la primogenitura: «La creación de Adán primero es coherente con el patrón del Antiguo Testamento de la "primogenitura", la idea de que el que nació primero en cada generación en la familia humana tiene el liderazgo en la familia para esa generación. El derecho de la primogenitura se da por entendido a lo largo del texto del Antiguo Testamento, aun en momentos cuando debido a los propósitos especiales de Dios se vende el derecho a la primogenitura o se transfiere a una persona más joven (Gn. 25:27-34; 35:23; 38:27-30; 49:3-4; Dt. 21:15-17; 1 Cr. 5:1-2). [...] El hecho de que estamos en lo correcto al ver un propósito en que Dios formara primero a Adán, y que ese propósito refleja una distinción permanente en las funciones que Dios ha dado a los hombres y las mujeres, queda apoyado por 1 Timoteo 2:13». Wayne A. Grudem, *Teología sistemática: Una introducción a la doctrina bíblica* (Miami, FL: Vida, 2007), p. 482.

88. Köstenberger, *God's Design for Man and Woman*, p. 33.

para Adán, no Adán *para* Eva.[89] Este principio es reforzado en 1 Corintios 11:9, donde Pablo dice: «Tampoco el varón fue creado por causa de la mujer, *sino la mujer por causa del varón*». Lejos de ser un producto cultural o una consecuencia del pecado, esta distinción se origina en el diseño mismo de la creación, y es la base teológica de la complementariedad entre el hombre y la mujer.

4. Adán ejerció autoridad al nombrar a los animales y a la mujer. En el Antiguo Testamento, asignar un nombre no es un acto meramente lingüístico, sino una expresión de autoridad. Génesis 2:19-20 muestra cómo Dios trajo a Adán toda bestia del campo y ave de los cielos «para que viese *cómo* las había de llamar». Esta función refleja un liderazgo delegado por Dios. Adán no solo clasificó a los animales, sino que también expresó autoridad representativa sobre la mujer al decir: «Esta será llamada *Varona*» (Gn. 2:23).[90] Este acto, anterior a la caída, indica que su rol como cabeza era parte del diseño perfecto de Dios, no una consecuencia del pecado.

---

89. Para un análisis léxico más riguroso de la expresión hebrea עֵזֶר כְּנֶגְדּוֹ («ayuda idónea»), véase el segundo capítulo, escrito por Lucas Alemán: «La mujer en el principio».

90. Como observa el erudito de Antiguo Testamento, Raymond C. Ortlund: «Al llamar a la mujer "Varona", el hombre interpreta su identidad en relación consigo mismo. A partir de una comprensión intuitiva de quién es ella, la reconoce como femenina, distinta de él, pero también como su contrapartida y su igual. De hecho, ve en ella su propia carne. Y no solo interpreta a la mujer para comprenderla él mismo, sino también para que ella entienda quién es. Dios no le explicó directamente a la mujer cuál era su relación con el hombre, aunque bien pudo haberlo hecho. En lugar de eso, permitió que Adán definiera a la mujer, en consonancia con su rol de liderazgo. Este acto soberano de Adán no solo surgió de su conciencia de liderazgo, sino que también dejó en claro esa autoridad ante Eva. Ella halló su identidad en relación con el hombre, como su igual y su ayuda, según la definición que el propio Adán le otorgó. Así, ambos comprendieron desde el inicio la paradoja de su relación». Raymond C. Ortlund Jr., «Male-Female Equality and Male Headship», en *Recovering Biblical Manhood & Womanhood: A Response to Evangelical Feminism*, ed. por John Piper y Wayne A. Grudem, pp. 95-112 (Wheaton, IL: Crossway, 2006), pp. 102-103.

Estas distinciones funcionales entre el hombre y la mujer, establecidas claramente antes de la caída, no fueron producto del pecado ni de una cultura patriarcal, sino del diseño perfecto y ordenado de Dios. Cada elemento del relato en Génesis 2 revela una estructura intencional, en la que el liderazgo masculino y la ayuda complementaria de la mujer forman parte del propósito original divino. Pero este patrón no se interrumpe en Génesis 3. Aun cuando el pecado entra en el mundo, los roles asignados en la creación no son abolidos, sino que continúan manifestándose:

1. Satanás tentó a Eva, no a Adán. Génesis 3:1 relata: «La serpiente [...] dijo a *la mujer*», y nuevamente en el versículo 4: «La serpiente dijo a *la mujer*». Esta iniciativa no fue accidental. Al acercarse a Eva y no a Adán, Satanás buscó subvertir deliberadamente el diseño divino, tratando a la mujer como si fuera la líder. En lugar de dirigirse al hombre como responsable del mandato divino (Gn. 2:16-17), el tentador distorsionó el orden establecido. Pablo parece aludir a esta alteración cuando afirma que «Adán no fue engañado, sino la mujer» (1 Ti. 2:14). El acto de Satanás refleja su intención de inducir a Eva a tomar la iniciativa, promoviendo una desobediencia que invierte los roles asignados por Dios en el matrimonio.

2. Todo cambió cuando Adán pecó. Aunque Eva fue la primera en transgredir el mandato divino, no fue sino hasta que Adán comió del fruto prohibido que se desencadenaron las consecuencias del pecado. Génesis 3:7 declara que, después de que ambos comieron, «fueron abiertos los ojos de ambos, y conocieron que estaban desnudos». El reconocimiento de la culpa y la vergüenza no surgió tras la acción de Eva, sino a partir de la desobediencia de Adán. Esta secuencia es teológicamente significativa: el pecado

entró en el mundo no por medio de Eva, sino por medio de Adán. Así lo afirma el apóstol Pablo: «Por la transgresión de un solo *hombre* murieron todos» (Ro. 5:15) y «en *Adán* todos mueren» (1 Co. 15:22).

3. Dios llamó a Adán a cuentas. A pesar de que Eva fue la primera en pecar y aunque posteriormente Dios también la confrontó, Génesis 3:9 señala que «llamó Jehová Dios al *hombre*, y le dijo: ¿Dónde estás tú?». Esta pregunta no fue dirigida a ambos, ni a Eva, sino específicamente a Adán. Luego, en el versículo 11, el Señor continúa con la confrontación personal: «¿Quién te enseñó que estabas desnudo? ¿Has comido del árbol de que yo *te* mandé no comieses?». Este enfoque revela que, ante los ojos de Dios, Adán tenía la responsabilidad principal de rendir cuentas por lo sucedido en el huerto. Claramente el liderazgo masculino no comenzó con la caída, sino que fue reconocido y reafirmado aún en medio del juicio divino.

4. Dios confirmó la autoridad de Adán al permitirle nombrar a su esposa. Génesis 3:20 afirma: «Y llamó *Adán* el nombre de su mujer Eva, por cuanto ella era madre de todos los vivientes». Este acto de nombrar se corresponde con lo ocurrido antes de la caída, cuando Adán designó a la mujer como «Varona» (Gn. 2:23). En ambos casos, Adán actúa sin mediación ni consulta, lo que refleja una posición de liderazgo. Que este gesto ocurra después de la caída es significativo: confirma que, aunque el pecado distorsionó las relaciones humanas, el diseño original de Dios en cuanto al liderazgo masculino en el matrimonio permanece vigente.

Tabla 5.1: Distinciones funcionales entre el hombre y la mujer

Antes de la caída	Después de la caída
Adán fue creado como proveedor (Gn. 2:8, 15).	Satanás tentó a Eva, no a Adán (Gn. 3:1, 4).
Adán recibió el mandamiento divino (Gn. 2:16-17).	Todo cambió cuando Adán pecó (Gn. 3:7).
Eva fue creada como ayuda idónea para Adán (Gn. 2:18, 20).	Dios llamó a Adán a cuentas (Gn. 3:9-11).
Adán nombró a los animales y a la mujer (Gn. 2:19-23).	Adán nombró a la mujer Eva (Gn. 3:20).

El principio de roles diferenciados entre el varón y la mujer no es producto del pecado ni de una construcción cultural. Es una cuestión de diseño divino. La diferencia funcional no se basa en la caída ni en los efectos del pecado, sino en el orden soberano establecido por Dios desde el principio. Esta sola razón sería suficiente para sustentar el principio de liderazgo masculino.[91] Sin embargo, en 1 Timoteo 2:14, Pablo añade una segunda base

91. A pesar de su claridad textual, varios defensores de la interpretación igualitaria consideran que 1 Timoteo 2:13 es un versículo oscuro o de escasa relevancia para el argumento de Pablo. Por ejemplo, Mary J. Evans afirma que su conexión con el versículo anterior es incierta. Evans, *Women in the Bible,* p. 104. De forma similar, Gordon D. Fee sostiene que este versículo no es central en la lógica del pasaje. Gordon D. Fee, *Gospel and Spirit: Issues in New Testament Hermeneutics* (Peabody, MA: Hendrickson, 1991), p. 58. Timothy J. Harris llega a decir que 1 Timoteo 2:13 «es difícil de entender desde cualquier lectura». Timothy J. Harris, «Why Did Paul Mention Eve's Deception? A Critique of P. W. Barnett's Interpretation of 1 Timothy 2», *EvQ* 62 (1990), p. 343. Otros, como Craig S. Keener y David M. Scholer, también sugieren que el texto es confuso o que Pablo cita Génesis de manera selectiva. Keener, *Paul, Women, and Wives,* p. 116; David M. Scholer, «1 Timothy 2:9-15 and the Place of Women in the Church's Ministry», en *Women, Authority and the Bible,* ed. por Alvera Mickelsen, pp. 193-224 (Downers Grove, IL: InterVarsity Press, 1986), pp. 208-213. No obstante, esta lectura falla en entender el sentido más simple y evidente del texto: Pablo introduce el argumento de la creación para fundamentar la instrucción del versículo 12. A lo largo de la historia, la iglesia ha comprendido esta relación de forma coherente y directa. Atribuir oscuridad al texto parece responder más a una resistencia hermenéutica que a una verdadera dificultad exegética.

argumentativa: el orden de la caída. «Y Adán no fue engañado, sino que la mujer, siendo engañada, incurrió en transgresión». El apóstol no introduce esta afirmación como un reproche a la mujer en general, sino como una advertencia pastoral basada en el patrón invertido de Génesis 3.

En el relato de la tentación, Satanás se dirigió a Eva en lugar de a Adán, subvirtiendo así el modelo de liderazgo masculino establecido en la creación. La mujer respondió por su cuenta, sin buscar la guía o protección del hombre,[92] quien aparentemente estuvo presente durante toda la escena (Gn. 3:6) pero permaneció pasivo.[93] Este episodio se convierte en un ejemplo de lo que ocurre cuando se abandona el diseño divino: Eva actuó como líder y Adán se mantuvo en silencio. El resultado fue trágico. Por eso, Pablo no solo ancla los roles ministeriales en la creación, sino que los reafirma a la luz de cómo se produjo la transgresión original. La inversión de roles en el Edén condujo al caos espiritual (como también lo hace en la iglesia). No obstante, la responsabilidad final recayó no sobre Eva, sino sobre Adán (Ro. 5:12). La narrativa bíblica establece, de manera clara y reiterada, que el liderazgo del hombre es parte del diseño original de Dios, confirmado tanto en la creación como después de la caída, y por lo tanto normativo para la estructura de la iglesia.

Tabla 5.2: Inversión de roles en el Edén

Estado	Orden de autoridad
Antes de la caída	Dios → Hombre → Mujer → Serpiente
Durante la caída	Serpiente → Mujer → Hombre → Dios
Después de la caída	Dios → Hombre → Mujer → Serpiente

92. Moo, «What Does It Mean Not to Teach or Have Authority over Men? 1 Timothy 2:11-15», p. 190.

93. Mounce, *Pastoral Epistles*, pp. 125, 131, 141; Scholer, «1 Timothy 2:9-15 and the Place of Women in the Church's Ministry», p. 210; Schreiner, «An Interpretation of 1 Timothy 2:9-15», pp. 215-216.

La salvación de las mujeres

Luego de establecer el fundamento teológico de los roles entre el hombre y la mujer en la creación (1 Ti. 2:13) y en la caída (1 Ti. 2:14), Pablo concluye esta sección con una declaración que ha suscitado amplia discusión entre exégetas: «Pero se salvará engendrando hijos, si permaneciere en fe, amor y santificación, con modestia» (1 Ti. 2:15). Este versículo, aunque difícil de interpretar, no revierte ni contradice los argumentos anteriores; más bien, completa el desarrollo teológico del pasaje con una esperanza de salvación para las mujeres cristianas. A lo largo de la historia de la interpretación se han propuesto múltiples lecturas de este texto, de las cuales cuatro han recibido mayor atención:

1. Algunos sostienen que Pablo está prometiendo a las mujeres seguridad durante el alumbramiento.[94] Sin embargo, esta lectura debe ser rechazada por varias razones. En primer lugar, contradice la experiencia histórica de innumerables mujeres cristianas que han muerto al dar a luz. Más importante aún, el verbo «salvar» en las cartas pastorales siempre tiene un sentido espiritual (1 Ti. 1:15; 2:4; 4:16; 2 Ti. 1:9; 4:18; Tit. 3:5). Además, el contexto mismo del versículo —«si permaneciere en fe, amor y santificación, con modestia»— apunta claramente a una dimensión ética, no a una circunstancia física.

2. Otros consideran que Pablo alude a la promesa de Génesis 3:15, entendiendo que la mujer será salva por medio del

94. Moyer Hubbard, «Kept Safe through Childbearing: Maternal Mortality, Justification by Faith, and the Social Setting of 1 Timothy 2:15», *JETS* 55 (2012), pp. 743-762; Christopher Hutson, «"Saved Through Childbearing": The Jewish Context of 1 Timothy», *NovT* 56 (2014), pp. 392-410; Jewett, *Man as Male and Female*, p. 60; Keener, *Paul, Women, and Wives*, pp. 118-119.

nacimiento de la «simiente», es decir, Cristo.[95] Sin embargo, esta interpretación introduce un elemento teológico ajeno al flujo del pasaje. Nada en el contexto inmediato sugiere una referencia al Mesías ni a María. Incluso si se admitiera tal conexión, implicaría que María fue salva por el acto de dar a luz, lo cual contradice la enseñanza clara del Nuevo Testamento, que afirma que la salvación no se obtiene por obras ni por méritos humanos, sino únicamente por gracia mediante la fe (Ro. 3:28; Ef. 2:8-9; Tit. 3:5).

3. Incluso hay otros que proponen que Pablo está corrigiendo una visión errónea, la cual presentaba la maternidad como una distracción o impedimento para la vida espiritual de la mujer.[96] Esta postura interpreta la expresión «se salvará engendrando hijos» como si indicara que la mujer será salva *a pesar de* tener hijos. No obstante, esta lectura fuerza el sentido habitual de la preposición en el original, la cual normalmente expresa un medio o instrumento (Tit. 3:5).[97] Además, las Escrituras no sugieren que la maternidad sea una carga espiritual. Al contrario, exaltan la procreación como una bendición de Dios (Sal. 127:3).

4. La interpretación más coherente con el contexto inmediato es la que entiende esta salvación como una forma de redención vocacional. Tras recordar que la mujer fue

95. Knight, *Las epístolas pastorales*, pp. 145-146; Walter Lock, *A Critical and Exegetical Commentary on the Pastoral Epistles*, ICC (Londres: T&T Clark, 1989), p. 33; Philip B. Payne, «Libertarian Women in Ephesus: A Response to Douglas J. Moo's Article "1 Timothy 2:11-15: Meaning and Significance"», *TJ* 2 (1981), pp. 177–179; Aída Besançon Spencer, «Eve at Ephesus: Should Women Be Ordained as Pastors According to the First Letter of Timothy 2:1-15?», *JETS* 17 (1974), p. 220.

96. Henry Alford, *The Greek New Testament*, vol. 3 (Londres: Rivington, 1871), p. 320; Ernest F. Scott, *The Pastoral Epistles* (Nueva York, NY: Harper & Brothers, 1940), p. 28.

97. «διά», BDAG, p. 224.

la primera en ser engañada (1 Ti. 2:14), Pablo ofrece una esperanza restauradora: si persevera en la fe, el amor, la santificación y la modestia, la mujer se salvará. No se trata de una salvación por medio de obras, sino de una vindicación pública y la recuperación de su propósito dentro del diseño de Dios. Esta restauración se manifiesta especialmente en su rol como madre, donde ejerce una influencia determinante en la formación espiritual de sus hijos. Así, la mujer que vive conforme a la voluntad de Dios no perpetúa el estigma de la caída, sino que encarna el poder redentor de la gracia al guiar a la siguiente generación del pecado a la piedad.[98]

Conclusión

A pesar del creciente distanciamiento de amplios sectores de la iglesia respecto al diseño de Dios para las mujeres, el llamado divino permanece vigente e inalterable. La mujer está llamada a vivir en obediencia al orden establecido desde la creación, confirmado después de la caída y reafirmado por la enseñanza apostólica. Esta obediencia no refleja inferioridad, sino fe, sabiduría y reverencia por la autoridad del Creador. En una cultura que desprecia las distinciones funcionales entre los sexos, la mujer que abraza su llamado con modestia, santidad, amor y fidelidad se convierte en una demostración viva de la verdad del evangelio. El diseño de Dios no limita, sino que orienta y honra. Por ello, la iglesia tiene la responsabilidad de examinar continuamente sus convicciones a la luz de las Escrituras. Las estructuras que contradicen la Palabra deben ser corregidas con humildad y firmeza. Adaptarse a los patrones del mundo sin respaldo bíblico equivale a socavar la autoridad de Cristo sobre su iglesia. Honrar

98. MacArthur, *1 y 2 Tesalonicenses, 1 y 2 Timoteo, Tito,* p. 105; Moo, «What Does It Mean Not to Teach or Have Authority over Men? 1 Timothy 2:11-15», p. 192; Schreiner, «An Interpretation of 1 Timothy 2:9-15», pp. 221-222.

el orden de Dios en la creación no solo preserva la pureza de la doctrina, sino que exalta su sabiduría y promueve la verdadera edificación del cuerpo de Cristo.

6

LA MUJER EN EL PRESENTE

Bryan Murphy, Th.D.

El evangelicalismo contemporáneo no ha carecido de temas candentes a lo largo de los últimos cincuenta años. Casi todos ellos han sido tratados en detalle en libros, artículos, y hasta como el enfoque principal de conferencias evangélicas. Las cuestiones relativas al rol de la mujer en la iglesia no han sido la excepción. Sin embargo, la mayoría de los estudios dedicados a este tema se centra de manera predominante en lo que la Biblia prohíbe que la mujer haga en la iglesia. Sin duda, existe una buena razón para esto. De modo que se presta casi toda la atención a definir y defender la enseñanza bíblica sobre esta restricción.[1]

1. Estos son algunos de los libros más recomendables sobre lo que las Escrituras prohiben a la mujer hacer en la iglesia: Wayne A. Grudem, ed., *Biblical Foundations for Manhood and Womanhood*, FFS (Wheaton, IL: Crossway, 2002); Andreas J. Köstenberger, Thomas R. Schreiner y H. Scott Baldwin, eds. *Women in the Church: A Fresh Analysis of 1 Timothy 2:9-15* (Grand Rapids: Baker Books, 2016); John Piper y Wayne A. Grudem, eds., *Recovering Biblical Manhood & Womanhood: A Response to Evangelical Feminism* (Wheaton, IL: Crossway, 2006); Alexander Strauch, *Men and Women Equal Yet Different: A*

Sin embargo, el rol de la mujer en la iglesia no es insignificante sencillamente porque Dios le haya prohibido desempeñar el ministerio pastoral. De hecho, la intención principal de este capítulo es demostrar que Dios tiene un llamado alto y noble para toda mujer en la iglesia. En muchos aspectos, el rol de la mujer es idéntico al del hombre. Pero hay aspectos de este rol que son *exclusivos* a la mujer y, como tal, este rol es igual de esencial que el del hombre.

APRENDER LA PALABRA DE DIOS

La mayor parte del debate se enfoca en unos cuantos pasajes que restringen claramente que la mujer enseñe o ejerza autoridad sobre el hombre en la iglesia (1 Ti. 2:11-15). No obstante, el mandamiento de Cristo a todas las mujeres en la iglesia es fundamentalmente el mismo que se da a los hombres. Tanto los hombres como las mujeres deben aprender las Escrituras. Este aprendizaje implica, por un lado, llegar a entender las verdades de las Escrituras y, por el otro, conformarse con fidelidad a ellas.

Una vida de obediencia a la Palabra de Dios

En la Gran Comisión (Mt. 28:18-20), Jesús declaró el propósito de la iglesia. Un análisis de este pasaje en su idioma original revela que hay un mandamiento principal: hacer discípulos.[2] Este proceso es definido aún más por medio de tres participios que modifican la orden central e indican que «haced discípulos» (Mt. 28:19) consiste en tres pasos distintos: ir, bautizar y enseñar a

---

Brief Study of the Biblical Passages on Gender (Littleton, CO: Lewis and Roth Publishers, 1999).

2. El verbo aoristo μαθητεύσατε («haced discípulos») está en el modo imperativo que da sustancia a la Gran Comisión (Mt. 28:19). Craig L. Blomberg, *Matthew*, NAC 22 (Nashville: Broadman & Holman Publishers, 1992), p. 431; Evis L. Carballosa, *Mateo: La revelación de la realeza de Cristo* (Grand Rapids: Portavoz, 2021), p. 1048; Donald A. Hagner, *Matthew 14–28*, WBC 33B (Dallas, TX: Word Books, 1995), p. 886.

obedecer todo lo que Cristo ha mandado (Mt. 28:19-20).[3] En otras palabras, el propósito de la iglesia es discipular a todas las naciones al ir a ellas con el evangelio, bautizando a todos los que reciben la Palabra de Dios y enseñándoles las doctrinas cristianas.

Este proceso comienza con ir al mundo y compartir el evangelio.[4] El hecho de que el verbo «id» esté tan estrechamente relacionado con el mandamiento de «haced discípulos» (Mt. 28:19) significa que *toda* la iglesia es responsable de llevar el evangelio al mundo. A la iglesia le incumbe la obligación de salir «a todas las naciones» (Mt. 28:19) y predicar a Cristo.[5] Pero solo aquellos que responden al evangelio y reciben la Palabra de Dios deben ser bautizados.[6] Dicho de otro modo, deben identificarse de forma pública con Cristo y su iglesia por medio del acto del bautismo (Mt. 28:19).[7] Esto sirve como «introducción» propiamente al

---

3. Carballosa, *Mateo*, pp. 1048-1049.

4. Hay algunos comentaristas que sugieren que este participio indica una «circunstancia acompañante». En su gramática griega, Daniel B. Wallace y Daniel S. Steffen definen este uso específico del participio como un verbo que se utiliza «para comunicar una acción que, en algún sentido, está coordinada con el verbo finito. En cuanto a esto, este [participio] no es dependiente, ya que es traducido como un verbo. Aunque semánticamente es dependiente, porque no puede existir sin el verbo principal». GGSNT, p. 494. De modo que la traducción «id, y haced discípulos», tal como aparece en la RVR–60, es totalmente correcta. El participio πορευθέντες («id»), en este caso, «va a cuestas» sobre el modo del verbo imperativo μαθητεύσατε («haced discípulos»). Pero más allá de cómo se entienda este participio, lo que importa es que el énfasis de la Gran Comisión recae sobre la acción del verbo principal. Esto quiere decir que «id» es algo así como un prerrequisito para que el imperativo de «haced discípulos» pueda ocurrir. Véase también, Cleon Rogers, «The Great Commission», *BSac* 130 (1973), pp. 258-267.

5. Este primer paso deja en claro que la iglesia no debe esperar que el mundo venga a tocar sus puertas, sino que debe ir al mundo —a cualquier parte del mundo (cp. Mt. 13:38)—. Carballosa, *Mateo*, pp. 1048-1049; Hagner, *Matthew 14–28*, p. 886; William Hendriksen, *Evangelio según San Mateo*, CNT (Grand Rapids: Libros Desafío, 2007), p. 1048; John MacArthur, *Mateo*, CMacNT (Grand Rapids: Portavoz, 2017), p. 1557.

6. El pronombre personal αὐτοὺς («bautizándo*los*») enfatiza al individuo por encima de las «naciones» (Mt. 28:19). Blomberg, *Matthew*, p. 432. Por tanto, el bautismo es el medio ordenado por Cristo para expresar la fe *personal* en Jesús.

7. Stanley D. Toussaint hace el siguiente comentario: «El participio "bautizándolos" (βαπτίζοντες) es una referencia al bautismo en agua que debe ser un testimonio de la fe inicial en el Mesías. Este bautismo difiere del bautismo de

proceso del discipulado. A partir de ahí comienza la búsqueda por la madurez espiritual y la edificación, ya que a los discípulos se les enseña a obedecer todo lo que Cristo ha mandado, es decir, la Palabra de Dios. Aquí es fundamental observar que no se trata sencillamente de la búsqueda del conocimiento. Jesús dijo: «Enseñándoles que guarden todas las cosas que os he mandado» (Mt. 28:20). Por tanto, se trata de la adquisición del conocimiento *aplicado.* Es aprender las Escrituras para ponerlas en práctica a nivel personal. Este es el propósito manifiesto de Cristo para la iglesia, y es un encargo para *todos* los discípulos —hombres y mujeres por igual—.

Es evidente cómo se veía esto en acción desde el comienzo de la era de la iglesia en el día de Pentecostés (Hch. 2:41-47). Los que respondieron de forma positiva a la predicación de Pedro «fueron bautizados» y «se añadieron aquel día como tres mil personas» a la iglesia de Jerusalén (Hch. 2:41).[8] Desde ese momento, empezaron a comportarse de acuerdo con la Gran Comisión. Lucas afirma que «perseveraban en la doctrina de los apóstoles, en la comu-

---

Juan en varios aspectos: el bautismo de Juan estaba limitado a una nación; este bautismo es universal. El bautismo de Juan era una preparación para la venida del Mesías; este bautismo está basado en la obra que el Mesías que vino ya ha realizado. El bautismo de Juan señala una experiencia incompleta con referencia al Mesías; este bautismo señala una posición completa en Cristo (Hch. 19:1-6; Col. 2:8-10)». Stanley D. Toussaint, *Behold the King: A Study of Matthew* (Grand Rapids: Kregel, 1980), p. 319.

8. Se estima que la población de Jerusalén en esa época oscilaba entre 180,000 a 200,000 habitantes. Ben Witherington III señala que la conversión de «tres mil personas» (Hch. 2:41) habría sido «una clara minoría de la multitud» que se juntaba en el recinto del templo. Ben Witherington III, *The Acts of the Apostles: A Socio-Rhetorical Commentary* (Grand Rapids: Eerdmans, 1998), p. 156. Véanse también, Joachim Jeremias, *Jerusalén en tiempos de Jesús* (Madrid, España: Ediciones Cristiandad, 1977), p. 101; John B. Polhill, *Acts,* NAC 26 (Nashville: Broadman & Holman Publishers, 1992), p. 118. Con todo, esto no deja de ser una demostración extraordinaria de la obra del Espíritu Santo, convenciendo a muchos «de pecado, de justicia y de juicio» (Jn. 16:8; cp. 14:12). C. K. Barrett, *A Critical and Exegetical Commentary on The Acts of the Apostles,* ICC (Londres: T&T Clark, 1994), p. 162; F. F. Bruce, *Hechos de los apóstoles: Introducción, comentarios y notas* (Grand Rapids: Libros Desafío, 2007), p. 91; David G. Peterson, *The Acts of the Apostles,* PNTC (Grand Rapids: Eerdmans, 2009), p. 159.

nión unos con otros, en el partimiento del pan y en las oraciones» (Hch. 2:42). Aunque puede existir cierto debate respecto a si la «comunión» aquí es un término colectivo que incluye tanto «el partimiento del pan» como «las oraciones», o si se trata de una lista de cuatro elementos distintos de la vida y del ministerio de la iglesia, al menos lo siguiente queda claro:[9] Lo primero que hicieron estos nuevos discípulos fue dedicarse a aprender las instrucciones de los apóstoles[10] —«Perseveraban en la doctrina de los apóstoles» (Hch. 2:42)—, procurando así aprender de ellos todo lo que Cristo les había enseñado para poder llevarlo a la práctica (cp. Hch. 3:11-26; 5:21).[11] Esto es del todo acorde con las instrucciones que Jesús mismo dio en la Gran Comisión (Mt. 28:18-20).[12] El resto de este pasaje demuestra hasta qué punto aplicaron los discípulos todas estas enseñanzas «en distintos momentos y lugares»:[13]

> Y sobrevino temor a toda persona; y muchas maravillas y señales eran hechas por los apóstoles. Todos los que habían creído estaban juntos, y tenían en común todas las cosas; y vendían sus propiedades y sus bienes, y lo repartían a todos según la necesidad de cada uno. Y perseverando unánimes cada día en el templo, y partiendo el pan en las casas, comían juntos con alegría y sencillez de corazón, alabando a Dios, y teniendo favor con todo el pueblo. Y el Señor añadía cada día a la iglesia los que habían de ser salvos (Hch. 2:43-47).

Lo que queda claro en este pasaje es que los apóstoles se dedicaron a la tarea de enseñar y dirigir la iglesia. El resto de los

---

9. Véase la explicación de este debate en Darrell L. Bock, *Acts*, BECNT (Grand Rapids: Baker Books, 2007), pp. 149-151.
10. Bruce, *Hechos de los apóstoles*, pp. 91-92.
11. Polhill, *Acts*, p. 119.
12. Bock, *Acts*, p. 150.
13. Peterson, *The Acts of the Apostles*, p. 160. Véase también, Polhill, *Acts*, p. 120.

creyentes se entregó al aprendizaje de su doctrina y a aplicar lo aprendido de forma muy directa a sus propias vidas[14] —tanto en lo personal como en lo colectivo—. El hecho de que tuvieran «en común todas las cosas» (Hch. 2:44) y repartieran «a todos según la necesidad de cada uno» (Hch. 2:45) es un reflejo del encargo de Jesús en el aposento alto: «En esto conocerán todos que sois mis discípulos, si tuviereis amor los unos con los otros» (Jn. 13:35; cp. Lc. 12:33-34; 18:22).[15] Se convirtieron en un grupo de discípulos formado por hermanos y hermanas creyentes en Cristo. No se limitaban solamente a aprender las verdades enseñadas por Jesús. Las vivían *en conjunto* (cp. Hch. 1:14; 4:24; 5:12).[16]

Está claro que este grupo de creyentes incluía a mujeres porque incluso en la reunión *antes* de Pentecostés en el aposento alto, había mujeres (Hch. 1:12-14; cp. Lc. 8:2; 23:55; 24:10).[17] Por tanto, desde el comienzo de la era de la iglesia, las mujeres fueron incluidas como «discípulos»[18] junto con los hombres. Aprendían las enseñanzas de Cristo de parte de los apóstoles y las ponían en práctica en sus propias vidas, y funcionaban como miembros totalmente iguales e importantes del cuerpo de Cristo. Aprendían la Palabra de Dios de manera personal. La obedecían de manera práctica. La vivían de forma colectiva dentro del contexto de la iglesia.

Una vida de sumisión a la autoridad bíblica

La lección principal que las mujeres aprendieron, junto con el resto de los creyentes, fue la necesidad de vivir una vida

14. Barrett, *A Critical and Exegetical Commentary on The Acts of the Apostles*, p. 163.

15. Es importante señalar que este reparto de bienes era voluntario y ocasional. No se trataba de una forma primitiva de comunismo, sino que era una respuesta generosa a la necesidad de cada creyente (cp. Hch. 4:34-35). David G. Peterson observa que «los creyentes seguían manteniendo sus propias casas y las utilizaban en beneficio de otros en la iglesia (cp. Hch. 12:12)». Peterson, *The Acts of the Apostles*, p. 163. Véase también, Bock, *Acts*, p. 153.

16. Peterson, *The Acts of the Apostles*, p. 163.

17. Bock, *Acts*, pp. 77-78; Polhill, *Acts*, p. 89.

18. Witherington, *The Acts of the Apostles*, p. 114.

caracterizada por la sumisión a Dios y a las estructuras ordenadas por Él en todos los aspectos de la vida. Esto queda resumido de la mejor manera en la epístola que Pedro escribió a los creyentes dispersados por todo el imperio romano oriental (cp. 1 P. 2–3). Primera de Pedro se escribió a finales del año 64 d. C. o a principios del 65 d. C.[19] Su mensaje se centró de manera particular en alentar a los creyentes que estaban a punto de sufrir persecución a mantenerse firmes por amor a Cristo, independientemente del contexto o de las consecuencias.[20]

> Amados, yo os ruego como a extranjeros y peregrinos, que os abstengáis de los deseos carnales que batallan contra el alma, manteniendo buena vuestra manera de vivir entre los gentiles; para que en lo que murmuran de vosotros como de malhechores, glorifiquen a Dios en el día de la visitación, al considerar vuestras buenas obras (1 P. 2:11-12).

Pedro menciona dos encargos primordiales en este pasaje. Lo primero que los cristianos deben reconocer es que este mundo no es su hogar. Viven en esta tierra solo por un breve tiempo como «extranjeros y peregrinos» (1 P. 2:11; cp. 1:1, 17). Pablo escribió algo similar en Filipenses 3:20: «Nuestra ciudadanía está en los cielos, de donde también esperamos al Salvador, al Señor Jesucristo». Por consiguiente, es necesario que los cristianos vivan como ciudadanos del reino de Dios y se abstengan de sus «deseos carnales» (1 P. 2:11; cp. 1:14; 4:2).[21] El segundo encargo que Pedro

---

19. D. Edmond Hiebert, *1 Peter* (Chicago: Moody, 1992), pp. 27-28.

20. Simon J. Kistemaker, *1 y 2 Pedro y Judas*, CNT (Grand Rapids: Libros Desafío, 1994), p. 31; I. Howard Marshall, *1 Peter*, IVPNTC (Downers Grove, IL: InterVarsity Press, 1991), p. 25.

21. La expresión σαρκικῶν ἐπιθυμιῶν («deseos carnales») no se limita a la inmoralidad sexual, sino que abarca *todos* los deseos de la naturaleza pecaminosa de la humanidad. Estos deseos «batallan contra el alma» con el propósito de destruirla (1 P. 2:11). Pablo advirtió: «Y manifiestas son las obras de la carne, que son: adulterio, fornicación, inmundicia, lascivia, idolatría, hechicerías,

hace aquí es que los cristianos mantengan una conducta ejemplar «entre los gentiles» (1 P. 2:12). Sus vidas tienen que caracterizarse por la obediencia a las Escrituras, de tal modo que, cuando Cristo regrese, hasta el mundo confirme que se comportaron de una manera correcta ante los ojos de Dios.[22] Como Simon J. Kistemaker observa con acierto: «Los cristianos viven en casas de vidrio; están en exhibición. Su conducta, obras y palabras son evaluadas constantemente por los no cristianos que quieren ver si los cristianos realmente viven según lo que profesan».[23]

Lo más relevante en lo relacionado con el tema del rol de la mujer en la iglesia es el foco que Pedro pone en *cómo* llevar esto a cabo. En el contexto más inmediato, la conducta ejemplar entre los gentiles comienza con la sumisión a cualquier estructura de autoridad bíblica ordenada por Dios.

> Por causa del Señor someteos a toda institución humana, ya sea al rey, como a superior, ya a los gobernadores, como por él enviados para castigo de los malhechores y alabanza de los que hacen bien. Porque esta es la voluntad de Dios: que haciendo bien, hagáis callar la ignorancia de los hombres insensatos (1 P. 2:13-15).

---

enemistades, pleitos, celos, iras, contiendas, disensiones, herejías, envidias, homicidios, borracheras, orgías, y cosas semejantes a estas; acerca de las cuales os amonesto, como ya os lo he dicho antes, que los que practican tales cosas no heredarán el reino de Dios» (Gá. 5:19-21). Por esta razón, J. M. E. Ross señala: «El peregrino de Dios, tal como lo vemos, arrastra un campo de batalla dentro de sí». J. M. E. Ross, *The First Epistle of Peter: A Devotional Commentary* (Londres: The Religious Tract Society, 1918), p. 102. Véase también, Hiebert, *1 Peter*, p. 156; John MacArthur, *1 Pedro a Judas*, CMacNT (Grand Rapids: Portavoz, 2017), pp. 139-140; Thomas R. Schreiner, *1, 2 Peter, Jude*, NAC 37 (Nashville: Broadman & Holman Publishers, 2003), p. 120.

22. Es muy posible que las expresiones «glorifiquen a Dios» y «vuestras buenas obras» (1 P. 2:12) sean una alusión a las palabras de Jesús en el Sermón del Monte: «Así alumbre vuestra luz delante de los hombres, para que vean vuestras buenas obras, y glorifiquen a vuestro Padre que está en los cielos» (Mt. 5:16). J. Ramsey Michaels, *1 Peter*, WBC 49 (Dallas, TX: Word Books, 1988), p. 118.

23. Kistemaker, *1 y 2 Pedro y Judas*, p. 117.

Este es un principio cristiano universal aplicable a *todos* los miembros de la iglesia. La voluntad de Dios para su pueblo es que todos los creyentes se sometan voluntariamente[24] «a toda institución humana» (1 P. 2:13; cp. Ro. 13:1-4; Tit. 3:1-3). El contexto inmediato tiene que ver con cualquier autoridad civil, sea cual sea su nivel y/o naturaleza (1 P. 2:13-14).[25] El alcance de este principio, por supuesto, incluye tanto a los hombres como a las mujeres en la iglesia. Pedro incluso declara que esto no solo es «la voluntad de Dios» (1 P. 2:15), sino también la conducta ejemplar que debe caracterizar a todos los «siervos de Dios» (1 P. 2:16-17). De modo que cuando los cristianos se someten voluntariamente a las autoridades gubernamentales ordenadas por Dios, se silencia a los que tratan de acusar a los creyentes de una conducta incorrecta.

En los siguientes versículos, Pedro amplía la exhortación y se dirige a los esclavos[26] más específicamente: «Criados, estad sujetos[27] con todo respeto a vuestros amos; no solamente a los buenos

---

24. Aquí Pedro introduce el verbo ὑποτάσσω («someter»), que es una palabra clave en esta epístola (cp. 1 P. 2:13, 18; 3:1, 5, 22; 5:5). Este término significa «colocar debajo» o «subordinar». Antiguamente, era una expresión militar que denotaba la idea de «ordenar en formación bajo la autoridad del comandante». En este pasaje de 1 Pedro, ὑποτάσσω es sinónimo del verbo «obedecer». Hiebert, *1 Peter*, p. 163.

25. Marshall, *1 Peter*, p. 84.

26. La palabra οἰκέται («criados») se deriva de οἶκος que significa «casa». Ocurre tan solo tres veces más en todo el Nuevo Testamento (cp. Lc. 16:13; Hch. 10:7; Ro. 14:4). Es un término básico que solía designar a los criados *domésticos*, pero, a menudo, se utilizaba como sinónimo de la palabra δοῦλος («esclavo»). «οἰκέτης», BDAG, p. 694. Sin duda, aquí tiene esta connotación. Hiebert, *1 Peter*, pp. 175-176. Ahora bien, la condición de vida de los esclavos en la antigüedad era muy variada. Muchos esclavos vivían miserablemente —sobre todo los que trabajaban en las minas—. Sin embargo, había otros que servían como médicos, maestros, administradores, músicos, artesanos, e incluso podían ser dueños de otros esclavos. Kistemaker, *1 y 2 Pedro y Judas*, pp. 125-126; Marshall, *1 Peter*, pp. 85-86; Schreiner, *1, 2 Peter, Jude*, p. 135.

27. Gramaticalmente, ὑποτασσόμενοι («estad sujetos») es un participio que no depende de ningún verbo del contexto para su modo (cp. 1 P. 3:1). De esta manera, funciona como un imperativo, y es por eso que se traduce así en la RVR–60. GGSNT, pp. 504-505. Véase también, DM, p. 229; AGGNT, p. 946; Scot Snyder, «Participles and Imperatives in 1 Peter: A Re-examination in the Light of Recent Scholarly Trends», *Filología Neotestamentaria* 8 (1995), pp. 187-198.

y afables, sino también a los difíciles de soportar» (1 P. 2:18). La expresión «difíciles de soportar» literalmente significa «curvado» o «torcido».[28] En este contexto, denota a alguien que es «moralmente perverso» o «deshonesto».[29] El punto es que este principio se aplica aún cuando los «amos» son corruptos y se aprovechan de los esclavos cristianos (1 P. 2:18). En esto consiste en la *práctica* la conducta ejemplar «entre los gentiles» (1 P. 2:12). Este es el llamado de Cristo a su pueblo (1 P. 2:19-20), a saber, que todos los creyentes sigan el modelo de Cristo: «Pues para esto fuisteis llamados; porque también Cristo padeció por nosotros, dejándonos ejemplo, para que sigáis sus pisadas» (1 P. 2:21).

La vida de Cristo es el ejemplo supremo que los creyentes han de seguir al someterse a toda autoridad terrenal —incluso cuando es ejercida de manera injusta—. Él vivió una vida que manifestó una sumisión perfecta al Padre, que abarcaba la sumisión a los gobernantes terrenales que lo condenaron y lo crucificaron injustamente (1 P. 2:22-25). Este es el modelo que todos los creyentes deben seguir. Han de sujetarse a las autoridades terrenales ordenadas por Dios como un acto de adoración.[30] Este principio aplica no solo a todo cristiano que se somete a las autoridades gubernamentales y a los esclavos creyentes que se sujetan a sus amos, sino también a las esposas con sus maridos:

28. «σκολιός», BDAG, p. 930.

29. Es importante destacar que Pedro, a diferencia de Pablo, no se dirige a los «amos» (cp. Ef. 6:9). Esto de ninguna manera sugiere que no hubiera amos (cristianos) en medio de «los expatriados de la dispersión en el Ponto, Galacia, Capadocia, Asia y Bitinia» (1 P. 1:1). Hiebert, *1 Peter*, p. 177. Una explicación más obvia es que Pedro está tratando *enfáticamente* con la sumisión en este pasaje. Por tanto, iba más allá de su propósito dirigirse a los amos. Charles R. Erdman, *The General Epistles* (Filadelfia, PA: Westminster, 1919), p. 68.

30. Wayne A. Grudem dice lo siguiente: «La obediencia de Cristo a través del sufrimiento injusto nos ha dejado un ejemplo a imitar, un ejemplo del tipo de vida que es perfectamente agradable ante los ojos de Dios. Cuando uno sufre injustamente, la confianza en Dios y la obediencia a él no son fáciles, pero se fortalecen a través de la aflicción inmerecida, y Dios es así más plenamente glorificado». Wayne A. Grudem, *1 Peter: An Introduction and Commentary*, TNTC 17 (Downers Grove, IL: InterVarsity Press, 1988), p. 137.

> Asimismo vosotras, mujeres, estad sujetas a vuestros maridos; para que también los que no creen a la palabra, sean ganados sin palabra por la conducta de sus esposas, considerando vuestra conducta casta y respetuosa (1 P. 3:1-2).

La expresión inicial «asimismo» demuestra que esta es una aplicación adicional del mismo principio en la argumentación de Pedro.[31] Así como todos deben someterse voluntariamente a las autoridades terrenales (1 P. 2:13-17), los esclavos tienen que someterse a sus amos (1 P. 2:18-20) y Cristo mismo se sometió a Dios hasta la muerte (1 P. 2:21-25), de la misma manera las esposas han de sujetarse a sus propios maridos (1 P. 3:1-2). Así también como a los esclavos no se les dio una excepción ante los amos «difíciles de soportar» (1 P. 2:18), Pedro aquí tampoco da una excepción a las mujeres ante maridos desobedientes a la Palabra de Dios (1 P. 3:1).

La mayoría de los comentaristas toma la frase «los que no creen a la palabra» (1 P. 3:1) como una referencia inmediata a

31. El término ὁμοίως («asimismo») significa «de manera similar» o «del mismo modo». «ὁμοίως», BDAG, pp. 707-708. Este adverbio griego está estrechamente relacionado con el participio ὑποτασσόμενοι («estad sujetos») en 1 Pedro 2:18. Sin embargo, Pedro no está sugiriendo que las mujeres deben compararse con los esclavos porque es evidente que las esposas no se relacionan con sus maridos de la misma manera que los esclavos lo hacen con sus amos. Si este fuera el caso, tendría que haber utilizado un término más fuerte como el adverbio καθώς, que significa «tal como» o «conforme a». «καθώς», BDAG, pp. 493-494. Por esta razón, algunos comentaristas sugieren que lo que Pedro está haciendo aquí es «enumerar categorías de personas: primero, los lectores en general (1 P. 2:13); a continuación, los esclavos (1 P. 2:18); luego, las esposas (1 P. 3:1); después, los esposos (1 P. 3:7) y, finalmente, "todos ustedes" (1 P. 3:8)». Kistemaker, *1 y 2 Pedro y Judas*, p. 142. En otras palabras, «asimismo» es un sinónimo de «también» y no implica ningún tipo de similitud entre la conducta de las esposas y los esclavos. «ὁμοίως», BDAG, p. 708. Véanse también, Michaels, *1 Peter*, p. 156; Schreiner, *1, 2 Peter, Jude*, p. 148. Dicho esto, el término ὁμοίως parece estar funcionando como algo más que una simple conjunción. De lo contrario, Pedro hubiese utilizado καί o δέ para conectar estas ideas en griego. La similitud concierne más bien al *motivo* detrás de la sumisión. Tanto la sumisión de las esposas como la de los esclavos debe hacerse «por causa del Señor» (1 P. 2:13; cp. 3:7). Grudem, *1 Peter*, pp. 142-143; Hiebert, *1 Peter*, p. 195.

maridos *incrédulos* (cp. 1 P. 2:8).[32] Pero la declaración en sí misma parece negar esto. Pedro no dice «para que también los que son incrédulos, sean ganados sin palabra por la conducta de sus esposas». Creyentes e incrédulos por igual pueden ser desobedientes a la Palabra de Dios. Además, como en el ejemplo anterior entre los esclavos y amos, la conducta poco razonable de un amo no exonera al creyente. Así también, aquí la implicación sería que independientemente de que el marido sea creyente o no, aunque no creyera en la Palabra de Dios, la mujer no tiene licencia para dejar de someterse a su autoridad ordenada por Dios en el matrimonio.[33] Esto no significa que la esposa debe someterse a su marido si este le manda a pecar. Pero, con excepción del pecado, indica que es necesario que obedezca a Dios sujetándose a su marido. Las esposas cristianas demuestran ser verdaderamente semejantes a Cristo en su vida matrimonial cuando viven en sumisión voluntaria a sus maridos como un acto de adoración a Dios.

---

32. Véase Hiebert, *1 Peter*, pp. 196-197; MacArthur, *1 Pedro a Judas*, p. 175; Marshall, *1 Peter*, p. 99; Michaels, *1 Peter*, p. 157; Schreiner, *1, 2 Peter, Jude*, pp. 148-149. Cabe señalar que los comentaristas que defienden esta postura también afirman la aplicabilidad universal de este principio a todas las esposas cristianas, más allá de que sus maridos sean o no cristianos.

33. Grudem está en lo correcto cuando dice: «A veces, la palabra ὑποτάσσω ("someter") se ha entendido como "ser considerado y atento; actuar con amor" (hacia otro). Pero este no es un significado legítimo para el término, que siempre implica una relación de sumisión a una autoridad. En otras partes del Nuevo Testamento se utiliza para referirse a la sumisión de Jesús a la autoridad de sus padres (Lc. 2:51); a la sumisión de los demonios a los discípulos (Lc. 10:17 donde está claro que el significado de "actuar con amor, ser considerado" no encaja aquí); a la sumisión de los ciudadanos a las autoridades gubernamentales (Ro. 13:1, 5; Tit. 3:1, 1 P. 2:13); a la sumisión del universo a Cristo (1 Co. 15:27; Ef. 1:22); a la sumisión de los poderes espirituales invisibles a Cristo (1 P. 3:22); a la sumisión de Cristo a Dios Padre (1 Co. 15:28); a la sumisión de los miembros de la iglesia a los líderes de la misma (1 Co. 16:15-16 [con 1 Clemente 42:4]; 1 P. 5:5); a la sumisión de las esposas a sus maridos (Col. 3:18; Tit. 2:5; 1 P. 3:5; cp. Ef. 5:22, 24); a la sumisión de la iglesia a Cristo (Ef. 5:24); a la sumisión de los siervos a sus amos (Tit. 2:9; 1 P. 2:18); y a la sumisión de los cristianos a Dios (He. 12:9; Stg. 4:7). Ninguna de estas relaciones se invierte nunca; es decir, nunca se dice que los maridos estén sujetos (ὑποτάσσω) a las esposas, ni el gobierno a los ciudadanos, ni los amos a los siervos, ni los discípulos a los demonios, etc.». Grudem, *1 Peter*, pp. 143-144.

De más está decir que esto no significa que Dios no tenga expectativas para los maridos. Pedro deja esto muy claro al final de esta sección:

> Vosotros, maridos, igualmente, vivid con ellas sabiamente, dando honor a la mujer como a vaso más frágil, y como a coherederas de la gracia de la vida, para que vuestras oraciones no tengan estorbo (1 P. 3:7).

Una vez más, Pedro usa la expresión «asimismo», que en la Reina-Valera 1960 se traduce como «igualmente», para hablar de lo que Dios espera de los maridos en el mismo contexto.[34] Los maridos deben vivir con sus esposas de tal manera que demuestren —por medio del trato que les brindan— que las reconocen como «coherederas de la gracia de la vida» (1 P. 3:7; cp. Col. 3:19); es decir, como seres iguales ante los ojos de Dios. Es cierto que tanto el hombre como la mujer fueron creados con roles *distintos* dentro del marco del matrimonio (Gn. 2:18, 24). Sin embargo, ambos son portadores de la imagen de Dios (Gn. 1:26).[35] Por

34. Hiebert, *1 Peter*, p. 205; Marshall, *1 Peter*, p. 103. Aunque Pedro vuelve a utilizar el término ὁμοίως («asimismo») en 1 Pedro 3:7, esto de ninguna manera significa que los maridos deben someterse a sus esposas del mismo modo que las esposas se someten a los maridos. Es interesante notar que Pedro omite el verbo ὑποτάσσω («someter») cuando se dirige a los maridos (cp. 1 P. 2:13, 18; 3:1, 5). Con todo, el uso de ὁμοίως hace hincapié en el hecho de que el *motivo* detrás de la consideración y caballerosidad de los maridos debe ser el mismo que el de la sumisión de las esposas. Ambos deben cumplir con sus respectivas responsabilidades matrimoniales «por causa del Señor» (1 P. 2:13). William H. Bennett, *The General Epistles: James, Peter, John, and Jude* (Londres: Blackwood, Le Bas & Co., s.f.), p. 226.

35. Grudem hace la siguiente aclaración: «Aquí, como en otras partes, los autores del Nuevo Testamento combinan las diferencias en las funciones entre los maridos y sus esposas con una afirmación implícita o explícita de su igualdad en estatus e importancia (cp. 1 Co. 11:2-3, 7-12; Ef. 5:22-33; Col. 3:18-19). Aunque algunos han argumentado que Pablo abolió las diferencias en el rol o la autoridad cuando afirmó que los hombres y las mujeres son "uno en Cristo Jesús" y ambos "herederos según la promesa" (Gá. 3:28-29), es significativo que aquí Pedro no tiene ninguna dificultad en afirmar que las esposas son "coherederas" en un sentido que incluye la sumisión a la autoridad de sus maridos». Grudem, *1 Peter*, p. 153.

tanto, los maridos deben mostrar honor a sus esposas en el matrimonio, aunque tengan un rol subordinado «más frágil» (1 P. 3:7).[36]

La seriedad de este encargo se pone de manifiesto en la consecuencia establecida al final de este versículo, que dice: «para que vuestras oraciones no tengan estorbo» (1 P. 3:7). Esto significa que cuando los maridos no reconocen a sus esposas como seres iguales, aunque ellas desempeñen un rol subordinado en el marco del matrimonio, pierden su comunión *íntima* con Dios (cp. Jn. 14:13-14).[37] En cierta manera, este versículo anticipa 1 Pedro 3:12, donde Pedro dice que Dios está atento a las oraciones de «los justos», pero se aparta de «aquellos que hacen el mal».[38]

Al final de esta serie de exhortaciones, Pedro hace una última declaración que es directamente aplicable para *todos* los cristianos:

> Finalmente, sed todos de un mismo sentir, compasivos, amándoos fraternalmente, misericordiosos, amigables; no devolviendo mal por mal, ni maldición por maldición, sino por el contrario, bendiciendo, sabiendo que fuisteis llamados para que heredaseis bendición (1 P. 3:8-10).

36. En su comentario de 1 Pedro, C. E. B. Cranfield concluye erróneamente que mostrar honor equivale a que los maridos se sometan a sus esposas. C. E. B. Cranfield, *I & II Peter and Jude*, TBC (Londres: SCM Press, 1960), p. 91. Sin embargo, esta idea no es respaldada por ningún pasaje del Nuevo Testamento. Schreiner, *1, 2 Peter, Jude*, p. 161.

37. Las palabras de Grudem son muy apropiadas: «Tan preocupado está Dios de que los maridos cristianos vivan de forma comprensiva y amorosa con sus esposas, que "interrumpe" su relación con ellos cuando no lo hacen. Ningún esposo cristiano debe presumir al pensar que logrará hacer algún bien espiritual en su vida sin un ministerio efectivo de oración. [Asimismo], ningún esposo puede aspirar a tener una vida de oración efectiva a menos que viva con su esposa "de manera comprensiva, dándole honor". Invertir el tiempo para desarrollar y mantener un buen matrimonio es la voluntad de Dios. Es servir a Dios. Es una actividad espiritual agradable ante sus ojos». Grudem, *1 Peter*, p. 154.

38. Michaels, *1 Peter*, p. 171; Schreiner, *1, 2 Peter, Jude*, p. 161.

Este encargo resumido llama a todos los creyentes a vivir una vida cristiana marcada por la unidad y la armonía los unos con los otros en un mundo totalmente perdido y caído. Incluso en circunstancias injustas y poco razonables, los creyentes deben demostrar una sumisión como la de Cristo a todas las autoridades, «no devolviendo mal por mal» (1 P. 3:9). Este es el llamado para todos los creyentes. De esta forma, aun cuando los creyentes son maltratados, su comportamiento da testimonio de la fe verdadera y viva:

> Mas también si alguna cosa padecéis por causa de la justicia, bienaventurados sois. Por tanto, no os amedrentéis por temor de ellos, ni os conturbéis, sino santificad a Dios el Señor en vuestros corazones, y estad siempre preparados para presentar defensa con mansedumbre y reverencia ante todo el que os demande razón de la esperanza que hay en vosotros; teniendo buena conciencia, para que en lo que murmuran de vosotros como de malhechores, sean avergonzados los que calumnian vuestra buena conducta en Cristo (1 P. 3:14-16).

El rol de la mujer en la iglesia comienza viviendo una vida comprometida con el aprendizaje de la Palabra de Dios y poniéndola en práctica en cualquier contexto en la tierra. Este llamado no es exclusivo para las mujeres. Es universal para todos los creyentes. Todos los creyentes están llamados a vivir en sumisión a la autoridad. Pero nadie puede ejemplificar mejor la sumisión de Cristo que una esposa en su hogar y una mujer en la iglesia. Los maridos son más semejantes a Cristo cuando aman a sus esposas. Las esposas son más como Cristo cuando se sujetan a sus maridos. Todos los creyentes tienen que aprender las Escrituras. La mayor parte de lo que enseñan las Escrituras es universalmente

aplicable a *todos*. Sin embargo, lo que es exclusivo para la mujer es el llamado a seguir el encargo divino de ser una esposa que se somete a su propio marido.

Servir al cuerpo de Cristo

La iglesia primitiva se caracterizaba por la comunión de los creyentes y el amor los unos por los otros. El resumen que Lucas hace de la devoción de aquella primera iglesia de Jerusalén es una clara prueba de esto (Hch. 2:41-47). Incluso, dos capítulos más tarde, Lucas demuestra que esta práctica continuó caracterizando a la iglesia primitiva:

> Y la multitud de los que habían creído era de un corazón y un alma; y ninguno decía ser suyo propio nada de lo que poseía, sino que tenían todas las cosas en común. Y con gran poder los apóstoles daban testimonio de la resurrección del Señor Jesús, y abundante gracia era sobre todos ellos. Así que no había entre ellos ningún necesitado; porque todos los que poseían heredades o casas, las vendían, y traían el precio de lo vendido, y lo ponían a los pies de los apóstoles; y se repartía a cada uno según su necesidad (Hch. 4:32-35).

Es de notar las dos características claves que se enfatizan en este pasaje.[39] En primer lugar, esta no es una descripción de los apóstoles o de algunos individuos dentro de la congregación. Toda la congregación estaba unida en corazón y alma en su devoción a Dios.[40] Se

39. I. Howard Marshall, *Acts: An Introduction and Commentary*, TNTC 5 (Downers Grove, IL: InterVarsity Press, 1980), p. 115; Peterson, *The Acts of the Apostles*, p. 204.

40. La expresión καρδία καὶ ψυχὴ μία («un corazón y un alma») es exclusivamente hebrea. No hay evidencia alguna de esta expresión en la literatura griega. Su trasfondo es el Antiguo Testamento, más específicamente Deuteronomio (cp. Dt. 6:5; 10:12; 11:13; 13:3; 26:16; 30:2, 6, 10). Jesús, de hecho, hizo alusión a esta expresión en Marcos 12:20-31: «Y amarás al Señor tu Dios con todo tu corazón, y con toda tu alma, y con toda tu mente y con todas tus fuerzas. Este

trataban unos a otros como *familia.*[41] Por esta razón, compartían sus posesiones y recursos para satisfacer las necesidades tangibles de los demás cristianos. En segundo lugar, eran tan fieles en este ministerio, que nadie carecía de la provisión diaria. Esta primera iglesia se convirtió así en un modelo de amor cristiano para todas las demás iglesias posteriores. Vivían realmente la instrucción de Jesús de amar a sus hermanos y hermanas en Cristo hasta el punto de que fuera un testimonio para los de afuera de la familia de la fe (Jn. 13:35). El Nuevo Testamento ilustra a la perfección que este tipo de ministerio era la práctica tanto de las mujeres como de los hombres.

Mujeres siervas de la iglesia

Aunque es cierto que Cristo solo escogió a doce hombres para que fueran sus apóstoles, esto no significa que no hubiera mujeres *directamente* involucradas en respaldar su ministerio. Lucas señala a tres por nombre: María, Juana y Susana (Lc. 8:1-3). Estas tres mujeres —entre otras— apoyaban de forma muy activa el ministerio de Cristo y de sus apóstoles con sus propios medios económicos. Del mismo modo, existen claros indicios de que, después del día de Pentecostés, las mujeres estuvieron activas en funciones claves respaldando los ministerios de las primeras iglesias.

Tabita

Una de ellas fue Tabita. Su servicio a los cristianos de la iglesia de Jope y, en particular, a las viudas, era tan ejemplar que Lucas

---

es el principal mandamiento. Y el segundo es semejante: Amarás a tu prójimo como a ti mismo. No hay otro mandamiento mayor que estos». Bock, *Acts,* p. 213; Polhill, *Acts,* p. 151; Witherington, *The Acts of the Apostles,* p. 206; Simon J. Kistemaker, *Hechos,* CNT (Grand Rapids: Libros Desafío, 2007), p. 185.

41. Witherington señala que la amistad en el mundo grecorromano implicaba «reciprocidad entre quienes eran básicamente iguales a nivel social». Sin embargo, lo que Lucas está describiendo aquí es a una multitud de creyentes que velaban por las necesidades materiales de los cristianos pobres «*sin pensar en la devolución* y, por tanto, está sugiriendo algo más parecido a los deberes familiares». Witherington, *The Acts of the Apostles,* p. 205.

dice que ella «abundaba en buenas obras y en limosnas que hacía» (Hch. 9:36). En otras palabras, Tabita vivía su fe en cuanto decía y hacía de acuerdo con la Palabra de Dios (cp. Dt. 15:11; Mt. 26:11; Gá. 6:9-10).[42] Esto produjo tal afecto entre sus hermanos y hermanas en Cristo que cuando enfermó y murió, la iglesia mandó llamar a Pedro (Hch. 9:37-38). Aquí es importante observar que el mismo amor cristiano que supo caracterizar a toda la iglesia de Jerusalén hasta este punto en el libro de Hechos, vuelve a ser enfatizado, pero, en este caso, de manera particular en una persona (cp. Hch. 2:41-47; 4:32-35).[43]

Cuando Pedro llegó a Jope, las viudas le mostraron todas «las túnicas y los vestidos» que Tabita o «Dorcas» (su nombre griego) había hecho para ellas (Hch. 9:39).[44] Esto indica que su ministerio era práctico y, a su vez, individual por naturaleza. Tabita usó sus talentos y recursos para suplir muchas de las necesidades más prácticas y concretas dentro del cuerpo de Cristo. No hay una declaración directa sobre el hecho de que hiciera contribuciones económicas.[45] Este pasaje tampoco indica que Tabita enseñara o recibiera a los santos en su casa. Pero sí existe una clara evidencia de que tomaba una parte *activa* en suplir las necesidades más básicas de quienes pertenecían al cuerpo y dependían más de su amor.

Con todo, lo más asombroso aquí es que este es uno de los pocos relatos de resurrección en todas las Escrituras (Hch. 9:40). El servicio de Tabita era tan ejemplar y fundamental para los santos, que Dios la resucitó para que siguiera sirviendo a los

42. Barrett, *A Critical and Exegetical Commentary on The Acts of the Apostles*, p. 483; Kistemaker, *Hechos*, p. 384; Marshall, *Acts*, p. 190.

43. Peterson, *The Acts of the Apostles*, p. 322.

44. La voz media del participio ἐπιδεικνύμεναι («mostrando») indica que las viudas probablemente llevaban puestas «las túnicas y los vestidos» que Tabita les había hecho. «ἐπιδείκνυμι», BDAG, p. 370. Véanse también, Bruce, *Hechos de los apóstoles*, p. 237; Marshall, *Acts*, pp. 190-191; Polhill, *Acts*, p. 247.

45. Witherington sugiere que Tabita «era una mujer con medios, con el tiempo libre y la libertad para hacer buenas obras para los demás». Witherington, *The Acts of the Apostles*, p. 331. Véase también, Bock, *Acts*, p. 377.

creyentes en la iglesia de Jope (Hch. 9:41). Esto quiere decir que una vida cristiana eternamente significativa y llena de sentido no se limita a quienes desempeñan un liderazgo relevante o tienen dones de enseñanza.[46] Tampoco se requieren medios financieros importantes. Dios ve y honra el servicio fiel dentro del cuerpo, aunque sea un pequeño servicio práctico a un miembro en algún momento dado.

Lidia

Otro excelente ejemplo de una mujer que fue reconocida en las Escrituras por servir a la iglesia se encuentra en el segundo viaje misionero de Pablo. Cuando el apóstol entró en «Filipos» (Hch. 16:12), se encontró con un grupo de mujeres y empezó a compartirles el evangelio (Hch. 16:13).[47] Una de ellas era de Tiatira (cp. Ap. 2:18-29). Su nombre era Lidia y su negocio

---

46. Como lo explica John MacArthur: «Muchos creen que negar a las mujeres papeles de liderazgo en la iglesia significa negarles la oportunidad de ministrar. Nada podría estar más apartado de la verdad. Dorcas no predicaba ni dirigía la iglesia recién nacida, pero su ministerio en la iglesia de Jope fue crucial para granjearse el cariño de todos». John MacArthur, *Hechos*, CMacNT (Grand Rapids: Portavoz, 2014), p. 276.

47. Cuando Pablo visitaba una ciudad nueva, era su práctica asistir a la sinagoga judía local el primer «día de reposo» (Hch. 16:13) para predicar el evangelio (cp. Hch. 13:4-5, 14; 14:1; 16:13; 17:1, 10; 18:4, 19; 19:8). En Filipos, sin embargo, no parece haber habido una sinagoga regular. Por esta razón, F. F. Bruce dice clara y enfáticamente que «esto solo puede significar que había muy pocos judíos residentes; si hubiera habido diez hombres de nacionalidad judía, habrían constituido un número suficiente para formar una sinagoga [cp. Mishnah, *Sanhedrin* 1.2a; *Aboth* 3.6]». Bruce, *Hechos de los apóstoles*, p. 365. Véase también, Kistemaker, *Hechos*, p. 630; Peterson, *The Acts of the Apostles*, p. 460; Polhill, *Acts*, p. 348. MacArthur hace la siguiente observación: «Es significativo que las primeras personas a las que Pablo predicara en Europa fueran mujeres. A menudo quienes rechazan su enseñanza sobre el papel de las mujeres lo han caricaturizado como un machista. Pero él no tenía prejuicios, como lo demuestra su afán de hablar con este grupo. La actitud del apóstol estaba en marcado contraste con la de sus compañeros fariseos, quienes no se dignaban enseñar a una mujer y, regularmente, en sus oraciones rutinarias, agradecían a Dios por no ser gentiles, esclavos ni mujeres. Esto también es contrario al trato a la mujer en la sociedad greco-romana. Pablo valoraba el ministerio de mujeres tales como Febe (Ro. 16:1), aquellas entre las que saludó en Romanos 16:3, e incluso Evodia y Síntique (Fil. 4:2-3)». MacArthur, *Hechos*, p. 402.

consistía en vender telas muy costosas.[48] En respuesta a la predicación de Pablo, creyó y fue bautizada (Hch. 16:14). Inmediatamente, puso su casa y sus recursos económicos a disposición de Pablo (Hch. 16:15). Su respuesta al evangelio y la aplicación de los principios que estaba aprendiendo se manifestaron en que usó sus medios prácticos y económicos para sostener la obra del evangelio.

Una vez más, el valioso servicio en la iglesia no se limita a los que desempeñan funciones de enseñanza y liderazgo. En ocasiones, algunos matrimonios abrían sus casas como, por ejemplo, Priscila y Aquila (Ro. 16:3-5). Otras veces lo hacía una sola persona, como en este caso. Sin embargo, en cada ejemplo hay un servicio práctico a Cristo y a su cuerpo.

Febe

A veces, el servicio a la iglesia se extiende más allá de un ministerio local. Este parece ser el caso de Febe. Pablo la recomienda a la iglesia de Roma al final de la epístola que les escribe con las siguientes palabras:

> Os recomiendo además nuestra hermana Febe, la cual es diaconisa de la iglesia en Cencrea; que la recibáis en el Señor, como es digno de los santos, y que la ayudéis en cualquier cosa en que necesite de vosotros; porque ella ha ayudado a muchos, y a mí mismo (Ro. 16:1-2).

Hay tres aspectos diferentes que describen a Febe. En primer lugar, Pablo la presenta como «nuestra hermana» (Ro. 16:1), lo que la identifica como una mujer cristiana (cp. 1 Co. 7:15;

48. Las vestiduras de «púrpura» (Hch. 16:14) eran usadas por la realeza (cp. 1 Macabeos 10:62) y los acaudalados (cp. Lc. 16:19). Lidia, evidentemente, tenía un negocio muy rentable y era dueña de una casa grande, de modo que les insistía a los cuatro misioneros que fueran sus huéspedes (Hch. 16:15, 40). Véase C. J. Hemer, «Lydia and the Purple Trade», *NewDocs* 3 (1978), pp. 53-55.

9:5; Flm. 2; Stg. 2:15).[49] Por el nombre se puede inferir que se trataba de una mujer de origen gentil que ahora formaba parte de la comunidad cristiana («nuestra»).[50] Este razonamiento, sin embargo, puede ser cuestionado. William Hendriksen afirma que «como resultado de la conquista de Alejandro Magno, con la consecuente difusión de la cultura helenística, los nombres de origen griego-pagano se hicieron populares en todo el imperio. También los judíos pronto adoptaron el hábito de dar a sus hijos nombres griegos».[51] Independientemente de su origen, es claro que Febe era estimada por Pablo de una manera especial.

Pablo prosigue a recomendar a Febe como una «diaconisa de la iglesia en Cencrea» (Ro. 16:1). Al margen de la opinión que se tenga sobre el oficio de diácono (cp. 1 Ti. 3:8-12),[52] el uso del término significa que Febe se caracterizaba por su servicio *activo* en el ministerio. Esto solo puede significar que ella estaba personalmente involucrada en el ministerio del servicio práctico a los santos de la iglesia de Cencrea. En otras palabras, lo que Pablo desea destacar aquí es que la iglesia de Roma debía recibirla porque Febe era una «hermana» consagrada «en Cencrea» (Ro. 16:1).[53] De hecho, es casi seguro que ella fue quien entregó esta

---

49. Leon Morris, *The Epistle to the Romans*, PNTC (Grand Rapids: Eerdmans, 1988), p. 528; Douglas J. Moo, *The Epistle to the Romans*, NICNT (Grand Rapids: Eerdmans, 1996), p. 913. Thomas R. Schreiner señala que «el término "hermana" transmite la intimidad y la calidez que caracterizaban a la iglesia primitiva, de modo que la relación entre miembros de una familia describe más adecuadamente la relación entre cristianos (cp. 1 Ti. 5:1-2)». Thomas R. Schreiner, *Romans*, BECNT (Grand Rapids: Baker Books, 1998), p. 786.

50. C. E. B. Cranfield, *La epístola a los romanos* (Buenos Aires, Argentina: Nueva Creación, 1993), p. 352; James D. G. Dunn, *Romans 9–16*, WBC 38B (Dallas, TX: Word Books, 1988), p. 886; Robert H. Mounce, *Romans*, NAC 27 (Nashville: Broadman & Holman Publishers, 1995), p. 272.

51. William Hendriksen, *Romanos*, CNT (Grand Rapids: Libros Desafío, 2006), p. 556.

52. Para una breve explicación de las cuatro posturas sobre el significado de διάκονος («diácono»), véase George W. Knight III, *Las epístolas pastorales: Un comentario sobre el texto griego*, NIGTC (Fairfax, VA: Fundación Hurtado, 2019), pp. 169-170.

53. Schreiner, *Romans*, p. 787.

epístola en persona a la iglesia de Roma —una responsabilidad de magnitud considerable—.[54]

Por último, Pablo la describe como una persona que «ha ayudado a muchos» (Ro. 16:2). Así como Lidia (Hch. 16:15, 40), es muy probable que Febe se caracterizaba por su hospitalidad en la ciudad portuaria de «Cencrea» (Ro. 16:1).[55] Sin embargo, no hay razón alguna para limitar su servicio solamente a la hospitalidad.[56] Febe servía de maneras muy prácticas para la causa del evangelio. Por esta razón, Hendriksen acertadamente advierte que hay que tener mucho cuidado en «pasar por alto los muy importantes y valiosos servicios que mujeres alertas y devotas pueden rendir a la iglesia de nuestro Señor y Salvador Jesucristo».[57]

Mujeres siervas en la iglesia

Existen innumerables maneras en que las mujeres pueden servir de manera activa dentro de la iglesia. Pueden apoyar la obra del evangelio a nivel económico. Pueden abrir sus casas a la iglesia. Pueden servir en muchas y diversas funciones importantes, incluso ayudando al ministerio *entre* iglesias como en el caso de Febe. Pero una de las maneras más importantes en que la mayoría de las mujeres puede servir en la iglesia es siendo ejemplo de la semejanza a Cristo en su propio hogar y a los demás santos —de manera práctica—. Las instrucciones de Pablo a la iglesia respecto a las viudas son una buena ilustración de esto:

> Sea puesta en la lista solo la viuda no menor de sesenta años, que haya sido esposa de un solo marido, que tenga testimonio de buenas obras; si ha criado

54. Cranfield, *La epístola a los romanos*, p. 352; Dunn, *Romans 9–16*, p. 886; Moo, *The Epistle to the Romans*, p. 913; Mounce, *Romans*, p. 272.

55. Dunn, *Romans 9–16*, p. 887; Hendriksen, *Romanos*, p. 557.

56. F. F. Bruce, *Romans: An Introduction and Commentary*, TNTC 6 (Downers Grove, IL: InterVarsity Press, 1985), p. 266.

57. Hendriksen, *Romanos*, p. 558.

hijos; si ha practicado la hospitalidad; si ha lavado los pies de los santos; si ha socorrido a los afligidos; si ha practicado toda buena obra (1 Ti. 5:9-10).

Resulta interesante que los requisitos enumerados en este pasaje coinciden con lo que se exige a los ancianos y diáconos en 1 Timoteo 3. El primer requisito está relacionado con la edad. Esto se debe a que las viudas más jóvenes podían trabajar y ayudar a proveer para sus propias necesidades.[58] Pero el resto está exclusivamente relacionado al carácter y la conducta ejemplar. El requisito «esposa de un solo marido» (1 Ti. 5:9) es muy similar a «marido de una sola mujer» (1 Ti. 3:2) que se exige de cualquier anciano. Describe a una mujer que se ha dedicado totalmente a su *propio* marido. En otras palabras, ha vivido una vida que se caracterizó por la fidelidad y la sumisión mientras estuvo casada.[59] La expresión «que tenga testimonio de buenas obras» (1 Ti. 5:10) indica que ha estado activamente involucrada en el ministerio práctico, tal como lo hicieron Tabita, Lidia y Febe.[60] El resto del pasaje enumera algunas de las «buenas obras» (1 Ti. 5:10) requeridas para que una mujer sea «puesta en la lista» (1 Ti. 5:9).

Debido a que estos son los requisitos bíblicos para que una viuda sea cuidada por la iglesia, resulta obvio que también formen parte de la maravillosa descripción del rol principal de todas las mujeres en la iglesia. Todas las mujeres deben buscar tal carácter y conducta ejemplar para ser puestas en la lista en caso de llegar

---

58. Thomas D. Lea y Hayne P. Griffin Jr., *1, 2 Timothy, Titus*, NAC 34 (Nashville: Broadman & Holman Publishers, 1992), p. 150; Philip H. Towner, *The Letters to Timothy and Titus*, NICNT (Grand Rapids: Eerdmans, 2006), p. 346; Robert W. Yarbrough, *The Letters to Timothy and Titus*, PNTC (Grand Rapids: Eerdmans, 2018), p. 272.

59. William Hendriksen, *1–2 Timoteo y Tito*, CNT (Grand Rapids: Libros Desafío, 2006), p. 197; Knight, *Las epístolas pastorales*, pp. 220-221; Lea y Griffin, *1, 2 Timothy, Titus*, p. 150; Yarbrough, *The Letters to Timothy and Titus*, p. 272.

60. William D. Mounce, *Pastoral Epistles*, WBC 46 (Nashville: Thomas Nelson, 2000), p. 288; Towner, *The Letters to Timothy and Titus*, p. 346.

a ser viudas.[61] Deben dedicarse a ser siervas en la iglesia. En ocasiones, este servicio puede llevarse a cabo a nivel colectivo, pero principalmente es un ministerio activo a nivel individual dentro de una iglesia local.

Enseñar los principios de las Escrituras

Existen dos campos primordiales de enseñanza en el contexto de la iglesia donde las mujeres pueden ejercitarse para la gloria de Cristo: el primero es con los niños —un ministerio que comienza en su propia casa—; el segundo es con las mujeres más jóvenes. En un sentido muy concreto, es un llamado para que las mujeres inviertan en sus hijos y en las mujeres más jóvenes de un modo comparable al encargo que Pablo le hace a Timoteo (2 Ti. 2:2). Así como depende de los ancianos que inviertan en hombres fieles que sean capaces de enseñar también a otros, a las mujeres fieles de la iglesia les compete enseñar las Escrituras primero a sus propios hijos, y después a las mujeres más jóvenes para que sigan también su ejemplo.

Enseñar las Escrituras a sus propios hijos

Pablo hace referencia a la propia herencia espiritual de Timoteo al principio de su última epístola:[62]

> Trayendo a la memoria la fe no fingida que hay en ti, la cual habitó primero en tu abuela Loida, y en tu madre Eunice, y estoy seguro que en ti también. Por lo cual te aconsejo que avives el fuego del don de Dios que está en ti por la imposición de mis manos (2 Ti. 1:5-6).

---

61. John MacArthur, *1 y 2 Tesalonicenses, 1 y 2 Timoteo, Tito*, CMacNT (Grand Rapids: Portavoz, 2012), p. 215.

62. Lea y Griffin, *1, 2 Timothy, Titus*, p. 185; Mounce, *Pastoral Epistles*, p. 471; Towner, *The Letters to Timothy and Titus*, p. 454.

Aquí Pablo le indica a Timoteo que su ministerio fue públicamente confirmado por la imposición de manos (2 Ti. 1:6). Pero también le recuerda que debía ser fiel a la inversión que tanto su «madre Eunice» como su «abuela Loida» habían hecho en él (2 Ti. 1:5; cp. Hch. 16:1).[63] Timoteo se había vuelto creyente por medio del testimonio de ellas. De hecho, Pablo vuelve a mencionar este punto en el capítulo 3, cuando escribe:

> Pero persiste tú en lo que has aprendido y te persuadiste, sabiendo de quién has aprendido; y que desde la niñez has sabido las Sagradas Escrituras, las cuales te pueden hacer sabio para la salvación por la fe que es en Cristo Jesús (2 Ti. 3:14-15).

Pablo pasó mucho tiempo e invirtió gran energía e instrucción en Timoteo. Pero la propia salvación de Timoteo se remontaba a la fidelidad de su madre y su abuela. Ellas fueron fieles al enseñarle las Escrituras desde su «niñez» (2 Ti. 3:15).[64] Esta es una herencia espiritual increíble. A menudo es algo que las personas descuidan y no lo mencionan —incluso hoy en día—. Pero Pablo lo valoró por completo en el caso de Timoteo. Por esta razón, lo menciona dos veces en esta epístola. Su herencia espiritual es significativa, no solo porque creció bajo la influencia de Pablo, sino también por la fidelidad de su madre y su abuela.

---

63. Robert W. Yarbrough sugiere que, debido a la corta duración de vida en la antigüedad, es muy posible que la abuela y quizás también la madre de Timoteo ya habían muerto a estas alturas. Yarbrough, *The Letters to Timothy and Titus*, p. 353.

64. La educación en Israel comenzaba cuando el niño era todavía muy pequeño (1 S. 1:27-28; 2:11, 18-19; cp. Josefo, *Contra Apión*, I. 12; Susana 3; 4 Macabeos 18:9). El tratado *Aboth* (5.31) de la Mishnah propone la edad de cinco años como el momento en que un niño judío es apto para aprender las Escrituras. Hendriksen, *1–2 Timoteo y Tito*, pp. 334-337; Knight, *Las epístolas pastorales*, p. 444; Mounce, *Pastoral Epistles*, p. 564; Yarbrough, *The Letters to Timothy and Titus*, p. 426. Véase también, S. Safrai, «Education and the Study of the Torah», en *The Jewish People in the First Century*, ed. por S. Safrai y M. Stern (Filadelfia, PA: Fortress, 1976), pp. 945-970.

Una mujer que dedica su vida a criar a sus propios hijos en el temor y el consejo de Dios no está desperdiciando su vida. Está cumpliendo con su noble y alto llamado divino. Está haciendo que su vida sea importante para aquellos a los que más ama, es decir, sus propios hijos. ¿Existe alguien en el mundo con mayor interés —natural y personal— en los hijos de una mujer que ella misma? ¿Puede una mujer hacer una mayor contribución en esta vida que entregarse a sus propios hijos por el bien de ellos y para la gloria de Dios? Dios creó a la mujer de una manera única y a su propia imagen para que sea la ayudadora de su marido y la madre de sus hijos. Jamás debe permitir que el mundo junto con sus bajas opiniones acerca de las mujeres le diga que para que su vida importe de verdad tiene que abandonar este propósito y buscar hacer y ser lo que un hombre es y hace. Esta es la mentira del feminismo. Las mujeres no son de ningún modo inferiores a los hombres. Pero sí son distintas. Esta diferencia les concede la capacidad de hallar significado real y eterno en el cumplimiento de su llamado —ordenado por Dios— de entregarse por completo a sus hijos y a su matrimonio.

Enseñar las Escrituras a las mujeres más jóvenes

Pablo le escribió a Tito más o menos al mismo tiempo que redactó 1 Timoteo. Mientras le indicaba a Timoteo que corrigiera las prácticas erradas dentro de la iglesia de Éfeso, a Tito le dio instrucciones sobre lo que necesitaba hacer para terminar de establecer las iglesias iniciadas en «Creta» (Tit. 1:5). Por eso empieza enumerando los requisitos para los «ancianos» (Tit. 1:5-9). Desde ese punto, Pablo pasa a las instrucciones que Tito debía impartir a todos en las iglesias:

> Pero tú habla lo que está de acuerdo con la sana doctrina. Que los ancianos [u hombres mayores] sean

> sobrios, serios, prudentes, sanos en la fe, en el amor, en la paciencia (Tit. 2:1-2).

La «sana doctrina» (Tit. 2:1) que Tito debía enseñar a los santos de esas nuevas iglesias en Creta comenzaba informando a los hombres de edad[65] que las expectativas de Dios respecto a ellos son tan altas como las que incumben a los ancianos. Aunque estos últimos son llamados a estar por encima de todo reproche tanto en carácter como en conducta, se espera que los hombres mayores sean «sobrios, serios [y] prudentes» (Tit. 2:2). Estas descripciones reflejan los requisitos que Pablo acababa de enumerar para los ancianos en el capítulo anterior:

> Por esta causa te dejé en Creta, para que corrigieses lo deficiente, y establecieses ancianos en cada ciudad, así como yo te mandé; el que fuere irreprensible, marido de una sola mujer, y tenga hijos creyentes que no estén acusados de disolución ni de rebeldía. Porque es necesario que el obispo sea irreprensible, como administrador de Dios; no soberbio, no iracundo, no dado al vino, no pendenciero, no codicioso de ganancias deshonestas, sino hospedador, amante de lo bueno, sobrio, justo, santo, dueño de sí mismo, retenedor de la palabra fiel tal como ha sido enseñada, para que también pueda exhortar con sana enseñanza y convencer a los que contradicen (Tit. 1:5-9).

La principal diferencia es que, aunque Dios espera que todos los hombres mantengan una conducta ejemplar, a los ancianos se les exige también que demuestren la capacidad de enseñar y refutar

65. La palabra πρεσβύτας («ancianos») se emplea invariablemente para referirse a hombres de edad avanzada tanto en el Nuevo Testamento (Lc. 1:18; Flm. 9) como en la literatura ajena a la Biblia. «πρεσβύτης», BDAG, p. 863. No se refiere al oficio de anciano porque Pablo utiliza otro término para esto (πρεσβύτερος).

el error, así como que hagan gala de la disposición para asumir la responsabilidad de supervisar tanto a la familia de la fe como a la suya propia. A partir de ahí, Pablo le señala a Tito que Dios tiene un llamado y una expectativa *igual de alta* para todas las mujeres en la iglesia: «Las ancianas asimismo sean reverentes en su porte; no calumniadoras, no esclavas del vino, maestras del bien» (Tit. 2:3).

Aquí vale la pena observar que esta descripción es de nuevo muy similar a los requisitos para los ancianos. Al igual que ellos, que deben «exhortar con sana enseñanza y convencer a los que contradicen» (Tit. 1:9), a las mujeres de edad se les asigna un rol de enseñanza. Sin embargo, su audiencia es —de manera específica— las mujeres más jóvenes:

> Que enseñen a las mujeres jóvenes a amar a sus maridos y a sus hijos, a ser prudentes, castas, cuidadosas de su casa, buenas, sujetas a sus maridos, para que la palabra de Dios no sea blasfemada (Tit. 2:4-5).

Esta es otra función clave y eternamente relevante para las mujeres en la iglesia. Dios les ha asignado a las mujeres de edad la responsabilidad de formar a las más jóvenes para que sigan las instrucciones de Dios en las Escrituras y se centren también en sus propios hogares. Robert W. Yarbrough lo sintetiza de manera elocuente cuando dice que las mujeres «cumplen una función de discipulado en las congregaciones».[66]

Las mujeres mayores deben poseer las siguientes virtudes para enseñar a las más jóvenes en la iglesia.[67] Deben enseñar a las jóvenes «a amar a sus maridos y a sus hijos» (Tit. 2:4). Esto parece superficial o simplista. No obstante, desde una perspectiva práctica, nadie conoce mejor los retos de mantener el amor por aquellos

66. Yarbrough, *The Letters to Timothy and Titus*, p. 512.

67. Hendriksen, *1–2 Timoteo y Tito*, p. 413; Knight, *Las epístolas pastorales*, p. 306; Mounce, *Pastoral Epistles*, p. 411.

en quienes uno más invierte de sí mismo de un modo sacrificial que quienes ya lo han hecho.[68] El rol de esposa y madre puede parecer una tarea ingrata y sin sentido. La tendencia actual del mundo de fomentar un programa feminista no facilita las cosas. Aunque los ancianos pueden seguir enseñando la verdad, nadie más que la mujer conoce mejor y de forma práctica la necesidad y las maneras de tener éxito a la hora amar a las personas de su hogar. Tres de las cinco virtudes a continuación reflejan en cierto sentido lo que Pablo ya había dicho a las mujeres y hombres de edad (Tit. 2:2-3), es decir, que sean «prudentes, castas [... y] buenas» (Tit. 2:5). Finalmente, las dos virtudes que son *exclusivas* para las mujeres son «cuidadosas de su casa [... y] sujetas a sus maridos» (Tit. 2:5). El enfoque sobre estas dos virtudes prácticas indica que una responsabilidad principal que Dios ha colocado sobre las mujeres de edad consiste en mantener estas dos prioridades de una generación a la siguiente.

La expresión «cuidadosas de su casa» (Tit. 2:5) habla —literalmente— de alguien que se preocupa por los asuntos domésticos.[69] Esto no significa que una mujer no pueda tener un empleo o responsabilidades fuera del hogar. Pero sí quiere decir que debe reconocer que su primer y más alto llamado está en su propia casa.[70] Ella considera que su llamado ordenado por Dios consiste

---

68. Lea y Griffin, *1, 2 Timothy, Titus*, p. 300.

69. La palabra οἰκουργοὺς («cuidadosas de su casa») es un *hápax legómenon* del Nuevo Testamento. Esto quiere decir que solo aparece en Tito 2:5. En este contexto, se refiere a una mujer que está «ocupada en la casa» o que «trabaja en la casa» (cp. 1 Ti. 5:13-14). «οἰκουργός», BDAG, p. 700. De esta manera entendió Clemente de Roma οἰκουργός, quien a fines del primer siglo (96–97 d. C.), usó su respectiva forma verbal cuando se dirigió a la iglesia de Corinto: «A los jóvenes recomendabais modestia y pensamientos decorosos; a las mujeres les encargabais la ejecución de todos sus deberes en una conciencia intachable, apropiada y pura, dando a sus propios maridos la consideración debida; y les enseñabais a guardar la regla de la obediencia, y a regir los asuntos de sus casas con propiedad y toda discreción» (1 Clemente 1:3). Alfonso Ropero, *Lo mejor de los padres apostólicos* (Barcelona, España: Clie, 2004), p. 115.

70. Como lo explica MacArthur en su comentario: «El punto no es tanto que el lugar de una mujer sea la casa, sino que su responsabilidad es el hogar. Es

en cuidar de los asuntos domésticos. No existe mejor ilustración de esto en las Escrituras que la mujer de Proverbios 31. Ciertamente está involucrada en dirigir un negocio fuera de su casa. Considera un terreno, lo compra y, habiendo sacado ganancias, planta una viña (Pr. 31:16). Está involucrada de forma activa en la comunidad. Se ocupa de los pobres y de los menesterosos (Pr. 31:20). Incluso proporciona cinturones a los comerciantes para que los vendan, generando así un ingreso adicional (Pr. 31:24). Pero todo esto no se realiza a expensas de su familia, sino en medio de la abundancia de todo lo que ella hace al cuidar de su hogar. Es una trabajadora del hogar que abraza el alto llamado que Dios tiene para las mujeres en su casa.

El hecho de que también enseñe a las mujeres a estar «sujetas a sus maridos» (Tit. 2:5) demuestra que Dios espera que las mujeres de edad sean quienes continúen afirmando de todo corazón los roles que Dios mismo estableció en Génesis 2 y confirmó luego en Efesios 5 y 1 Pedro 3. Nadie como una mujer mayor que haya sido esposa de un solo hombre durante un largo período de tiempo para apreciar mejor los retos que una esposa y madre joven puede llegar a afrontar al someterse a su marido y hallar un sentido eterno y relevante en su rol dentro del hogar. Además, nadie está mejor preparado para ayudar a una mujer joven a entender cómo poner todos estos principios en práctica. Los ancianos pueden y deben enseñar estas verdades a las mujeres. Las mujeres deben aprender cómo vivir estas verdades en el crisol del matrimonio y de la familia. Pero el alto llamado de Dios para todas las mujeres de edad consiste en enseñar estos mismos principios y prácticas a las más jóvenes. Este es el rol de las mujeres en la iglesia. No

---

posible que tenga un trabajo razonable por fuera o que elija trabajar en la iglesia o servir en el ministerio a través de alguna entidad cristiana, en un hospital, una escuela o de muchas otras formas. Sin embargo, el hogar es el dominio y territorio especial de una mujer, y siempre debería ser su máxima prioridad». MacArthur, *1 y 2 Tesalonicenses, 1 y 2 Timoteo, Tito*, p. 105.

solo deben asumir la responsabilidad de creer y practicar estas verdades ellas mismas. También deben realizar su parte de encomendar estas verdades y prácticas a la siguiente generación de mujeres en la iglesia.

Conclusión

Las mujeres tienen un rol clave y de relevancia eterna dentro del ministerio de la iglesia. Es distinto al rol de los hombres, pero no por eso es menos crítico para la salud del cuerpo y para el crecimiento espiritual de la iglesia. Es fundamental entonces que las mujeres reconozcan que no es necesario convertirse en un hombre para tener una vida o un rol significativo dentro de la iglesia. Existe una igualdad ontológica inherente en la imagen de Dios tanto para los hombres como para las mujeres. Al mismo tiempo, existe una economía o subordinación funcional por diseño divino. Esto no hace a ninguno inferior en el marco del matrimonio. Tampoco atribuye mayor importancia a alguno de ellos dentro del contexto de la iglesia. Pero al margen del rol de cada uno como portador de la imagen de Dios, todos los cristianos deben dedicarse a ser aquello para lo que Dios los diseñó para su gloria y su honra, a fin de «que la palabra de Dios no sea blasfemada» (Tit. 2:5).

7

LA RESISTENCIA NECESARIA

Toda revolución encuentra resistencia. Y la revolución silenciosa que intenta desmantelar el diseño de Dios para la mujer no es la excepción. Sin embargo, esa resistencia no proviene de protestas altisonantes ni de gestos simbólicos vacíos, sino del compromiso inquebrantable con la verdad revelada en las Escrituras. En un mundo que exalta la ambigüedad moral y redefine constantemente la identidad humana, permanecer fiel al orden de la creación es un acto de contracultura. Se requiere valor, pero, sobre todo, convicción. La iglesia no puede ceder ante la presión de las ideas dominantes sin poner en riesgo su testimonio. El llamado de Dios no cambia con las estaciones sociales. Su diseño no envejece, no se ajusta a las modas ni se somete al juicio humano. Por eso, resistir con firmeza no es un acto de rebeldía, sino de obediencia a Aquel que estableció desde el principio lo que es «bueno en gran manera» (Gn. 1:31).

Este libro ha demostrado que la distinción de roles entre hombre y mujer no es fruto de la caída, sino reflejo del carácter sabio y ordenado del Creador. Desde Génesis, se establece que el hombre y la mujer comparten una dignidad igual, pero desempeñan funciones distintas en la familia y en la iglesia. Jesús mismo trató a las

mujeres con honor y dignidad, sin alterar el diseño establecido por Dios. Los apóstoles, movidos por el Espíritu, afirmaron esa misma distinción con claridad doctrinal. Incluso textos frecuentemente malinterpretados, como Gálatas 3:28, no niegan las diferencias funcionales, sino que celebran la unidad espiritual en Cristo. Así, a lo largo de estas páginas, se ha ofrecido una defensa bíblica, exegética y pastoral del diseño divino, con el propósito de recuperar la belleza que muchas voces del igualitarismo han querido ocultar.

Resistir esta revolución silenciosa requiere algo más que conocimiento bíblico; exige una fidelidad vivida. La doctrina correcta debe ir acompañada de una práctica coherente. La postura igualitaria no solo distorsiona los textos bíblicos, sino que también mina la estructura misma de la iglesia, desdibujando su misión y debilitando su autoridad en la tierra. Por tanto, el llamado no es simplemente a rechazar el error, sino a abrazar con gozo el modelo de Dios. Una iglesia que vive y enseña el diseño del Creador proclama al mundo un mensaje claro: que la sabiduría divina no está sujeta a revisión cultural, que los caminos del Señor siguen siendo rectos y que su voluntad sigue siendo buena, agradable y perfecta (Ro. 12:2).

Este es, en última instancia, el momento de afirmar la verdad sin titubeos. La revolución silenciosa del feminismo se enfrenta con una proclamación fiel, con una adoración reverente y con una comunidad de cristianos que vive conforme al patrón eterno del Creador. La resistencia no consiste en conservar una tradición humana, sino en mantener encendida la luz de la revelación divina en medio de una generación que ama las tinieblas. La obediencia al diseño de Dios no es una carga que limita, sino una senda que libera. Cuando la iglesia permanece firme en esta convicción, cumple con su llamado de ser columna y baluarte de la verdad (1 Ti. 3:15). Y cuando se alinea con la voluntad de su Señor, brilla con una luz imparable en medio de un mundo en tinieblas, proclamando que la verdad de Dios no puede ser silenciada.

BIBLIOGRAFÍA

LIBROS

Allen, Ronald y Beverly Allen. *Liberated Traditionalism: Men and Women in Balance*. Portland, OR: Multnomah Press, 1985.

Althaus-Reid, Marcella Maria. *Controversies in Feminist Theology*. Controversies in Contextual Theology. Londres: SCM Press, 2007.

Barr, Beth Allison. *La construcción de la feminidad bíblica: Cómo se convirtió la subyugación de las mujeres en doctrina cristiana*. Barcelona, España: Clie, 2024.

Barr, James. *The Semantics of Biblical Language*. Oxford: Oxford University Press, 1961.

Beck, James R. y Bruce Demarest. *The Human Person in Theology and Psychology: A Biblical Anthropology for the Twenty-First Century*. Grand Rapids: Kregel, 2005.

Bessey, Sarah. *Jesus Feminist: An Invitation to Revisit the Bible's View of Women*. Nueva York, NY: Howard Books, 2013.

Bilezikian, Gilbert. *Beyond Sex Roles: What the Bible Says About a Woman's Place in Church and Family*. Grand Rapids: Baker Books, 2006.

Bird, Michael F. *Bourgeois Babes, Bossy Wives, and Bobby Haircuts: A Case for Gender Equality in Ministry*. Fresh Perspectives on Women in Ministry. Grand Rapids: Zondervan, 2014.

Boomsma, Clarence. *Male and Female, One in Christ: New Testament Teaching on Women in Office*. Grand Rapids: Baker Books, 1993.

Borland, James A. «Women in the Life and Teachings of Jesus». En *Recovering Biblical Manhood & Womanhood: A Response to Evangelical Feminism*. Editado por John Piper y Wayne A. Grudem, pp. 113-123. Wheaton, IL: Crossway, 2006.

Byrd, Aimee. *Recovering from Biblical Manhood & Womanhood: How the Church Needs to Rediscover Her Purpose*. Grand Rapids: Zondervan, 2020.

Carson, D. A. *Falacias exegéticas: Interpretación eficaz hoy*. Barcelona, España: Clie, 1996.

———. «Silent in the Churches: On the Role of Women in 1 Corinthians 14:33b-36». En *Recovering Biblical Manhood & Womanhood: A Response to Evangelical Feminism*. Editado por John Piper y Wayne A. Grudem, pp. 140-153. Wheaton, IL: Crossway, 2006.

Chou, Abner. *La hermenéutica de los escritores bíblicos: Los profetas y los apóstoles nos enseñan a interpretar las Escrituras*. Grand Rapids: Portavoz, 2019.

Clark, Stephen B. *Man and Woman in Christ: An Examination of the Roles of Men and Women in Light of Scripture and the Social Sciences*. Ann Arbor, MI: Servant, 1980.

de Beauvoir, Simone. *The Second Sex*. Traducido por H. M. Parshley. Nueva York, NY: Alfred A. Knopf, 1975.

DeYoung, Kevin. *Hombres y mujeres en la iglesia: Una introducción bíblica y práctica*. Grand Rapids: Portavoz, 2021.

Dunn, James D. G. *Baptism in the Holy Spirit*. Londres: SCM Press, 1977.

Duvall, J. Scott y J. Daniel Hays. *Hermenéutica: Entendiendo la Palabra de Dios*. Colección Teológica Contemporánea 26.

Traducido por Pedro Luis Gómez Flores. Barcelona, España: Clie, 2008.

Erickson, Millard J. *Teología sistemática*. Traducido por Beatriz Fernández. Barcelona, España: Clie, 2008.

Evans, Mary J. *Women in the Bible: An Overview of All the Crucial Passages on Women's Roles*. Downers Grove, IL: InterVarsity Press, 1983.

Fee, Gordon D. *Gospel and Spirit: Issues in New Testament Hermeneutics*. Peabody, MA: Hendrickson, 1991.

Fiorenza, Elisabeth Schüssler. *In Memory of Her: A Feminist Theological Reconstruction of Christian Origins*. Nueva York, NY: Crossroad, 1983.

France, R. T. *Women in the Church's Ministry: A Test Case for Biblical Interpretation*. Grand Rapids: Eerdmans, 1995.

Grenz, Stanley J. y Denise Muir Kjesbo. *Women in the Church: A Biblical Theology of Women in Ministry*. Downers Grove, IL: InterVarsity Press, 1995.

Groothuis, Rebecca. *Good News for Women: A Biblical Picture of Gender Equality*. Grand Rapids: Zondervan, 1997.

Grudem, Wayne A., ed. *Biblical Foundations for Manhood and Womanhood*. Foundations for the Family Series. Wheaton, IL: Crossway, 2002.

———. «Right and Wrong Interpretation of the Bible: Some Suggestions for Pastors and Bible Teachers». En *Preach the Word: Essays on Expository Preaching in Honor of R. Kent Hughes*. Editado por Leland Ryken y Todd A. Wilson, pp. 54-75. Wheaton, IL: Crossway, 2007.

———. *Teología sistemática: Una introducción a la doctrina bíblica*. Miami, FL: Vida, 2007.

———. *The Gift of Prophecy in 1 Corinthians*. Eugene, OR: Wipf & Stock, 1999.

Gundry, Patricia. «Why We're Here». En *Women, Authority, and the Bible.* Editado por Alvera Mickelsen, pp. 10-21. Downers Grove, IL: InterVarsity Press, 1986.

Hamilton, James M., Jr. *La gloria de Dios en la salvación a través del juicio: Una teología bíblica.* Volumen 1. Traducido por Jefferson Sánchez. Cali, Colombia: Monte Alto, 2021.

Hampson, Daphne. *Theology and Feminism.* Oxford: Blackwell, 1990.

Hiu, Elim. *Regulations Concerning Tongues and Prophecy in 1 Corinthians 14:26-40: Relevance Beyond the Corinthian Church.* Library of New Testament Studies 406. Londres: T&T Clark, 2010.

Horrell, David G. *The Social Ethos of the Corinthian Correspondence: Interests and Ideology from 1 Corinthians to 1 Clement.* Londres: T&T Clark, 1996.

Hove, Richard. «Does Galatians 3:28 Negate Gender-Specific Roles?». En *Biblical Foundations for Manhood and Womanhood.* Editado por Wayne A. Grudem, pp. 104-143. Foundations for the Family Series. Wheaton, IL: Crossway, 2002.

———. *Equality in Christ? Galatians 3:28 and the Gender Dispute.* Wheaton, IL: Crossway, 1999.

Hull, Gretchen Gaebelein. *Equal to Serve: Women and Men in the Church and Home.* Old Tappan, NJ: Fleming H. Revell, 1987.

Hurley, James B. *Man and Woman in Biblical Perspective.* Eugene, OR: Wipf & Stock, 2002.

Jeremias, Joachim. *Jerusalén en tiempos de Jesús.* Madrid, España: Ediciones Cristiandad, 1977.

Jewett, Paul K. *Man as Male and Female: A Study in Sexual Relationships from a Theological Point of View.* Grand Rapids: Eerdmans, 1975.

Johnson, S. Lewis, Jr. «Role Distinctions in the Church: Galatians 3:28». En *Recovering Biblical Manhood & Womanhood: A Response to Evangelical Feminism*. Editado por John Piper y Wayne A. Grudem, pp. 154-164. Wheaton, IL: Crossway, 2006.

Johnston, Robert K. «The Role of Women in the Church and Family: The Issue of Biblical Hermeneutics». En *Evangelicals at an Impasse: Biblical Authority in Practice*. Editado por Robert K. Johnston, pp. 48-76. Eugene, OR: Wipf & Stock, 2020.

Kaiser, Walter C. *The Messiah in the Old Testament*. Studies in Old Testament Biblical Theology. Grand Rapids: Zondervan, 1995.

Kaiser, Walter C. y Moisés Silva. *An Introduction to Biblical Hermeneutics: The Search for Meaning*. Grand Rapids: Zondervan, 2007.

Kassian, Mary A. *Women, Creation, and the Fall*. Wheaton, IL: Crossway, 1990.

Keener, Craig S. *Paul, Women, and Wives: Marriage and Women's Ministry in the Letters of Paul*. Grand Rapids: Baker Books, 1992.

Komisar, Lucy. *The New Feminism*. Nueva York, NY: Franklin Watts, 1971.

Köstenberger, Andreas J. y Margaret E. Köstenberger. *God's Design for Man and Woman: A Biblical-Theological Survey*. Wheaton, IL: Crossway, 2014.

Köstenberger, Andreas J., Thomas R. Schreiner y H. Scott Baldwin, eds. *Women in the Church: A Fresh Analysis of 1 Timothy 2:9-15*. Grand Rapids: Baker Books, 2016.

Kroeger, Richard Clark y Catherine Clark Kroeger. *I Suffer Not a Woman: Rethinking 1 Timothy 2:11-15 in Light of Ancient Evidence*. Grand Rapids: Baker Books, 1992.

LaCelle-Peterson, Kristina. *Liberating Tradition: Women's Identity and Vocation in Christian Perspective*. Grand Rapids: Baker Books, 2008.

Lacks, Roslyn. *Women and Judaism: Myth, History, & Struggle*. Garden City, NY: Doubleday, 1980.

Lee-Barnewall, Michelle. *Neither Complementarian nor Egalitarian: A Kingdom Corrective to the Evangelical Gender Debate*. Grand Rapids: Baker Books, 2016.

Leeuwen, Mary Stewart Van. *Gender and Grace: Love, Work and Parenting in a Changing World*. Downers Grove, IL: InterVarsity Press, 1990.

Liefeld, Walter. «Women, Submission, and Ministry in 1 Corinthians». En *Women, Authority, and the Bible*. Editado por Alvera Mickelsen, pp. 134-153. Downers Grove, IL: InterVarsity Press, 1986.

MacArthur, John. *Parábolas: Los misterios del reino de Dios revelados a través de las historias que Jesús contó*. Nashville: Nelson, 2015.

Martin, Ralph P. *The Spirit and the Congregation: Studies in 1 Corinthians 12–15*. Eugene, OR: Wipf & Stock, 1997.

Mickelsen, Alvera. «An Egalitarian View: There is Neither Male nor Female in Christ». En *Women in Ministry. Four Views*. Editado por Bonnidell Clouse y Robert G. Clouse, pp. 173-206. Downers Grove, IL: InterVarsity Press, 1989.

Moo, Douglas J. «What Does It Mean Not to Teach or Have Authority over Men? 1 Timothy 2:11-15». En *Recovering Biblical Manhood & Womanhood: A Response to Evangelical Feminism*. Editado por John Piper y Wayne A. Grudem, pp. 179-193. Wheaton, IL: Crossway, 2006.

Moule, C. F. D. *The Phenomenon of the New Testament*. Londres: SCM Press, 1967.

Ortlund, Raymond C., Jr. «Male-Female Equality and Male Headship». En *Recovering Biblical Manhood & Womanhood: A Response to Evangelical Feminism*. Editado por John Piper y Wayne A. Grudem, pp. 95-112. Wheaton, IL: Crossway, 2006.

Payne, Philip B. *The Bible vs. Biblical Womanhood: How God's Word Consistently Affirms Gender Equality*. Grand Rapids: Zondervan, 2023.

Piper, John y Wayne A. Grudem, eds. «An Overview of Central Concerns: Questions and Answers». En *Recovering Biblical Manhood & Womanhood: A Response to Evangelical Feminism*. Editado por John Piper y Wayne A. Grudem, pp. 60-92. Wheaton, IL: Crossway, 2006.

———. *Recovering Biblical Manhood & Womanhood: A Response to Evangelical Feminism*. Wheaton, IL: Crossway, 2006.

Postell, Seth D. «Genesis 3:15: The Promised Seed». En *The Moody Handbook of Messianic Prophecy: Studies and Expositions of the Messiah in the Old Testament*. Editado por Michael Rydelnik y Edwin Blum, pp. 239-250. Chicago: Moody, 2019.

Quebedeaux, Richard. *The Young Evangelicals: The Story of the Emergence of a New Generation of Evangelicals*. Nueva York, NY: Harper and Row, 1974.

Ramm, Bernard. *Protestant Biblical Interpretation: A Textbook of Hermeneutics*. Grand Rapids: Baker Books, 1970.

Reeves, Michael. *Gente del evangelio: Un llamado a la integridad evangélica*. Ipswich, MA: Proyecto Nehemías, 2023.

Ropero, Alfonso. *Lo mejor de los padres apostólicos*. Barcelona, España: Clie, 2004.

Ruether, Rosemary Radford. «Feminist Interpretation: A Method of Correlation». En *Feminist Interpretation of the Bible*. Editado por Letty M. Russell, pp. 111-124. Filadelfia, PA: Westminster, 1985.

———. *Religion and Sexism: Images of Woman in the Jewish and Christian Traditions*. Nueva York, NY: Simon and Schuster, 1974.

———. *Sexism and God-Talk: Toward a Feminist Theology*. Boston, MA: Beacon, 1983.

———. *Womanguides: Readings Toward a Feminist Theology*. Boston, MA: Beacon, 1985.

Ryle, J. C. *Knots Untied: Being Plain Statements on Disputed Points in Religion from the Standpoint of an Evangelical Churchman*. Louisville, KY: GLH, 2021.

Ryrie, Charles C. *The Role of Women in the Church*. Chicago: Moody, 1970.

Safrai, S. «Education and the Study of the Torah». En *The Jewish People in the First Century*. Editado por S. Safrai y M. Stern, pp. 945-970. Filadelfia, PA: Fortress, 1976.

Scanzoni, Letha Dawson y Nancy A. Hardesty. *All We're Meant To Be: Biblical Feminism for Today*. Dallas, TX: Word Books, 1974.

Saucy, Robert L. *The Case for Progressive Dispensationalism: The Interface Between Dispensational and Non-Dispensational Theology*. Grand Rapids: Zondervan, 1993.

———. «The Negative Case Against the Ordination of Women». En *Perspectives on Evangelical Theology: Papers from the Thirtieth Annual Meeting of the Evangelical Theological Society*. Editado por Kenneth S. Kantzer y Stanley N. Gundry, pp. 277-286. Grand Rapids: Baker Books, 1979.

Sayers, Dorothy L. *Are Women Human? Penetrating, Sensible, and Witty Essays on the Role of Women in Society*. Grand Rapids: Eerdmans, 1971.

Scholer, David M. «1 Timothy 2:9-15 and the Place of Women in the Church's Ministry». En *Women, Authority and the Bible*. Editado por Alvera Mickelsen, pp. 193-224. Downers Grove, IL: InterVarsity Press, 1986.

Schreiner, Thomas R. «An Interpretation of 1 Timothy 2:9-15: A Dialogue with Scholarship». En *Women in the Church: A Fresh Analysis of 1 Timothy 2:9-15*. Editado por Andreas J. Köstenberger, Thomas R. Schreiner y H. Scott Baldwin, pp. 163-225. Grand Rapids: Baker Books, 2016.

———. «Women in Ministry: Another Complementarian Perspective». En *Two Views on Women in Ministry*. Editado por James R. Beck, pp. 263-322. Grand Rapids: Zondervan, 2005.

Smedes, Lewis. *Sex for Christians: The Limits and Liberties of Sexual Living*. Grand Rapids: Eerdmans, 1994.

Snodgrass, Klyne R. «Galatians 3:28: Conundrum or Solution?». En *Women, Authority and the Bible*. Editado por Alvera Mickelsen, pp. 161-181. Downers Grove, IL: InterVarsity Press, 1986.

Spencer, Aída Besançon. *Beyond the Curse: Women Called to Ministry*. Nashville: Nelson, 1985.

Strauch, Alexander. *Men and Women Equal Yet Different: A Brief Study of the Biblical Passages on Gender*. Littleton, CO: Lewis and Roth Publishers, 1999.

Strauss, Lehman. *Speaking in Tongues*. Filadelfia, PA: Bible Study Time, 1974.

Terry, Milton S. *Hermenéutica: La ciencia de la interpretación de la palabra de Dios*. Tampa, FL: Doulos, 2012.

Thomas, Robert L. *Entendamos los dones espirituales: Un estudio versículo por versículo de Primera Corintios 12 al 14*. Grand Rapids: Portavoz, 2002.

Vanhoozer, Kevin J. *Is There a Meaning in this Text? The Bible, the Reader, and the Morality of Literary Knowledge*. Grand Rapids: Zondervan, 1998.

Varner, William. *Anticipating the Advent: Looking for Messiah in All the Right Places*. Dallas, TX: Fontes, 2020.

———. *To Preach or Not to Preach: Women's Ministry Then and Now*. Auto-publicado: 2018.

Vlach, Michael J. *Has the Church Replaced Israel? A Theological Evaluation*. Nashville: Broadman & Holman Publishers, 2010.

Witherington, Ben, III. *Women in the Earliest Churches*. Society for New Testament Studies Monograph Series 59. Cambridge: Cambridge University Press, 1988.

———. *Women in the Ministry of Jesus: A Study of Jesus' Attitude to Women and their Roles as Reflected in His Earthly Life*. Society for New Testament Studies Monograph Series 51. Cambridge: Cambridge University Press, 1987.

Wolters, Al. «The Meaning of Αὐθεντέω». En *Women in the Church: A Fresh Analysis of 1 Timothy 2:9-15*. Editado por Andreas J. Köstenberger, Thomas R. Schreiner y H. Scott Baldwin, pp. 65-115. Grand Rapids: Baker Books, 2016.

Wright, N. T. *The Climax of the Covenant: Christ and the Law in Pauline Theology*. Filadelfia, PA: Fortress, 1991.

Zuck, Roy B. *La interpretación básica de la Biblia: Una guía práctica para descubrir la verdad*. Traducido por Cabe Pillete. Charo, México: Berea Publishing Company, 2014.

Comentarios

Alford, Henry. *The Greek New Testament*. Volumen 3. Londres: Rivington, 1871.

Allen, Leslie C. *Psalms 101–150*. Word Biblical Commentary 21. Nashville: Thomas Nelson, 2002.

Arnold, Bill T. *Genesis*. New Cambridge Bible Commentary. Cambridge: Cambridge University Press, 2009.

Atkinson, David. *El mensaje de Génesis 1–11: Los albores de la creación*. Comentario Antiguo Testamento Andamio. Barcelona, España: Andamio, 2010.

Barclay, William. *Comentario al Nuevo Testamento.* Barcelona, España: Clie, 2006.

Barrett, C. K. *A Critical and Exegetical Commentary on The Acts of the Apostles.* International Critical Commentary. Londres: T&T Clark, 1994.

———. *First Epistle to the Corinthians.* Black's New Testament Commentary. Peabody, MA: Hendrickson, 1993.

Bauckham, Richard J. *Jude, 2 Peter.* Word Biblical Commentary 50. Dallas, TX: Word Books, 1983.

Beasley-Murray, George R. *John.* Word Biblical Commentary 36. Dallas, TX: Word Books, 1999.

Bennett, William H. *The General Epistles: James, Peter, John, and Jude.* Londres: Blackwood, Le Bas & Co., s.f.

Betz, Hans Dieter. *Galatians: A Commentary on Paul's Letter to the Church in Galatia.* Hermeneia. Filadelfia: Fortress, 1979.

Blomberg, Craig L. *Matthew.* The New American Commentary 22. Nashville: Broadman & Holman Publishers, 1992.

Bock, Darrell L. *Acts.* Baker Exegetical Commentary on the New Testament. Grand Rapids: Baker Books, 2007.

———. *Luke 1:1–9:50.* Baker Exegetical Commentary on the New Testament. Grand Rapids: Baker Books, 1994.

———. *Luke 9:51–24:53.* Baker Exegetical Commentary on the New Testament. Grand Rapids: Baker Books, 1996.

Borchert, Gerald L. *John 1–11.* The New American Commentary 25A. Nashville: Broadman & Holman Publishers, 1996.

Bruce, F. F. *Hechos de los apóstoles: Introducción, comentarios y notas.* Grand Rapids: Libros Desafío, 2007.

———. *Romans: An Introduction and Commentary.* Tyndale New Testament Commentary 6. Downers Grove, IL: InterVarsity Press, 1985.

———. *The Letters of Paul: An Expanded Paraphrase.* Grand Rapids: Eerdmans, 1965.

———. *Un comentario de la epístola a los gálatas.* Colección Teológica Contemporánea 7. Traducido por Lidia Rodríguez Fernández. Barcelona, España: Clie, 2004.

Burton, Ernest De Witt. *A Critical and Exegetical Commentary on The Epistle to the Galatians.* International Critical Commentary. Londres: T&T Clark, 1988.

Calvin, John. *Genesis.* Edimburgo, Escocia: The Banner of Truth, 2000.

Carballosa, Evis L. *Génesis: La revelación del plan eterno de Dios.* Grand Rapids: Portavoz, 2017.

———. *Mateo: La revelación de la realeza de Cristo.* Grand Rapids: Portavoz, 2021.

Carson, D. A. *The Gospel According to John.* Pillar New Testament Commentary. Grand Rapids: Eerdmans, 1991.

Cassuto, Umberto. *A Commentary on the Book of Genesis.* Volumen 1. Jerusalén: Magnes Press, 1978.

Ciampa, Roy E. y Brian S. Rosner. *The First Letter to the Corinthians.* Pillar New Testament Commentary. Grand Rapids: Eerdmans, 2010.

Cole, R. Alan. *Galatians: An Introduction and Commentary.* Tyndale New Testament Commentary 9. Downers Grove, IL: InterVarsity Press, 1989.

Collins, John C. *Genesis 1–4: A Linguistic, Literary, and Theological Commentary.* Phillipsburg, NJ: P&R Publishing, 2006.

Collins, Raymond F. *First Corinthians.* Collegeville, MN: The Liturgical Press, 1999.

Cranfield, C. E. B. *La epístola a los romanos.* Buenos Aires, Argentina: Nueva Creación, 1993.

———. *I & II Peter and Jude.* Torch Bible Commentaries. Londres: SCM Press, 1960.

Davids, Peter H. *The Letters of 2 Peter and Jude*. Pillar New Testament Commentary. Grand Rapids: Eerdmans, 2006.

Davis, John J. *Paradise to Prison: Studies in Genesis*. Salem, WI: Sheffield, 1998.

DeSilva, David A. *Galatians: A Handbook on the Greek Text*. Waco, TX: Baylor University Press, 2014.

Duguid, Iain M. *The Song of Songs: An Introduction and Commentary*. Tyndale Old Testament Commentary 19. Downers Grove, IL: InterVarsity Press, 2015.

Dunn, James D. G. *Romans 9–16*. Word Biblical Commentary 38B. Dallas, TX: Word Books, 1988.

Edwards, James R. *The Gospel According to Luke*. Pillar New Testament Commentary. Grand Rapids: Eerdmans, 2015.

Erdman, Charles R. *The General Epistles*. Filadelfia, PA: Westminster, 1919.

Estes, Daniel J. *Psalms 73–150*. The New American Commentary 13. Nashville: Broadman & Holman Publishers, 2019.

Fee, Gordon D. *Primera epístola a los corintios*. Buenos Aires, Argentina: Nueva Creación, 1994.

———. *1 and 2 Timothy, Titus*. New International Biblical Commentary on the New Testament. Peabody, MA: Hendrickson, 1988.

France, R. T. *The Gospel of Matthew*. New International Commentary on the New Testament. Grand Rapids: Eerdmans, 2007.

Fruchtenbaum, Arnold G. *The Book of Genesis: Exposition from a Messianic Jewish Perspective*. Ariel's Bible Commentary. San Antonio, TX: Ariel, 2023.

Fung, Ronald Y. K. *The Epistle to the Galatians*. New International Commentary on the New Testament. Grand Rapids: Eerdmans, 1988.

Garland, David E. *Lucas*. Comentario exegético-práctico del Nuevo Testamento. Barcelona, España: Andamio, 2019.

———. *1 Corinthians*. Baker Exegetical Commentary on the New Testament. Grand Rapids: Baker Books, 2003.

Garrett, Duane y Paul R. House. *Song of Songs, Lamentations*. Word Biblical Commentary 23B. Nashville: Thomas Nelson, 2004.

George, Timothy. *Galatians*. The New American Commentary 30. Nashville: Broadman & Holman Publishers, 1994.

Godet, Frederic L. *Commentary on St. Paul's First Epistle to the Corinthians*. Grand Rapids: Zondervan, 1957.

Goldingay, John. *Genesis*. Baker Commentary on the Old Testament: Pentateuch. Grand Rapids: Baker Books, 2020.

Green, Joel B. *The Gospel of Luke*. New International Commentary on the New Testament. Grand Rapids: Eerdmans, 1997.

Grudem, Wayne A. *1 Peter: An Introduction and Commentary*. Tyndale New Testament Commentary 17. Downers Grove, IL: InterVarsity Press, 1988.

Hagner, Donald A. *Matthew 1–13*. Word Biblical Commentary 33A. Dallas, TX: Word Books, 1993.

———. *Matthew 14–28*. Word Biblical Commentary 33B. Dallas, TX: Word Books, 1995.

Hamilton, Victor P. *The Book of Genesis: Chapters 1–17*. New International Commentary on the Old Testament. Grand Rapids: Eerdmans, 1990.

Hendriksen, William. *Evangelio según San Juan*. Comentario al Nuevo Testamento. Grand Rapids: Libros Desafío, 1981.

———. *Evangelio según San Lucas*. Comentario al Nuevo Testamento. Grand Rapids: Libros Desafío, 2002.

———. *Evangelio según San Mateo*. Comentario al Nuevo Testamento. Grand Rapids: Libros Desafío, 2007.

———. *Exposición de Gálatas*. Comentario al Nuevo Testamento. Grand Rapids: Libros Desafío, 2005.

———. *Romanos*. Comentario al Nuevo Testamento. Grand Rapids: Libros Desafío, 2006.

———. *1–2 Timoteo y Tito*. Comentario al Nuevo Testamento. Grand Rapids: Libros Desafío, 2006.

Hess, Richard S. *Song of Songs*. Baker Commentary on the Old Testament: Wisdom and Psalms. Grand Rapids: Baker Books, 2005.

Hiebert, D. Edmond. *1 Peter*. Chicago: Moody, 1992.

Hughes, R. Kent y Bryan Chapell. *1 & 2 Timothy and Titus: To Guard the Deposit*. Preaching the Word. Wheaton: Crossway, 2000.

Keil, C. F. y Franz Delitzsch. *Comentario al texto hebreo del Antiguo Testamento: Pentateuco e históricos*. Volumen 1. Traducido por Ivo Tamm. Barcelona, España: Clie, 2008.

Kidner, Derek. *Genesis: An Introduction and Commentary*. Tyndale Old Testament Commentary 1. Downers Grove, IL: InterVarsity Press, 1967.

———. *Psalms 73–150: An Introduction and Commentary*. Tyndale Old Testament Commentary 16. Downers Grove, IL: InterVarsity Press, 1975.

Kistemaker, Simon J. *Hechos*. Comentario al Nuevo Testamento. Grand Rapids: Libros Desafío, 2007.

———. *1 Corintios*. Comentario al Nuevo Testamento. Grand Rapids: Libros Desafío, 1998.

———. *1 y 2 Pedro y Judas*. Comentario al Nuevo Testamento. Grand Rapids: Libros Desafío, 1994.

Knight, George W., III. *Las epístolas pastorales: Un comentario sobre el texto griego*. Nuevo comentario internacional del Testamento griego. Fairfax, VA: Fundación Hurtado, 2019.

Köstenberger, Andreas J. *John*. Baker Exegetical Commentary on the New Testament. Grand Rapids: Baker Books, 2004.

Kruse, Colin G. *John: An Introduction and Commentary*. Tyndale New Testament Commentary 4. Downers Grove, IL: InterVarsity Press, 2003.

Lea, Thomas D. y Hayne P. Griffin, Jr. *1, 2 Timothy, Titus*. The New American Commentary 34. Nashville: Broadman & Holman Publishers, 1992.

Lenski, R. C. H. *The Interpretation of St. John's Gospel*. Minneapolis, MN: Augsburg, 1943.

———. *The Interpretation of St. Paul's First and Second Epistles to the Corinthians*. Minneapolis, MN: Augsburg, 1937.

Leupold, Herbert C. *Exposition of Genesis*. Chillicothe, OH: DeWard, 2010.

Lightfoot, J. B. *St. Paul's Epistle to the Galatians*. Nueva York, NY: Macmillan, 1896.

Lincoln, Andrew T. *The Gospel According to Saint John*. Black's New Testament Commentary. Peabody, MA: Hendrickson, 2005.

Lock, Walter. *A Critical and Exegetical Commentary on the Pastoral Epistles*. International Critical Commentary. Londres: T&T Clark, 1989.

Longenecker, Richard N. *Galatians*. Word Biblical Commentary 41. Dallas, TX: Word Books, 1990.

Luther, Martin. *Luther on the Creation: A Critical and Devotional Commentary on Genesis*. Volumen 1. Traducido por John Nicholas Lenker. Minneapolis, MN: Luteranos en all lands, 1904.

MacArthur, John. *Gálatas, Efesios*. Comentario MacArthur del Nuevo Testamento. Grand Rapids: Portavoz, 2010.

———. *Hechos*. Comentario MacArthur del Nuevo Testamento. Grand Rapids: Portavoz, 2014.

———. *Juan*. Comentario MacArthur del Nuevo Testamento. Grand Rapids: Portavoz, 2011.

———. *Lucas*. Comentario MacArthur del Nuevo Testamento. Grand Rapids: Portavoz, 2016.

———. *Mateo*. Comentario MacArthur del Nuevo Testamento. Grand Rapids: Portavoz, 2017.

———. *1 Pedro a Judas*. Comentario MacArthur del Nuevo Testamento. Grand Rapids: Portavoz, 2017.

———. *1 y 2 Corintios*. Comentario MacArthur del Nuevo Testamento. Grand Rapids: Portavoz, 2015.

———. *1 y 2 Tesalonicenses, 1 y 2 Timoteo, Tito*. Comentario MacArthur del Nuevo Testamento. Grand Rapids: Portavoz, 2012.

Mare, W. Harold. *1 Corinthians*. The Expositor's Bible Commentary 10. Grand Rapids: Zondervan, 1976.

Marshall, I. Howard. *A Critical and Exegetical Commentary on The Pastoral Epistles*. International Critical Commentary. Londres: T&T Clark, 1999.

———. *Acts: An Introduction and Commentary*. Tyndale New Testament Commentary 5. Downers Grove, IL: InterVarsity Press, 1980.

———. *The Gospel of Luke: A Commentary on the Greek Text*. New International Greek Testament Commentary. Grand Rapids: Eerdmans, 1978.

———. *1 Peter*. The IVP New Testament Commentary Series. Downers Grove, IL: InterVarsity Press, 1991.

Mathews, Kenneth A. *Genesis 1–11:26*. The New American Commentary 1A. Nashville: Broadman & Holman Publishers, 1996.

Michaels, J. Ramsey. *1 Peter*. Word Biblical Commentary 49. Dallas, TX: Word Books, 1988.

Morris, Henry M. *The Genesis Record: A Scientific and Devotional*

Commentary on the Book of Beginnings. Grand Rapids: Baker Books, 2009.

Morris, Leon. *Luke: An Introduction and Commentary*. Tyndale New Testament Commentary 3. Downers Grove, IL: Inter-Varsity Press, 1974.

———. *The Epistle to the Romans*. Pillar New Testament Commentary. Grand Rapids: Eerdmans, 1988.

———. *The Gospel According to John*. New International Commentary on the New Testament. Grand Rapids: Eerdmans, 1995.

———. *The Gospel According to Matthew*. Pillar New Testament Commentary. Grand Rapids: Eerdmans, 1992.

———. *1 Corinthians: An Introduction and Commentary*. Tyndale New Testament Commentary 7. Downers Grove, IL: Inter-Varsity Press, 1985.

Moo, Douglas J. *The Epistle to the Romans*. New International Commentary on the New Testament. Grand Rapids: Eerdmans, 1996.

Mounce, Robert H. *Romans*. The New American Commentary 27. Nashville: Broadman & Holman Publishers, 1995.

Mounce, William D. *Pastoral Epistles*. Word Biblical Commentary 46. Nashville: Thomas Nelson, 2000.

Nolland, John. *Luke 1–9:20*. Word Biblical Commentary 35A. Dallas, TX: Word Books, 1989.

———. *Luke 9:21–18:34*. Word Biblical Commentary 35B. Dallas, TX: Word Books, 1993.

Pérez Millos, Samuel. *Gálatas*. Comentario exegético al texto griego del Nuevo Testamento. Barcelona, España: Clie, 2013.

———. *Juan*. Comentario exegético al texto griego del Nuevo Testamento. Barcelona, España: Clie, 2016.

———. *Lucas*. Comentario exegético al texto griego del Nuevo Testamento. Barcelona, España: Clie, 2017.

———. *Mateo*. Comentario exegético al texto griego del Nuevo Testamento. Barcelona, España: Clie, 2009.

Peterson, David G. *The Acts of the Apostles*. Pillar New Testament Commentary. Grand Rapids: Eerdmans, 2009.

Polhill, John B. *Acts*. The New American Commentary 26. Nashville: Broadman & Holman Publishers, 1992.

Provan, Iain. *Ecclesiastes, Song of Songs*. The NIV Application Commentary. Grand Rapids: Zondervan, 2001.

Robertson, Archibald y Alfred Plummer. *A Critical and Exegetical Commentary on The First Epistle of St. Paul to the Corinthians*. International Critical Commentary. Londres: T&T Clark, 1911.

Ross, Allen P. *Creation & Blessing: A Guide to the Study and Exposition of Genesis*. Grand Rapids: Baker Books, 1996.

———. *Psalms 90–150*. Kregel Exegetical Library. Grand Rapids: Kregel, 2016.

Ross, J. M. E. *The First Epistle of Peter: A Devotional Commentary*. Londres: The Religious Tract Society, 1918.

Sailhamer, John H. *Genesis*. The Expositor's Bible Commentary 2. Grand Rapids: Zondervan, 1990.

Sarna, Nahum M. *Genesis*. The JPS Torah Commentary. Filadelfia, PA: The Jewish Publication Society, 1989.

Schreiner, Thomas R. *Gálatas*. Comentario exegético-práctico del Nuevo Testamento. Barcelona, España: Andamio, 2020.

———. *Romans*. Baker Exegetical Commentary on the New Testament. Grand Rapids: Baker Books, 1998.

———. *1 Corinthians: An Introduction and Commentary*. Tyndale New Testament Commentary 7. Downers Grove, IL: InterVarsity Press, 2018.

———. *1, 2 Peter, Jude*. The New American Commentary 37. Nashville: Broadman & Holman Publishers, 2003.

Scott, Ernest F. *The Pastoral Epistles*. Nueva York, NY: Harper & Brothers, 1940.

Skinner, John. *A Critical and Exegetical Commentary on Genesis*. International Critical Commentary. Londres: T&T Clark, 1910.

Stein, Robert H. *Luke*. The New American Commentary 24. Nashville: Broadman & Holman Publishers, 1992.

Stott, John R. W. *The Message of Galatians: Only One Way*. Downers Grove, IL: InterVarsity Press, 1968.

———. *The Message of 1 Timothy and Titus: The Life of the Local Church*. Downers Grove, IL: InterVarsity Press, 1996.

Taylor, Mark. *1 Corinthians*. The New American Commentary 28. Nashville: Broadman & Holman Publishers, 2014.

Thiselton, Anthony C. *The First Epistle to the Corinthians: A Commentary on the Greek Text*. New International Greek Testament Commentary. Grand Rapids: Eerdmans, 2000.

Toussaint, Stanley D. *Behold the King: A Study of Matthew*. Grand Rapids: Kregel, 1980.

Towner, Philip H. *The Letters to Timothy and Titus*. New International Commentary on the New Testament. Grand Rapids: Eerdmans, 2006.

von Rad, Gerhard. *Genesis: A Commentary*. The Old Testament Library. Filadelfia, PA: Westminster, 1972.

Waltke, Bruce K. *Genesis: A Commentary*. Grand Rapids: Zondervan, 2001.

Walton, John H. *Genesis*. The NIV Application Commentary. Grand Rapids: Zondervan, 2001.

Wenham, Gordon J. *Genesis 1–15*. Word Biblical Commentary 1. Dallas, TX: Word Books, 1987.

Westermann, Claus. *Genesis 1–11*. Continental Commentary. Mineápolis, MN: Augsburg Publishing House, 1984.

Witherington, Ben, III. *Conflict and Community in Corinth: A Socio-Rhetorical Commentary on 1 and 2 Corinthians*. Grand Rapids: Eerdmans, 1995.

———. *The Acts of the Apostles: A Socio-Rhetorical Commentary*. Grand Rapids: Eerdmans, 1998.

Wood, Leon J. *Genesis: A Study Guide*. Grand Rapids: Zondervan, 1976.

Yarbrough, Robert W. *The Letters to Timothy and Titus*. Pillar New Testament Commentary. Grand Rapids: Eerdmans, 2018.

Artículos académicos

Allison, Robert W. «Let the Women Be Silent in the Churches (1 Cor 14:33b-36): What Did Paul Really Say, and What Did It Mean?». *Journal for the Study of the New Testament* 32 (1988), pp. 27-60.

Azevedo, Joaquim. «At the Door of Paradise: A Contextual Interpretation of Genesis 4:7». *Biblische Notizen* 100 (1999), pp. 45-59.

Barnett, Paul W. «Wives and Women's Ministry (1 Timothy 2:11-15)». *Evangelical Quarterly* 61 (1989), pp. 225-238.

Bartling, Walter. «The New Creation in Christ». *Concordia Theological Monthly* 21 (1950), pp. 401-418.

Burnett, Chris. «A Sin Offering Lying in the Doorway? A Minority Interpretation of Genesis 4:6-8». *The Master's Seminary Journal* 27 (2016), pp. 45-55.

Busenitz, Irvin A. «Woman's Desire for Man: Genesis 3:16 Reconsidered». *Grace Theological Journal* 7 (1986), pp. 203-212.

Clines, David J. A. «The Image of God in Man». *Tyndale Bulletin* 19 (1968), pp. 53-103.

de Jong, John. «A "Sin Offering" Crouching at the Door? Translation Lessons from an Exegetical Fossil in the Judson Bible». *The Bible Translator* 61 (2010), pp. 89-92.

Felix, Paul W. «The Hermeneutics of Evangelical Feminism». *The Master's Seminary Journal* 5 (1994), pp. 159-184.

Flanagan, Neal M. y Edwina H. Snyder. «Did Paul Put Down Women in 1 Cor 14:34-36?». *Biblical Theology Bulletin* 11 (1981), pp. 10-12.

Foh, Susan T. «What is the Woman's Desire?». *Westminster Theological Journal* 37 (1975), pp. 376-383.

Fricke, Thomas J. «What is the Feminist Hermeneutic? An Analysis of Feminist Interpretation of the Bible». *Wisconsin Lutheran Quarterly* 91 (1994), pp. 45-59.

Gasque, W. Ward. «The Role of Women in the Church, in Society and in the Home». *Crux* 19 (1983), pp. 3-9.

Giles, Kevin. «The Biblical Argument for Slavery: Can the Bible Mislead? A Case Study in Hermeneutics». *Evangelical Quarterly* 66 (1994), pp. 3-17.

Greenbury, James. «1 Corinthians 14:34-35: Evaluation of Prophecy Revisited». *Journal of the Evangelical Theological Society* 51 (2008), pp. 721-731.

Hardesty, Nancy A. «Women: Second Class Citizens?» *Eternity* 22 (1971), pp. 14-16.

Harris, Timothy J. «Why Did Paul Mention Eve's Deception? A Critique of P. W. Barnett's Interpretation of 1 Timothy 2». *Evangelical Quarterly* 62 (1990), pp. 335-352.

Hemer, C. J. «Lydia and the Purple Trade». *New Documents* 3 (1978), pp. 53-55.

Hodges, Zane C. «Problem Passages in the Gospel of John. Part 8: The Woman Taken in Adultery (John 7:53–8:11): The Text». *Bibliotheca Sacra* 136 (1979), pp. 318-332.

Hubbard, Moyer. «Kept Safe through Childbearing: Maternal Mortality, Justification by Faith, and the Social Setting of 1 Timothy 2:15». *Journal of the Evangelical Theological Society* 55 (2012), pp. 743-762.

Hurley, James B. «Did Paul Require Veils or the Silence of Women? A Consideration of 1 Corinthians 11:2-16 and 1 Corinthians 14:33b-36». *Westminster Theological Journal* 35 (1973), pp. 190-220.

Hutson, Christopher. «"Saved Through Childbearing": The Jewish Context of 1 Timothy». *Novum Testamentum* 56 (2014), pp. 392-410.

Jewett, Robert. «The Sexual Liberation of the Apostle Paul». *Journal of the American Academy of Religion* 47 (1979), pp. 55-87.

Kaiser, Walter C. «Paul, Women, and the Church». *Worldwide Challenge* 3 (1976), pp. 9-12.

Letham, Robert. «The Hermeneutics of Feminism». *Themelios* 17 (1992), pp. 4-7.

———. «The Man-Woman Debate: Theological Comment». *Westminster Theological Journal* 52 (1990), pp. 65-78.

Martin, Troy W. «The Covenant of Circumcision (Genesis 17:9-14) and the Situational Antitheses in Galatians 3:28». *Journal of Biblical Literature* 122 (2003), pp. 111-125.

Mollenkott, Virginia R. «Church Women, Theologians, and the Burden of Proof». *Reformed Journal* 25 (1975), pp. 17-21.

Moo, Douglas J. «1 Timothy 2:11-15: Meaning and Significance». *Trinity Journal* 1 (1980), pp. 62-83.

Morales, L. Michael. «Crouching Demon, Hidden Lamb: Resurrecting an Exegetical Fossil in Genesis 4:7». *The Bible Translator* 63 (2012), pp. 185-191.

Murphy, Bryan. «The Trinity in Creation». *The Master's Seminary Journal* 24 (2013), pp. 167-177.

Newman, Barclay M. «Verses Marked with Brackets». *The Bible Translator* 30 (1979), pp. 233-236.

Niccum, Curt. «The Voice of the Manuscripts on the Silence of Women: The External Evidence for 1 Cor. 14:34-35». *New Testament Studies* 43 (1997), pp. 242-255.

Odell-Scott, David W. «In Defense of an Egalitarian Interpretation of 1 Cor 14:34–6: A Reply to Murphy-O'Connor's Critique». *Biblical Theology Bulletin* 17 (1987), pp. 100-103.

———. «Let the Women Speak in Church: An Egalitarian Interpretation of 1 Cor 14:33b-36». *Biblical Theology Bulletin* 13 (1983), pp. 90-93.

Payne, Philip B. «Libertarian Women in Ephesus: A Response to Douglas J. Moo's Article "1 Timothy 2:11–15: Meaning and Significance"». *Trinity Journal* 2 (1981), pp. 169–197.

Perriman, Andrew C. «What Eve Did, What Women Shouldn't Do: The Meaning of ΑΥΘΕΝΤΕΩ in 1 Timothy 2:12». *Tyndale Bulletin* 44 (1993), pp. 129-142.

Powell, C. «A Stalemate of Genders? Some Hermeneutical Reflections». *Themelios* 17 (1992), pp. 15-19.

Riccardi, Michael. «The Seed of Abraham: A Theological Analysis of Galatians 3 and Its Implications for Israel». *The Master's Seminary Journal* 25 (2014), pp. 51-64.

Rogers, Cleon. «The Great Commission». *Bibliotheca Sacra* 130 (1973), pp. 258-267.

Rowe, Arthur. «Silence and the Christian Women of Corinth: An Examination of 1 Corinthians 14:33b-36». *Communio viatorum* 33 (1990), pp. 41-84.

Scholer, David M. «Feminist Hermeneutics and Evangelical Biblical Interpretation». *Journal of the Evangelical Theological Society* 30 (1987), pp. 407-420.

Snyder, Scot. «Participles and Imperatives in 1 Peter: A Reexamination in the Light of Recent Scholarly Trends». *Filología Neotestamentaria* 8 (1995), pp. 187-198.

Spencer, Aída Besançon. «Eve at Ephesus: Should Women Be Ordained as Pastors According to the First Letter of Timothy 2:1-15?». *Journal of the Evangelical Theological Society* 17 (1974), pp. 215-222.

Stein, Robert H. «The Benefits of an Author-Oriented Approach to Hermeneutics». *Journal of the Evangelical Theological Society* 44 (2001), pp. 451-466.

Stitzinger, Michael F. «Genesis 1–3 and the Male/Female Role Relationship». *Grace Theological Journal* 2 (1981), pp. 23-44.

Swidler, Leonard. «Jesus was a Feminist». *Catholic World* 212 (1971), pp. 177-183.

Thomas, Robert L. «The Principle of Single Meaning». *The Master's Seminary Journal* 29 (2018), pp. 5-19.

van Bavel, Tarsicio J. «Augustine's View of Women». *Augustiniana* 39 (1989), pp. 5-53.

Witherington, Ben, III. «Rite and Rights for Women». *New Testament Studies* 27 (1981), pp. 593-604.

Artículos de la web

Piper, John. «Sexual complementarity: Session 1». *Desiring God.* 9 de noviembre de 2007. Visitado el 15 de septiembre de 2021. https://www.desiringgod.org/messages/sexual-complementarity-session-1.

Tesis y disertaciones

Coble, Ann. «The Lexical Horizon of "One in Christ:" The Use of Galatians 3:28 in the Progressive-Historical Debate over Women's Ordination». Tesis de maestría en teología, Covenant Theological Seminary, 1995.

Köstenberger, Margaret E. «A Critique of Feminist and Egalitarian Hermeneutics and Exegesis: With Special Focus on Jesus' Approach to Women». Disertación doctoral, University of South Africa, 2006.

Discursos no publicados

Clines, David J. A. «What Does Eve Do to Help? And Other Irredeemably Androcentric Orientations in Genesis 1–3». Reunión anual de la Society of Biblical Literature. Boston, Massachusetts, 7 de diciembre de 1987.

Wright, N. T. «Women's Service in the Church: The Biblical Basis». Symposium on Men, Women and the Church. Durham, United Kingdom, 4 de septiembre de 2004.

ÍNDICE DE REFERENCIAS BÍBLICAS

GÉNESIS

1 . . . . 20, 38
1–2 . . . . 143, 145
1–3 . . . . 28, 69
1:1-2 32
1:2. 47
1:3-4 35
1:4. 47
1:6-7 35
1:6-8 47
1:7. 47
1:9. 35
1:9-10 47
1:10. 47
1:11. 35
1:12. 47
1:14-15 35
1:18. 47
1:20-21 35
1:21. 47
1:24. . . . . 36, 37
1:24-25 47
1:24-27 39
1:25. 47
1:26. . . . . . . 34, 38, 39, 43, 45, 181
1:26-27 . . 20, 38, 48, 54, 55, 69, 144, 158
1:26-28 . . . . . 33, 40, 43
1:27. . . . . 39, 42, 45, 98, 125, 127
1:27-28 42
1:28. . . . . 39, 45, 47, 48, 53, 54, 58, 62
1:31. . . . . . . 20, 47, 56, 131, 201
2 . . . . . . 36, 48, 53, 54, 158, 161, 198
2:1-3 56
2:7. . . . . 35, 37, 144
2:8. . . . . 158, 163
2:15. . . . . 158, 163
2:16-17 . . . 20, 151, 159
2:17. 61
2:18. . . . . 20, 47, 48, 54, 55, 69, 144, 159, 163, 181
2:18-24 158
2:18-25 . . . . 46, 56
2:19-20 . . . . 48, 160
2:19-23 163
2:20. . . . . 47, 48, 54, 55, 69, 144, 163
2:21-22 . . . . 35, 37
2:21-24 144
2:22. 54
2:23. . . 20, 54, 160, 162
2:24. . . . 42, 55, 67, 181
2:24-25 58
2:25. 56
3 . . . . 20, 56, 161, 164
3:1. . . . 20, 25, 161, 163
3:1-6 57
3:2-6 21
3:4. . . . . 161, 163
3:6. . . . . 58, 164
3:7. . . . . . . 21, 161, 163
3:7-19 . . . . 57, 58
3:9. 162
3:9-11 163
3:11. 101
3:14. . . . . 61, 62
3:14-15 . . . . 58, 64
3:14-19 . . . . . 60, 62, 63
3:15. . . . . 54, 58, 59, 61, 62, 63, 165
3:16. . . . . . . 53, 58, 59, 61, 62, 64, 65, 66, 67
3:16-19 21
3:17. 65
3:17-19 . . . . . 58, 62, 64
3:19. 62
3:20. . . . . 162, 163
4 66
4:7. . . 63, 64, 65, 66, 67
5 . . . . 43, 44
5:3. . . . . 43, 44
6:5. 37
9:6. 44
12:1. 123
13:14-15 123
15:6. 123
17:8. 123
25:27-34 159

35:23. 159
38:27-30 159
49:3-4 159

Éxodo
18:4. 49
20:14. 79
21:16. 132

Levítico
14:40-41 82
14:45. 82
15:19-33 90
19:27. 74

Números
12:1-15 143
19:11-21 88

Deuteronomio
6:5. 184
10:12. 184
11:13. 184
13:3. 184
15:11. 186
18:15. 143
21:10-14 80
21:15-17 159
22:23. 93
22:23-24 93
24:1-4 81
26:16. 184
30:2. 184
30:6. 184
30:10. 184
31:10-12 75
33:7. 49
33:26. 49
33:29. 49

Josué
8:35. 75

Jueces
4:4–5:31 144
4:6-7 145

1 Samuel
1:27-28 193
2:11. 193
2:18-19 193
6:5. 40
6:11. 40

1 Reyes
10:1-13 82
16:31. 82
17:8-24 82
21:13. 82

2 Reyes
11:1-21 144

1 Crónicas
15:1-2 159

2 Crónicas
9:1-12 82
22:10–23:21 144
33:15. 82

Nehemías
8:2-3 75

Salmos
20:1-2 49
33:9. 36
33:20. 49
70:5. 49
89:19. 50
115:9-11 50
119 51
119:168. 51
121:2. 50
124:8. 50
127:3. 166
146:5. 50

Proverbios
16:25. 21
31 198
31:16. 198
31:20. 198
31:24. 198
31:29. 55

Cantares
7:10. . . . . 63, 65, 66, 67

Isaías
28:11-12 143
29:16. 37
61:10. 115
65:25. 60

Jeremías
18:1-17 37
18:2-4 37

Ezequiel
1:10. 40
23:14. 40
36:26. 21

Oseas
13:9. 50

Mateo
4:11. 95
5:16. 176
5:27-28 . . . . 79, 80
8:14-15 90
8:15. 95
9:18-26 87
9:20-22 90
10:1-4 98
13:38. 171

15:19. 79
19:3-9 81
19:4-5 42
19:6. 117
19:10. 81
24:8. 62
26:11. 186
28:1. 96
28:9. 96
28:10. 100
28:16-20 98
28:18-20 . . . . . 170, 173
28:19. . . . . 170, 171
28:19-20 . . . . . 151, 171
28:20. 172

MARCOS
1:30-31 90
3:13-19 98
5:21-43 87
5:25-34 90
5:34. 90
12:20-31 184
14:50. 95
15:40-41 95
16:1. 96
16:9. 96
16:11. 96

LUCAS
1:6. 90
1:18. 195
1:54-55 90
1:73-75 90
2:51. 180
4:18. 84
4:24. 82
4:25-26 82
4:28-29 82
4:38-39 90
7:7-8 88
7:9. 90
7:12-15 88
7:36-50 96
7:50. 90
8:1-3 . . . . 94, 185
8:2. 174
8:3. 95
8:40-56 87
8:43-48 90
8:48. 90
8:54. 88
10:17. 180
10:38-42 93
10:39-42 94
10:42. 94
11:27. 83
11:31. 83
12:33-34 174
13:10-17 90
13:16. 90
15 84
15:1-2 85
15:3-7 85
15:8-10 85
15:10. 85
15:11-32 85
16:13. 177
16:19. 188
17:19. 90
18:1. 83
18:2-8 84
18:6. 84
18:22. 174
18:42. 90
20:45-47 84
23:55. 174
23:55-56 96
24:1. 96
24:10. 174
24:11. 96

JUAN
1:14. 52
4:1-42 90
4:25-26 91
4:27. 91
4:28-30 . . . . 92, 100
4:39-42 . . . . 92, 100
6:37. 118
6:39. 118
6:44. 118
8:5. 92
8:7. 93
8:11. 93
8:32. 32
10:27-30 117
10:29. 118
10:35. . . . . 68, 135
11:20-27 89
12:1-8 97
13:34. 71
13:35. . . . . 174, 185
14:12. 172
14:13-14 182
14:16-17 21
16:8. 172
17:11. 117
17:17. 18
20:1. 96
20:4-10 96
20:14-17 96
20:17-18 100
20:19-23 98

HECHOS
1:12-14 174
1:14. 174
2:17. 139
2:41. 172
2:41-47 . . 172, 184, 186
2:42. . . . . 151, 173
2:43-47 173
2:44. 174
2:45. 174

3:11-26 173
4:24. 174
4:32-35 . . . . . . 184, 186
4:34-35 . . . . . . 121, 174
5:12. 174
5:21. 173
9:36. 186
9:37-38 186
9:39. 186
9:40. 186
9:41. 187
10:7. 177
12:12. 174
13:4-5 187
13:14. 187
14:1. 187
16:1. 193
16:12. 187
16:13. 187
16:14. 188
16:15. . . . . 188, 190
16:40. . . . . 188, 190
17:1. 187
17:10. 187
18:4. 187
18:19. 187
18:26. 156
19:1-6 172
19:8. 187
21:9. 139

Romanos

3 108
3:22. 120
3:28. 166
3:28-31 108
4:3-11 123
5:12. . . . . 21, 164
5:15. 162
6:3-11 114
6:14. 115
8:11. 21
8:22-24 62
9:1–11:36 120
9:6-11 123
10:1-4 108
10:4. 111
12:1. 154
12:2. . . . . 132, 202
12:4. 118
12:4-5 117
13:1. . . . . 153, 180
13:1-4 177
13:5. 180
14:4. 177
15:25-26 137
15:30. 154
15:31. 137
16:1. . . . . 187, 188, 199, 190
16:1-2 188
16:2. 190
16:3. 187
16:3-5 188
16:17. 154

1 Corintios

1:2. 137
1:10. 154
3:6-9 117
3:8. 118
6:4. 142
6:7. 142
6:11. 21
6:16. 144
7:8. 147
7:15. 188
7:17-24 121
7:39. 149
8:10. 142
9:5. 189
9:8-10 144
10:16-17 118
10:21-22 142
11–14 139
11:2-3 181
11:3. 144
11:5. . . . . 139, 141, 142
11:7. 41
11:7-12 181
11:8-9 . . . . 143, 144
11:8-10 144
11:9. 160
11:20-22 146
11:21. 139
12:7-11 156
12:12-26 156
12:13. 122
13:5. 145
14:1-33 140
14:2-3 140
14:4-6 140
14:9. 140
14:9-12 139
14:11. 140
14:13. 140
14:16. 142
14:18-19 140
14:21. . . . 140, 143, 144
14:23. 140
14:26. 142
14:26-33 . . . . . 139, 146
14:27-29 140
14:29. . . . . 140, 141
14:29-32 142
14:32. 142
14:33. . . 137, 138, 140, 143, 145
14:33-35 . . . 19, 29, 71, 124, 128, 136, 137, 138, 139, 142
14:34. . . 103, 122, 138, 141, 142, 143, 144, 145, 146, 147

14:35. . . 140, 146, 147, 149, 151
14:37-40 140
14:39. 140
15:22. 162
15:27. 180
15:27-28 142
15:28. 180
16:1. 137
16:15-16 180
16:16. 142

2 Corintios

4:4. 132
5:21. 21
8:4. 137
8:9. 52
9:1. 137

Gálatas

1–2 . . . . .105, 106
1:6. . . . . .107, 120
1:8. 107
1:9. 107
2:11-14 122
2:11-21 105
2:21. 112
3 124
3–4 . . . . 105, 106, 107, 119
3:1. 112
3:1-4 107
3:1-5 106
3:6. 123
3:6-9 123
3:6-14 107
3:8. 119
3:11. 119
3:13. 119
3:15-18 . . 109, 115, 123
3:19-25 110
3:21-22 123
3:23-25 . . . . . .106, 111
3:25. 113
3:26. . . . . 112, 113, 114, 118
3:26-27 123
3:26-29 . . . . . 110, 111, 112, 113, 119
3:27. . . . . 111, 114, 119
3:27-28 114
3:28. . . . . 29, 101, 102, 103, 104, 105, 106, 108, 110, 111, 112, 113, 115, 116, 117, 118, 121, 122, 124, 131, 202
3:28-29 181
3:29. . . . . 112, 119, 123
4:1. 112
4:1-7 111
4:4. 68
5–6 . . . . .105, 106
5:12. 109
5:19-21 176
6:9-10 186
6:16. 120

Efesios

1:22. 180
2:3. 59
2:8-9 166
4:1. 154
4:24. 114
5 198
5:22. 180
5:22-24 . . . 22, 143, 148
5:22-33 . . . 55, 131, 181
5:24. . . . . .153, 180
5:31. 131
6:5. 121
6:9. . . . . .121, 178

Filipenses

2:5. 71
2:6-8 52
3:20. 175
4:2-3 187

Colosenses

2:8-10 172
3:10. 114
3:11. 103
3:16. 149
3:18. . . . . 143, 148, 153, 180
3:18-19 . . . . .55, 181
3:19. 181
3:22-25 121

1 Timoteo

1:1. 154
1:10. 132
1:15. 165
2:1. 154
2:1-8 150
2:4. 165
2:9-15 150
2:11. . . . . 103, 122, 151
2:11-15 . . . . 19, 22, 29, 71, 101, 124, 129, 136, 142, 143, 150, 170
2:12. . . . . 152, 153, 154, 156
2:13. . . . . 143, 154, 162, 165
2:13-14 157
2:14. . . . . 161, 162, 165, 167
2:15. 165
3 191
3:2. . . . . 147, 155, 156, 191

3:8-12 189
3:14-15 150
3:15. . . . . .22, 202
4:11. 156
4:16. 165
5:1-2 . . . . .147, 189
5:9. 191
5:9-10 191
5:10. 191
5:13-14 197
5:17. . . . . .153, 155
6:1. 131
6:2. 156

2 Timoteo

1:5. 193
1:5-6 192
1:6. 193
1:9. 165
2:2. . . . . .156, 192
2:15. . . . . .32, 132, 135
2:24. 156
3 193
3:14-15 193
3:14-17 32
3:15. 193
3:16. . . . .134, 136, 151
3:16-17 122
4:18. 165

Tito

1:2. 68
1:5. 194
1:5-9 . . . . .194, 195
1:6. 156
1:9. . . . . .147, 155, 196
1:11. 155
2:1. . . . . .156, 195
2:1-2 195
2:2. 195
2:2-3 197
2:3. 196
2:3-5 . . . . .147, 156
2:4. 196
2:4-5 196
2:5. . . . . 131, 143, 153, 197, 198, 199
2:9. 180
2:15. 156
3:1. . . . . .153, 180
3:1-3 177
3:5. . . . . . .21, 165, 166

Filemón

2 189
9 194

Hebreos

6:18. 68
11:3. 36
12:9. 180

Santiago

1:18. 22
2:15. 188
3:9. 44
4:7. 180

1 Pedro

1:1. . . . . .175, 178
1:14. 175
1:17. 175
2–3 175
2:8. 180
2:11. 175
2:11-12 175
2:12. . . . . .176, 178
2:13. . . . . 177, 179, 180, 181
2:13-14 177
2:13-15 176
2:13-17 179
2:15. 177
2:16-17 177
2:18. . . . 177, 178, 179, 180, 181
2:18-20 179
2:19-20 178
2:21. . . . . .71, 178
2:21-25 179
2:22-25 178
3 198
3:1. . . . . 153, 177, 179, 181
3:1-2 179
3:1-6 . . . . .143, 149
3:1-7 55
3:5. . . . . 153, 177, 180, 181
3:7. . . . . 98, 179, 181, 182
3:8. 179
3:8-10 182
3:9. 183
3:12. 182
3:14-16 183
3:22. . . . . .177, 180
4:2. 175
4:10. 156
5:5. . . . . .177, 180

2 Pedro

1:21. 134
3:13. 21
3:15-16 151
3:16. 135

Apocalipsis

2:18-29 187
20:10. 60

ÍNDICE TEMÁTICO

Adán, 20-21, 36, 43-44, 46-47, 53-56, 60-61, 63-64, 66, 128-129, 144, 157-164
Adoración, 91, 136, 138-143, 145-146, 150, 153, 178, 180, 202
Agustín de Hipona, 40-41, 58
Althaus-Reid, Marcella María, 128
Anacronismo semántico, 66
Aprendices, 151
Argumento etimológico, 51
Arrogancia masculina, 127
Asamblea congregacional, 157
Autonomía, 23-24
Autoridad, 18, 24, 28, 44, 51, 63, 64, 68, 121, 128, 130, 131, 133, 141, 142, 143, 147, 148, 150, 151, 153, 154, 155, 156, 158, 160, 162, 164, 167, 168, 170, 174, 176, 177, 178, 180, 181, 183, 202
  de la Escritura, 23, 26
  independiente, 155
Ayuda idónea, 20, 28, 46-48, 50, 53-54, 144, 159-160, 163
Ayudadora, 194
Bartling, Walter, 119
Besançon Spencer, Aída, 42, 73, 151, 166
Bessey, Sara, 60, 72, 103, 158
Biblia, 24-25, 27, 40, 42, 44, 52, 54-56, 59, 68-69, 102, 104, 115, 121-122, 125, 128, 130-133, 135-136, 158, 169, 195
Bilezikian, Gilbert, 54-55, 60, 139, 154, 158
Boomsma, Clarence, 130-131
Bruce, F. F., 102-103, 105, 107, 111, 114, 120, 122, 142, 172-173, 186-187, 190
Campo semántico, 67
Canon, 122, 239
  «canon dentro del canon», 68, 104
  nuevo, 68
Clemente de Roma, 197
Complementariedad, 20, 27, 54, 56, 158, 160
Conducta ejemplar, 176-178, 191, 195
Conexión semántica, 112
Conquistador, 61-63, 67
Contracultural, 30, 98
Corpus paulino, 103
Cosmovisión, 24, 133
Costumbres, 30, 72, 78, 79, 99
Cranfield, C. E. B., 182, 189, 190
Cristo, 21-22, 27-30, 32, 45, 52, 71-72, 79, 81-85, 87-96, 98-103, 105-124, 127-128, 131, 133, 148-149, 151, 153-154, 156, 166, 168-176, 178-181, 183-186, 188, 190, 192-193, 202; *véanse también* Jesucristo; Jesús.

Culto congregacional, 136, 150
Cultura patriarcal, 24, 133, 161
de Beauvoir, Simone, 127
Débora, 144, 145
Derechos de la mujer, 25
Deseo 24, 57, 59-60, 63-67, 79, 94, 146
  deseo ilegítimo, 63
  deseos carnales, 175
Desobediencia, 21, 25, 149, 161
Dignidad, 18, 20, 27-29, 32, 40-41, 45, 54-55, 68-69, 90, 97-98, 128, 144, 151, 201-202
Dios, 17-22, 24-30, 32-69, 74, 76, 80-81, 83-86, 89, 91, 94, 97-98, 102, 105-110, 112-125, 128, 131-136, 138, 142-151, 153, 155, 157-164, 166-168, 170-187, 193-199, 201-202
  gloria de, 20, 27, 41, 59, 194
Diseño divino, 18, 20, 25-29, 150, 161, 163-164, 199, 202
Distinciones étnicas, 120
Divorcio, 80-81
Doctrinas cristianas, 171
Dominación masculina, 55
Dorcas, 186-187
Edén, 25, 27, 158, 164
Enseñanza apostólica, 29, 167
Esclavitud, 30, 121, 130-132
  del siglo XIX, 132
Eva, 20-21, 25, 44, 54-56, 59-61, 63-64, 66-68, 129, 144, 157-164
Evangelio, 18, 20-22, 59, 68, 94, 97, 100, 105-107, 109, 119, 122-123, 125, 151, 156-157, 167, 171, 187-188, 190
Evangelios sinópticos, 87
Exclusión, 77, 122, 153
Exégesis bíblica, 132
Experiencia, 23, 26, 64, 95, 132-134, 165, 172
  personal, 64
Falsos maestros, 106
Familia, 19, 22, 24-25, 40, 75, 145, 158-159, 185, 189, 196, 198, 201
  de Dios, 116, 120, 122, 124-125
Febe, 187-191
Fecundidad, 61, 72
Feminidad, 19, 32, 42, 45, 68, 147
Feminismo, 17, 19, 21, 25-26, 30, 32, 68, 98, 132-134, 194, 202
Feminista(s), 29, 40-42, 48, 50-52, 54-55, 59-60, 67-68, 72, 78-79, 86-87, 98-99, 103-105, 127-128, 132-134, 197
Fidelidad, 22, 25-28, 30, 96, 134, 153, 156, 167, 170, 191, 193, 202
Filón de Alejandría, 73, 75
Foh, Susan T., 63-64
France, R. T., 79, 104
Fricke, Thomas J., 134
Funciones, 18, 21, 27, 29, 45, 98, 102, 104, 108, 116, 118, 122, 125, 128, 131, 144, 147, 153, 157, 159, 181, 185, 188, 190, 201
Gaebelein Hull, Gretchen, 104
Generación, 17, 26, 30, 61, 81, 83, 159, 167, 197, 199, 202
Gran Comisión, 170-173
Grenz, Stanley J., 157
Groothuis, Rebecca, 102-103
Grudem, Wayne A., 38-39, 43-45, 65-66, 78, 106, 111, 130-131, 134, 136, 140, 152, 159-160, 169, 178-182
Hablar públicamente, 143, 146, 153
Hembra(s), 33, 38-39, 42, 58, 81, 103, 122

Herederas, 98
Herencia espiritual, 192-193
Hermenéutica, 25-26, 129, 133-136, 138, 163
  de la sospecha, 133
Hombre(s), 18-22, 25-29, 32-34, 36-37, 39-48, 50, 53-59, 61-66, 68-69, 73-76, 78, 81, 83-85, 87, 91-93, 97-100, 102-105, 108-109, 116-117, 119, 122, 125, 127-129, 131, 133-134, 142-145, 147-150, 152, 154-165, 170, 172, 174, 176-177, 181, 185, 187, 192, 194-195, 197-199, 201
Humanidad, 21, 25, 27, 32-34, 37-38, 40-44, 47, 52, 54, 56, 61-63, 101, 175
Identidad, 89, 91, 160
  étnica, 110, 120, 121
  humana, 24, 201
  sexual, 21
Ideología(s), 19, 21, 23, 127
Iglesia, 17-20, 22, 24-26, 28-30, 44-45, 71, 78, 85, 99, 101-105, 115-116, 118, 120-125, 127, 129, 131, 134, 144-145, 148, 153-157, 164, 167-174, 176-177, 183-185, 187-192, 196, 198-199, 201-202
Iglesias, 18, 26, 128, 137-139, 143, 145, 185, 190, 194-195
Igualdad, 19, 24, 28-29, 45, 54-55, 78, 85, 87, 98-99, 102, 105, 116, 118, 121, 125, 131, 133, 143, 181, 199
Igualitarismo, 26, 29, 202
Imagen, 20, 27, 33, 34, 45, 47, 59, 86, 144, 158, 182, 194
  de Dios, 33, 38, 39, 40, 41, 42, 43, 44, 54, 69, 98, 181, 199
Inferioridad, 20, 27, 48, 52, 54-55, 69, 79, 143, 153, 167
Intención del autor, 134-136
Intensificación, 58, 69
Intimidad, 54, 65, 189
Jesucristo 22, 52, 110, 112, 175, 190; *véanse también* Cristo; Jesús.
Jesús, 29, 32, 60, 71-76, 78-103, 107, 110, 113-120, 122, 151, 170-174, 176, 180-181, 184-185, 193, 202; *véanse también* Cristo; Jesucristo.
Johnston, Robert K., 129-130
Josefo, Flavio, 75-77, 193
Judaísmo, 29, 72, 77, 98, 120
Kassian, Mary A., 132-133
Keener, Craig S., 130-131, 145, 152, 163, 165
Kistemaker, Simon J., 137-138, 140-143, 146, 175-177, 179, 185-187
Komisar, Lucy, 127-128
Ilustración, la, 23-24
Lenski, R. C. H., 89, 91, 137-138, 142-144, 146
Lente hermenéutico, 103
Letham, Robert, 133
Liberalización, 72
Libre albedrío, 38
Licencia, 180
Liderazgo, 19-21, 25-26, 29-30, 44, 55, 85, 99, 101, 103, 122-123, 142, 144-145, 147-150, 153-154, 156-157, 159-164, 187-188
  espiritual, 25, 85, 103, 142, 144-145, 147-150, 153, 157, 159
  masculino 21, 29, 161-164
Lidia, 187-188, 190-191
Lightfoot, J. B., 105, 107, 113-114

Llamado, 27, 29-30, 68, 71, 91, 102, 105, 121, 132, 145, 148, 153, 167, 170, 178, 183-184, 192, 194, 196-198, 201-202, 210
divino 105, 167, 194
Longenecker, Richard N., 111-114, 118, 120, 123
Lutero, Martín, 61
MacArthur, John, 80, 82, 85-86, 88, 91-92, 94, 105, 115, 120, 123, 138, 145-146, 153, 155, 157, 167, 171, 176, 180, 187, 192, 197-198
Machismo, 19
Maestra, 127
Mandato, 25, 33, 36-37, 47, 53-54, 137-138, 140, 146, 148-149, 151-152, 154-155, 159, 161
apostólico, 151
Manifiesto igualitario, 101
María
de Betania, 89, 93, 94
Magdalena, 94, 95, 96, 185
Madre de Jacobo y José, 95
hermana de Moisés, 143
madre de Jesús, 166
Marido(s), 41, 53, 55, 57, 59-65, 67, 75, 80-81, 128, 130-131, 137, 140-141, 146-149, 153, 178-184, 190-191, 194-198
Marta, 89, 93-94
Maternidad, 58, 61-64, 67, 69, 166
Matrimonio, 24-25, 28, 45, 53-55, 61, 73, 131, 149, 161-162, 180-182, 194, 198-199
Mentira, 40, 194
Ministerio, 19, 27, 29-30, 72, 81, 84, 94-95, 98-102, 104-105, 124-125, 145, 157, 170, 173, 182, 185-193, 198-199
pastoral, 19, 101, 124-125, 170
Misoginia, 127
eclesiástica, 127
Mollenkott, Virginia R., 94, 98-99
Muerte, 21, 44, 46, 60-62, 64, 74, 88, 179
Mujer(es) 17-22, 24-32, 36, 37, 40-48, 50, 52-105, 109-110, 113, 116-117, 119-125, 127-133, 136-167, 169-170, 172, 174, 176-177, 179-181, 183-187, 189-192, 194-199, 201-202
rol de la mujer, 17, 19, 20, 22, 26, 30, 40, 45, 48, 53-55, 71, 78, 101-103, 105, 124, 150, 169-170, 176, 183
Nuevo Testamento, 19, 78, 85, 89, 92, 96, 102, 107-108, 116-117, 124, 127-128, 133, 135, 138-139, 153, 155, 166, 177, 180-182, 185, 195, 197
Opresión, 19, 127
Orden, 20-23, 25, 28-29, 45-46, 130, 136, 138, 144-149, 153, 157-158, 161, 163-164, 167-168, 170, 201
divino, 20, 28, 147-149
ordenación pastoral, 98
Ortlund, Raymond C., 45, 51, 160
Pablo, 19, 29-30, 32, 41, 45, 52, 71, 101-103, 105-116, 118-125, 127-128, 131-132, 134, 136-145, 147, 149-158, 160-167, 175, 178, 181, 187-190, 192-197
Pacto abrahámico, 109
Parábola, 83-86, 97
Paralelismo, 63, 66, 131
Pastora, 127
Payne, Philip B., 60, 122-123, 158, 166

Pecado, 21, 55-56, 58-61, 63-67, 69, 79, 93, 110, 121, 132, 160-163, 167, 172, 180
Piper, John, 45, 78, 104, 106, 130-131, 136, 152, 160, 169
Plan, 27, 30, 33
Predicadora, 127
Proximidad, 51, 63, 66, 142
Pudor, 147
Rabinos, 72, 75, 79
Radford, Ruether, Rosemary, 41, 68, 133
Raza humana, 33-34, 36, 38-40, 42-43, 45, 47, 56, 58-59, 83
Redención, 21, 62, 119, 166
Regeneración, 21
Relativismo, 24
Restricción, 76-77, 99, 122, 139, 141-144, 146-147, 157, 169
Revelación progresiva, 34, 134
Revolución Sexual, 23, 24
Roles, 21, 24-25, 28-29, 42, 45, 54, 56, 69, 104, 122, 128, 131, 144, 153, 157, 159, 161, 163-165, 181, 198, 201
Rowe, Arthur, 144
Sabiduría espiritual, 153
Sacerdotisa, 145
Salvación de las mujeres, 165
Satanás, 25, 60, 62-63, 161, 163-164
Satánico, 60, 62
Saucy, Robert L., 123, 144-145
Schreiner, Thomas R., 110-111, 113, 116, 122-123, 134, 137, 141, 143-144, 146, 151-156, 164, 167, 169, 176-177, 179-180, 182, 189
Schüssler Fiorenza, Elisabeth, 133
Sentido alegórico, 41
Señor, 18, 20, 26-27, 29-30, 52, 84, 88-89, 94, 100, 121, 139, 143, 153, 156, 162, 173, 175-176, 179, 181, 183-184, 188, 190, 202
Septuaginta, 39, 82, 121
Sermón del Monte, 79, 176
Siervas, 185, 190, 192
Silencio, 109, 128, 138, 142, 147-148, 151-154, 156, 164
Singularidad, 38, 45
Snodgrass, Klyne R., 102-103, 108
Sociedad patriarcal, 144
Steffen, Daniel S., 171
Stewart Van Leeuwen, Mary, 104
Stott, John R. W., 115, 120, 151
Subordinación, 51-52, 54-55, 60, 69
funcional 79, 199
Suegra de Pedro, 90, 95
Sumisión, 30, 41, 121, 127, 142-145, 174-176, 178-181, 183, 191
Tabita, 185-186, 191
Tabúes, 79, 87
Talmud, 72-73, 75, 120
Tendencias sociales contemporáneas, 130
Terry, Milton S., 134
Thomas, Robert L., 134, 137-138
Torá, 74, 75, 76, 91
Toussaint, Stanley D., 171-172
Uniformidad, 45, 54-55, 124
Varón 28-29, 33, 38-39, 41-42, 46, 81, 83, 101, 103, 110, 113, 116-117, 119, 121-122, 128, 131, 148, 153, 160, 163
Varona, 46, 160, 162
Vestimenta, 142
Vindicación pública, 167
Virgen desposada, 93
Virtudes prácticas, 197
Viuda(s), 82, 84, 88, 147, 185-186, 190-192
Wallace, Daniel B., 14, 171

NUESTRA VISIÓN

Maximizar el efecto de recursos cristianos de calidad que transforman vidas.

NUESTRA MISIÓN

Desarrollar y distribuir productos de calidad —con integridad y excelencia—, desde una perspectiva bíblica y confiable, que animen a las personas a conocer y servir a Jesucristo.

NUESTROS VALORES

Nuestros valores se encuentran fundamentados en la Biblia, fuente de toda verdad para hoy y para siempre. Nosotros ponemos en práctica estas verdades bíblicas como fundamento para las decisiones, normas y productos de nuestra compañía.

Valoramos la excelencia y la calidad
Valoramos la integridad y la confianza
Valoramos el mérito y la dignidad de los individuos y las relaciones
Valoramos el servicio
Valoramos la administración de los recursos

Para más información acerca de nuestra editorial y los productos que publicamos visite nuestra página en la red: www.portavoz.com